犯罪・非行からの離脱《デジスタンス》

岡邊 健 編

Desistance from Crime and Delinquency

ちとせプレス

はしがき

本書の構成がほぼ固まったのは、二〇一八年春であった。基本的には、研究グループ「『立ち直り』に関する研究会」（略称「立ち研」）のメンバーが進めてきた――グループとしての研究に加えてメンバー個人が行ってきた研究も含まれる――研究の成果を紹介する一般向け・初学者向けの書籍とすることが、この時点で決まっていた。

コンセプトは二つあった。一つは「オルタナティヴな『立ち直り』のあり方」を明らかにするような志向性である。二つ目は「犯罪・非行からの離脱の責任は、不正を胚胎する刑事司法や差別・排除を許容する地域といった『社会』に対して要請されなければならない」という点である。

内容的には、以下の四つの柱を立てた。ただし、立ち研のメンバーだけではカバーすることができないテーマもあったので、研究会外からも参画を呼びかけた（仲野氏、伊藤氏、加藤氏）。

① これまでに学術研究が犯罪・非行からの離脱をどのように扱ってきたのかを整理して提示する
② 日本において離脱がどのように語られてきたのかを振り返る
③ 少年本人、少年院、更生保護施設等のそれぞれのアクターに着目して、犯罪・非行からの離脱がどのようになされているのか（なされることが目指されているのか）を明らかにする
④ 「犯罪・非行からの離脱」という発想そのものがもっている前提を批判的に問い直す

以下、各章の内容をごく簡潔に紹介したい。

第1章では、まず犯罪・非行からの離脱に政策的な関心が集まっている背景、そして離脱とその類似概念の用いられ方について解説される。そのうえで、犯罪学者が離脱をどのように定義し、離脱についてどのような理論を構築してきたのかについて、主要な研究知見をもとに概説される。離脱というイシューにはじめて触れる方が、全体の見取り図を得るための章という位置づけである。先述の二つのコンセプトにも触れられる。

第2章、第3章（第1部）は、離脱に関する言説がテーマであり、第2章は新聞記事、第3章は論文、雑誌記事、書籍が分析対象である。前者では、離脱に付随する規範すなわち「離脱はかくあるべし」という社会的な力の存在について、後者ではそれに加えてどのような時期にどのようなアクターの動きによって離脱に関する言説が広がりを見せたかについて検討される。

第4章～第8章（第2部）では、犯罪・非行からの離脱がどのようになされ、また、なされることが目指されているのかが詳述され、同時にそこから導かれる課題が明らかにされる。第4章は少年院という場がテーマである。研究があまり進んでいない領域であるが、この章では最新の政策・実務の動向の紹介とともに、少年院処遇の課題が詳述される。第5章の主題は、保護司が活躍する保護観察である。保護観察制度が有する再犯リスクのコントロールという目標と実際の処遇との距離が、主たる検討課題である。第6章、第7章では更生保護施設が扱われる。第6章では主としてこの施設の職員の専門性のあり方が考察対象とされ、離脱における「安全な場」の確保の重要性が指摘される。第7章では施設に入所した非行経験のある若年女性の語り、とりわけ家族との関係性に関する語りから、リスクを抱えた若者を「問題者」としてではなく問題を乗り越えようとする主体として捉えることが試みられている。第8章では民間施設ダルクに入所する当事者へのインタビューに基づいて、薬物依存からの「回復」をめぐる困難が記述される。

第9章、第10章（第3部）は、「犯罪・非行からの離脱」という本書のテーマそのものについて、批判的な問い直しを迫る章である。第9章では離脱に関する規範的な定義、すなわち「べき論」の展開を回避する諸研究の問題性とそれを乗り越える研究のあり方が、ハームリダクションと呼ばれる薬物統制戦略への批判的議論の展開をたどることによって、提案される。第10章では離脱研究が「犯罪」の概念を自明視していることの問題性を俎上に載せて、刑法犯による犯罪定義を手放し、ハームという概念を導入することの積極的な意義が主張される。

基本的には自由に読んでいただいてかまわないが、初学者の方には、第1章から順番に読まれることをお勧めしたい。また、各章で引用されている文献はいずれも必読の文献なので、さらに理解を深めたい方の読書案内として利用していただければと思う。この分野の議論にすでに触れている方には、各自の関心に沿って各章を独立した論文として読んでいただいて差し支えない。一一名の執筆者のスタンスが微妙にあるいはおおいに異なることに、すぐに気づくであろうが、それを離脱研究の多様な展開の証と捉えるか、首尾一貫性のなさと捉えるかは読者の判断を待ちたいと思う。

二〇二一年一一月

岡邊　健

目次

はじめに　i

第1章　犯罪・非行からの離脱──研究の展開と背景　1

1　はじめに　1
2　犯罪からの離脱に関する政策的な関心の高まりの背景　2
3　離脱やそれに類似した概念の整理　7
4　犯罪学者は離脱をどう捉えてきたのか　12
5　犯罪からの離脱に関する主要理論　19
6　おわりに──離脱をめぐる学術的・実践的論点　25

第1部　犯罪・非行からの離脱に関する言説

第2章　新聞報道記事に見る「立ち直り」──　31

1 はじめに 31
2 対象と方法 32
3 「立ち直り」と他の語との結びつき 33
4 「仕事が続くこと」と成育歴の強調——朝日新聞の連載記事から 38
5 おわりに 46

第3章 犯罪ないし非行からの立ち直り言説に関する歴史的検討——社会を明るくする運動を通して行われた法務省の活動に注目して 49

1 はじめに 49
2 立ち直り言説に関する予備的考察 52
3 犯罪ないし非行からの立ち直り言説の歴史的な位置づけ 55
4 犯罪ないし非行からの立ち直り言説の五つの特徴 61
5 犯罪ないし非行からの立ち直り言説の内容の分析——二〇〇〇年代から二〇一〇年代にかけて 62
6 業界誌を通して行われた法務省の活動①——『刑政』 68
7 業界誌を通して行われた法務省の活動②——『更生保護』『青少年問題』『時の法令』 71
8 おわりに 73

第2部　犯罪・非行からの離脱の態様

第4章　少年院ではどんなことがなされているのか——79
少年院処遇の現状と課題
1　はじめに　79
2　在院少年の抱える「問題（困難・不足）」とは何か　80
3　矯正教育と社会復帰支援　82
4　少年院処遇の課題　95
5　おわりに——施設内処遇完結主義を越えて　103

第5章　「離脱《デジスタンス》」の過程で保護観察が果たす役割——107
保護司の処遇実践に着目して
1　はじめに　107
2　日本の保護観察制度の概要　108
3　「離脱」に向けた処遇の実際——ニーズに基づく支援と再犯を防ぐための処遇　118
4　離脱における保護観察の役割／保護観察にとっての離脱の意義　128
5　おわりに　131

第6章 更生保護施設における処遇の専門性——薬物処遇重点実施更生保護施設で勤務する薬物処遇専門職員へのインタビュー調査を通じて 135

1 はじめに 135
2 更生保護施設とは 136
3 更生保護施設における処遇の専門性 138
4 薬物処遇重点実施更生保護施設のリアリティ 146
5 おわりに——「薬物依存の経験について安全に語る場」・「犯罪および非行からの離脱の過程を守る場」 158

第7章 「問題者」を越える実践としての家族の記述——更生保護施設入所女性に着目して 165

1 はじめに 165
2 非行研究における家族関係 166
3 更生保護施設入所者の特徴 170
4 調査の概要 172
5 非行の原因としての家族語り 174
6 更生の場としての家族語り 178

7 文脈に応じて変化する家族の語り 182
8 状況によって変化する家族の語り 187
9 「問題を持った家族」としての語りを越えるために 194
10 おわりに 197

第8章 薬物依存からの「回復」をめぐる困難—— 199
長所基盤モデルが見落としているもの

1 はじめに 199
2 ダルクの実践をもとに長所基盤モデルを問い直す 200
3 Aさんのライフヒストリー 205
4 長所基盤モデルに乗りきれない人々の生を支えるために 213
5 おわりに 218

第3部 「犯罪・非行からの離脱」を問い直す視座

第9章 「離脱」研究における規範的定義論の不在を問題化する—— 223
ハームリダクション批判を通した覇権政治と境界政治の可視化

1 はじめに——問題関心 223

2 ハームリダクションとは何か 231
3 ハームリダクションの批判的分析①――他者統治から自己統治へ 235
4 ハームリダクションの批判的分析②――自己統治から他者統治へ 240
5 「離脱」研究をめぐる二つの政治――メタ「離脱」研究の試み 248
6 おわりに――メタ「離脱」研究としてのHR批判 253

第10章 犯罪定義の批判的検討――離脱すべき「犯罪」は自明か 255
1 はじめに 255
2 刑法犯を前提とすることの問題性 259
3 犯罪とハーム 263
4 ハームへの注目がもたらす変化 265
5 おわりに 268

あとがき 275
文　献 277
人名索引 296
事項索引 300
執筆者紹介 302

第1章　犯罪・非行からの離脱
研究の展開と背景

1　はじめに

犯罪からの離脱に、世界中の犯罪学者の関心が高まっている。犯罪からの離脱とは、犯罪をしなくなること、しなくなっていくプロセスのことである。この定義は、多くの人にとって理解しやすいであろうが、犯罪学者の間では定義について論争がある。じつは「離脱とは何か」という問いはそれ自体が難問であり、このことは、本書を通じたテーマの一つでもある。この難問についておもに論じているのは第9章である。くわしい議論は本章の後半と第9章に譲ることにして、ここでは、まずはシンプルに離脱を「犯罪をしなくなること」と捉えたうえで、論を進めていきたい。

犯罪からの離脱に関しては、学者の関心を集めているだけではなく、近年、政策的な関心も集めている。本章ではまず、日本の文脈においてこうした政策的関心が高まっている背景について考える（第2節）。次に、離脱に類似するいくつかの概念を取り上げて、その異同について論じる。近年の日本の犯罪研究におけるそれら諸概念の用いられ方についても触れる（第3節）。そのうえで、犯罪学者がこれまで離脱について何を論じてきたかをコンパクトに整理する。第4節では離脱の定義について論じ、第5節では離脱に関する三つの主要理論を紹介する。最後に第6節において、離脱という問題を考えるうえで重要だと思われるいくつかの論点を示す。

2　犯罪からの離脱に関する政策的な関心の高まりの背景

犯罪からの離脱に関する近年の政策動向

犯罪からの離脱は、政策的・実践的な意味でも、学術的・理論的な意味でも注目されている。

まず本節では、前者に関して日本の文脈を述べておきたい。端的にいえば、ここ一〇年ほどの間で急速に、犯罪からの離脱が重要な政策テーマとして浮上してきたということである。二〇一六年には「再犯の防止等の推進に関する法律」が成立・施行された。これにより、国や地方自治体が再犯防止に向けた施策を策定し実施していくことが、法律上の責務となった。二〇一七年には、この法律に基づいて、再犯防止推進計画が政府により策定された。ひとたび罪を犯した人々が、再度の犯罪に手を染めることなく社会復帰するための施策の推進が、就労、住宅、医療、福祉、教育等のあらゆる領域でうたわれることになったのである。現在、各地方自治体においても、地域の実情に応じた形で、再犯防止推進計画の策定が進められている。

なお、政策テーマとして言及される場合には「再犯防止」という語が前面に押し出されることが多く「離脱」という語が用いられることは少ない。「再犯防止」というとき、ひとたび犯罪・非行をした人はもっぱらその「対象」として位置づけられる。これに対して「離脱」という語を用いる場合、元犯罪者・非行少年はその「主体」として位置づけられる傾向にあることに、留意が必要である。

社会問題化の背景にある犯罪の減少

日本で犯罪からの離脱が重要な政策課題となった背景として、少なくとも次の二点が挙げられる。

一つは、二〇〇〇年代半ば以降、犯罪統計が示す犯罪量が減少局面に入ったことである。犯罪が減少するという事態は（統計上の数値が実態を適切に示していようがいまいが）、治安当局にとって政策遂行の根拠を危うくするものである。「問題が大きくなっている」と主張しなければ、政策遂行のための予算は減らされてしまう。

そこで、二〇〇〇年代半ば以降に登場するレトリックが「再犯者の増加」だった。実務家の間では、かなり以前から「犯罪を繰り返す人」が犯罪問題を考えるうえで重要であることは認識されていた。そのことが表立って叫ばれることがあまりなかったというだけのことである。しかし、二〇〇〇年代半ば以降、まさに「犯罪を繰り返す人」が表舞台に登場「させられる」ことになったのである。

象徴的だったのは、二〇〇七年版の『犯罪白書』で発表されたデータである。長期間をカバーする大規模な犯歴データの分析によって明らかにされたのは、「犯歴をもつ人全体の中で、二回以上犯歴をもつ人（再犯者）は三割にすぎないのに、犯罪件数で見ると、それら再犯者が起こした事件が全体の六割を占める」という事実であった。この白書では「再犯防止対策」という言葉が何度も登場している。そして、二〇〇九年版、二〇一一年版、二〇一六年版とその後の『犯罪白書』では、再犯が繰り返し特集されるようになった。

再犯という問題が刑事政策上重要であるということは、データから明らかである。筆者は、このことを問題にすべきでないと主張しているわけではない。現に筆者は、少年犯罪についても同様のことがいえると報告したことがある。一九八六年生まれの少年の、ある都道府県がもつ非行記録を分析したところ、警察に検挙されたことのある少年全体の中で二回以上検挙された経験をもつ人は約二八パーセントであるが、その人たちが関わった犯罪の件数でいうと、全件数の半数以上を占めていることがわかったのである（岡邊二〇一五）。

ここで述べたいのは、問題はかなり以前からあったはずで、そのことは関係者なら誰でも知っていることであったのに、「社会問題になった」のは二〇〇〇年代半ば以降であったということである。ありとあらゆる社会問題が、あるとき「発見」されるものであるとするのは、社会学ではオーソドックスな考え方である。この考え方に立てば、「犯罪からの離脱が進みにくい人がいる」という「社会問題」は、治安当局によって二〇〇〇年代半ばに「発見」されたという言い方が可能である。

「誰一人取り残さない」社会づくりの機運の高まり

犯罪からの離脱が日本の重要な政策課題となった背景としてもう一つ指摘できるのは、二〇〇〇年代後半から、さまざまなタイプの社会的弱者をケアし包摂していくような政策が、領域横断的に展開されるようになったということである。浜井（二〇一七）によれば、治安当局の志向は、二〇〇〇年代後半に「大きな方向転換」を遂げたという。それまで主流であった「異質な犯罪者から社会を防衛」するという志向性が後景に退き、「犯罪者を生まない社会の構築」（犯罪対策閣僚会議「犯罪に強い社会の実現のための行動計画２００８」）という方向性が打ち出されるようになったのだ。

二〇〇〇年代後半といえば、「社会的排除」の概念が日本に紹介され、まさにこの概念が指し示すような複合的な排除状況が、国内の各フィールドで「再発見」された時期である。以下、仁平（二〇一九）の整理に依拠して述べるならば、小泉政権が誕生する二〇〇一年頃から二〇〇七年頃にかけての日本は「日本版ネオリベラリズム」[1]の普及期と位置づけられ、この時期には、貧困状態の拡大や社会サービスの空洞化が広がった。これに対して、二〇〇七年九月の福田内閣発足、そしてその後の民主党政権の誕生という動きの中で、日本は脱ネオリベラリズムを模索する社会へと舵が切られたといえる。

　この時期、二〇〇八年末の「派遣村」に象徴されるように、生活保障の危機が可視化され社会問題化されるとともに、社会的弱者をエンパワメントする方向での政策資源の投入が（量的にはとても十分とはいえないものの）各分野で行われ始めた。「新しい公共」（二〇〇九年、鳩山総理所信表明演説）、「全員参加型社会」（二〇一二年、社会保障・税一体改革大綱）など社会的包摂を基調とする政策理念が打ち出され始めたのも、この時期である。

　刑事政策の動向も、これらの動きの中に位置づけられる。二〇〇九年に、刑務所や少年院に収容されている人のうち、高齢、あるいは障害があるにもかかわらず釈放後の行き場がない人を対象とする地域生活定着支援事業（その後改称され「地域生活定着促進事業」）が厚生労働省と法務省の連携により開始されたのは、その典型例である。二〇〇七年度から全国の主要刑務所に社会福祉士が配置されるようになり、二〇〇九年度以降ほぼすべての刑務所へ対象が広げられたのも、同じ流れの中の動きである。また、大阪地検特捜部の不祥事に端を発する検察改革の一環という別の文脈はあったものの、二〇一一年に最高検察庁が定めた「検察の理念」の中に「矯正、保護その他の関係機関とも連携し、犯罪の防止や罪を犯した者の更生等の刑事政策の目的に寄与する」との文言が入ったことも、注目すべき変化であった。

脱ネオリベラリズムを模索する時代は、二〇一二年年末に自由民主党が政権与党に復帰したことで終焉を迎えた。生活保護基準の引き下げなど社会保障制度の後退と見なさざるをえない重大な政策転換が、これ以降になされたことは事実である。ただ、再び仁平（二〇一九）の指摘を踏まえるならば、この時期には、社会保障制度の拡充と見なしうる諸動向もあった。二〇一四年には子どもの貧困対策法が、二〇一五年には生活困窮者自立支援法が、二〇一六年には障害者差別解消法が、それぞれ施行されているのである。二〇一〇年代以降の自公連立政権においては、二〇〇〇年代中葉までとは異なり、社会の周縁におかれている人々を置き去りにすべきではないとの政策理念が、具体的政策の立案における旗印として、一定程度共有されているということである。

本節冒頭に述べた「再犯の防止等の推進に関する法律」の成立と施行は、この文脈に位置づけられる。ちなみに、この法律に基づいて政府が二〇一七年に制定した再犯防止推進計画の「基本方針」の中には、過去に罪を犯した人の社会への包摂という文脈の中で「誰一人取り残さない」社会の実現がうたわれている。この文言は、二〇一五年に国連総会で採択された「持続可能な開発目標」いわゆるＳＤＧｓの大原則からとられたものだ。犯罪からの離脱が今日の日本において重要な政策課題と見なされている背景には、「すべての人が人権を保証され豊かで充実した生活を平等に享受できるようにすべき」との強力な国際的規範の存在も無視できない。

3 離脱やそれに類似した概念の整理

離脱と更生

次に、用語・概念の整理をしておきたい。まず確認しておくと、犯罪や非行という文脈で「離脱」という語を使うのは、日本ではまだあまり一般的とはいえないということだ。離脱は犯罪研究に特有の専門的な言葉といってよい。英語圏では、動詞の desist（停止する、止める）や、その名詞形である desistance いう語は日常的に用いられており、一般市民にとっても違和感なく犯罪・非行と結びつく語である。その desistance を日本の研究者が「離脱」と訳して使うようになったということである。研究者の中には「デジスタンス」とカタカナで表記する者もいるが、その理由はおそらく「離脱」という日本語のもつイメージに囚われることを回避したいからである。

ただ、専門家の間においてすら、離脱という言葉が古くから使われていたわけではない。日本の刑事政策・犯罪学の研究者や実務家の間では、犯罪からの「更生」という語が伝統的に用いられてきており、とりわけ矯正（第4章参照）や保護（第5章、第6章参照）に関わる実務家の中では、更生がいまでも最も使われている言葉である。くわしくは第5章で言及されるが、保護観察制度の基本を定めた法律は更生保護法であり、その第一条には「犯罪をした者及び非行のある少年」が「再び犯罪をすることを防ぎ、又はその非行をなくし、これらの者が善良な社会の一員として自立し、改善更生することを助ける」といった表現がある。また、更生保護法の前身である犯罪者予防更生法は一九四九年成立であるから、「更生」は少なくとも七〇年以上もの歴史をもつ概念であるといえる。本節で説明するすべての語の中で、法律名に登場するのは更生だけである。

なお、前述した「再犯防止」という語は更生を「させる側」の語彙として、実務家の中で広く使われている。この語が使用される文脈では、犯罪からの離脱を行う当事者が客体として位置づけられる傾向が強い。

立ち直り、社会復帰、回復

他に、離脱に類似する言葉として「立ち直り」「社会復帰」「回復」がある。おそらく「犯罪(非行)からの○○」といういくつかの表現の中で「犯罪(非行)からの立ち直り」が、現在最も一般社会に流布しているものだろう。第3章でくわしく触れられるが、「立ち直り」という語は明治・大正期に公表された文学作品の中にも表れるくらい古い言葉である一方で、犯罪や非行という文脈で盛んに用いられるようになるのは一九八〇年代以降のことである。

一方「社会復帰」は、英語圏における rehabilitation という語に相当する語である。どちらかといえば刑事司法の実務家・専門家の言葉として流通してきた経緯があるが、現在では一般社会でも広く用いられているようである。また、この語は身体的、精神的な疾病を経験したのちに、その影響を徐々に小さくしていき社会生活を取り戻していく過程に対しても用いられる。立ち直りが、本人の過去(の犯罪・非行)へのネガティブな価値づけを含意している語であるのに対して、社会復帰はそれよりはニュートラルである。別の言い方をすれば、立ち直りは社会復帰よりも、それを行う主体(元犯罪者、元非行少年)の責任・義務を強調する文脈で用いられやすい。とはいえ、掛川(二〇二〇)が国会議事録のテキスト分析から明らかにしているように、近年になると〈社会復帰≒再犯をしない状態〉

という形で社会復帰の意味内容が限定的になりつつあるのも事実である。

社会復帰という語が、病気から病気でない状態への変化の過程で用いられると述べたが、それは「回復（リカバリー）」も同様である。今日でも一般社会では、犯罪・非行の文脈で回復という語が用いられることは少ない。これはもっぱら専門家あるいは当事者団体の語彙である。ただ、犯罪・非行一般に用いられるというよりは、ほとんどの場合、薬物犯罪（薬物依存症）の文脈で限定的に使用されてきた。そして、回復という語の使用それ自体が、薬物依存を犯罪として取り扱うことへの懐疑や批判の表明になっていることが、ここでは重要である。回復（リカバリー）概念の詳細は、第8章で論じられる。

近年の日本の犯罪研究での諸概念の用いられ方

本節の最後に、国内の犯罪・非行研究者が、以上に挙げてきた概念を近年どのように用いているかを概観しておきたい。ここでは、インターネットで公開されている「科学研究費助成事業データベース」に収録されたデータを素材とする。このデータベースには、比較的厳しい審査を経て採択された研究に関して、研究課題名や研究の概要が収録されている。論文等を対象にした他のデータベースとは異なり、相対的に質が高くなく影響力が大きくない研究は含まれにくいため、研究の動向を見るのには最適である。すべての学問分野が網羅されていることも大きな利点である。

図1－1は、二〇〇二年から二〇二一年に採択された研究のうち、研究課題名に更生（更生保護）、社会復帰、立ち直り、離脱（デジスタンス）、回復（リカバリー）が含まれているものの数の推移を、便宜的に四年ずつの時期区分を設けて示したものである。ただし、研究課題名だけで検索すると、無関

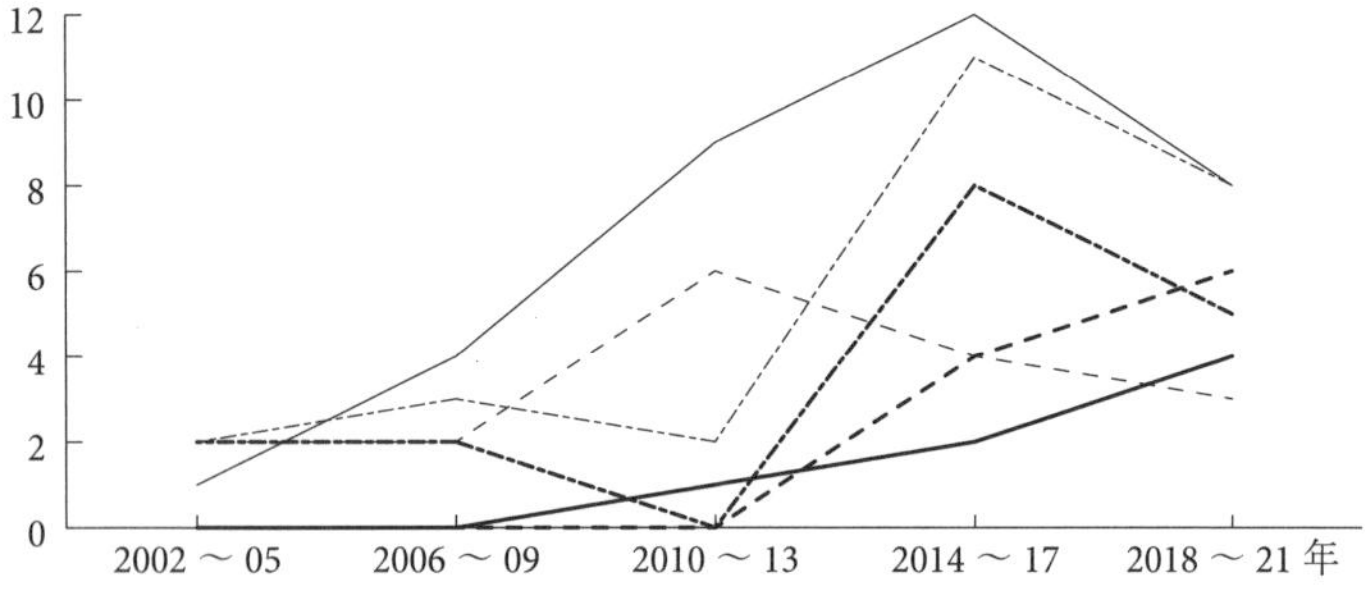

図 1-1　近年の日本の犯罪研究における諸概念の用いられ方（単位：件）

（注）　筆者作成。詳細は本文参照。

係のレコードが多くヒットするため、キーワードとして「非行 OR 罪 OR 更生 OR 矯正 OR 再犯 OR 刑務所 OR 少年院 OR 受刑 OR 触法 OR 他害 OR 薬物依存 OR 司法 OR 加害」を加えたうえで検索をし、それでもヒットした犯罪・非行とは無関係のレコード（たとえば「会社更生法」が含まれる研究課題など）は筆者の判断により除外した。

この図から、次のことがわかる。第一に、全体として、犯罪・非行からの（広義の）離脱に関する研究が増加傾向にあるということだ。

第二に「社会復帰」が含まれる研究が最も多い状況がほぼ一貫して続いている。たとえば二〇一七年に採択された研究は次の五つであるが、このように社会復帰は、犯罪・非行の別を問わず用いられ、「社会復帰教育」のように具体的な働きかけを指し示す語としても用いられている。

・非行少年の社会復帰を目的とした表情認知能力の特性の分析と訓練プログラムの開発
・受刑者の社会復帰教育における動物介在介入の効果

・危険社会における終身拘禁者の社会復帰についての綜合的研究——無期受刑者処遇の社会化
・違法行為を行った精神障害者の社会復帰と治療継続に関する比較法的研究
・高齢犯罪者における「社会復帰」概念に関する理論的実証的研究

第三に「更生」が含まれる研究がとくに二〇一〇年代半ば以降に増加しており、その多くが更生単独ではなく「更生保護」という形で使用されている。たとえば二〇一六年採択の四つの研究は以下の通りであり、このうち三つで制度名・施設名を指し示す語として更生が登場している。

・更生保護制度における保護司の処遇実践についての歴史社会学的研究
・更生保護制度における地域社会の役割
・薬物処遇重点実施更生保護施設における処遇とその効果に関する研究
・再犯リスク低減と更生の基盤づくりを目指したピアサポート活動の試行的実践とその評価

第四に「離脱（デジスタンス）」と「立ち直り」はいずれも、二〇一〇年代半ば以降に頻用されるようになった語であり、直近の四年間で見るとこれらが全体の三割を占めるにまで至っている。たとえば二〇一九年に採択されたのは次の五課題である。同年には社会復帰が含まれる研究課題の採択は一件にとどまり、更生が含まれる課題の採択はなかったので、これらと好対照をなしている。

・構造的排除への支援・介入が「犯罪や非行からの離脱」に与える影響

・犯罪からの離脱を支えるための地域を基盤としたソーシャルワーク実践に関する研究
・批判的犯罪学の観点をふまえた非行からの離脱過程に関する研究
・犯罪学的見地からみた量刑の在り方について――デジスタンス研究を手掛かりとして
・非行からの立ち直りのメカニズムについての実証的研究

第五に「回復（リカバリー）」を使用した研究課題の数は、比較的安定している。下記には直近の四課題（括弧内は採択年）を挙げたが、先述したようにほとんどの場合は、薬物犯罪（薬物依存症）の文脈で用いられていることがわかるであろう。

・薬物依存症の回復支援と価値観の変容――当事者と看護職者の語りから（二〇二一年）
・ダルクの施設特性に即した薬物依存者の心理的回復を促す認知行動論的支援方法の確立（二〇二〇年）
・薬物依存者の「回復」コミュニティのミクロ社会学的研究（二〇一七年）
・暴力の世代伝達を断ち切るケアに関する研究――PTSD予防・治療・回復と周産期支援（二〇一六年）

4　犯罪学者は離脱をどう捉えてきたのか

動的な離脱の定義

次に、本書のテーマである離脱という概念について、犯罪学の研究者がどのように捉えてきたかを、ジョン・ラウブとロバート・サンプソン（Laub and Sampson 2001）、リラ・カゼミアン（Kazemian 2007）、ベス・ウィーバー（Weaver 2019）の整理に依拠しながら概観する。

第一に指摘できるのは、離脱は動的ないしは時間軸を伴った概念であるということである。人がどのように犯罪や非行を繰り返すか、そしてその要因は何かを明らかにしようとする犯罪学の研究を再犯研究と呼ぶことがあるが、再犯研究において再犯の定義は明瞭である。（本書第10章で論じられる犯罪の定義に関する問題をひとまず度外視するとすれば）再犯があったかなかったかを判定基準にすればよいからである。これに対して離脱の定義はそこまでシンプルではない。いちど罪を犯した人について、一定の追跡期間を設けてその間に再犯に至らなければ離脱したと見なせるだろうか。必ずしもそうはいえないのである。たとえば、期間中に死亡したり入院したりする場合もあれば、たまたま捜査機関には知られなかったが法律違反を犯すような場合も考えられる。

シャッド・マルナ（Maruna 2001 ＝ 2013）によれば、元犯罪者は自分のことを「犯罪から離脱している」とは表現しない。むしろ「まっ当に進んでいる（going straight）」「やり直している（making good）」「法律を守って（進んで）いる（going legit）」と言うという。人は法律を守るように「変わった」とは言わず、法を守って「進んでいる」と表現する。犯罪からの離脱が、ある瞬間に生じるような静的な概念ではないことが、ここからも読み取れるだろう。

この問題に関連して、ラウブとサンプソン（Laub and Sampson 2001）は離脱（desistance）と停止（termination）を区別し、前者が成し遂げられた結果、後者が生じると捉えることを提案している。また、マルナとステファン・ファラル（Maruna and Farrall 2004）は一次的離脱と二次的離脱の区別が必要であると述べている。前者は、犯罪者としてのキャリアの中で犯罪をしない空白期間があることを指す。後者は、犯罪をしていない状態から、犯罪をしていない人間というアイデンティティをもつ状態に移行することを指している。いずれの場合でも、離脱がある一時点で生じるものとは見なされていないことに注意が必要である。離脱は犯罪を行う人生から離れていく変化の過程であるとの捉え方である。

過程が対象である以上、このような離脱の定義を用いる（あるいはそのようにしか定義できないと主張する）調査研究は、通常質的なデータを用いた研究である。たとえば先述のマルナ（Maruna 2001 = 2013）は、離脱を成し遂げた人と成し遂げていない人の双方にインタビューを行い、その語りを比較するタイプの研究である。研究デザイン上、成し遂げた／成し遂げていないの基準は事前に設定せざるをえないわけだが、にもかかわらず彼が別の論者の主張を引いて、犯罪からの離脱とは「人がそうあり得る最終状態ではなく、永遠に繰り返される、たどり着きの過程である」（Maruna 2001 = 2013: 43）点を強調していることは、注目に値する。この研究については後述する。

静的な離脱の定義

第二に、いま述べたことと矛盾するのだが、多くの離脱研究は離脱を、ある種の割り切りのもとに静的に定義してきた。カゼミアン（Kazemian 2007）のレビューによれば、たとえば次のような定義である。

・二年間継続して公的に記録された犯罪または保護観察遵守事項違反がないこと

・刑務所を出所した後一〇年間有罪判決を受けていないこと

ある一定の期間を区切って、その期間内に罪を犯したり有罪判決を受けたりして公的に記録された場合には、離脱していない（できなかった）と見なし、そうでなければ離脱している（できた）と見なすということである。このような研究の多くは、どのような要因があれば犯罪や非行から離れることに成功するのかといった問題関心をもっており、比較的大規模なデータを用いて数量的な分析を行うことで、その問いに答えてきた。ある人が離脱しているのかしていないのかの白黒をはっきりさせたうえで、離脱できた人に多く見られる特徴を明らかにするタイプの研究である。

ただ、このような離脱の静的な定義には問題がある。カゼミアン（Kazemian 2007）は数多くの問題点を指摘しているが、筆者がとりわけ重要だと思うのは、犯罪のキャリアは、あるとき突然終わるようなものではそもそもないという点である。ある時期には犯罪を高頻度で繰り返していたが、別のある時期にはまれにしか犯罪をしないといったことは、しばしば観察される。また、犯罪をしない期間がどのくらいあれば離脱が生じたと見なせるかの判断は、どうしても恣意的にならざるをえない。犯罪からの離脱を計量的に捉える際には、これらの問題をクリアすることが原理的に難しいのである。

ここまでの説明を思い切って単純化するならば、大量データを扱う計量的な離脱研究においては、離脱を静的に定義する傾向にある一方で、質的なデータを用いた離脱研究においては、離脱を動的に定義する傾向があると、ひとまずは言えると思われる。

犯罪者処遇／離脱に関する第一・第二のパラダイム

このような離脱の定義の仕方と関連するのが、罪を犯した人に対してどのような処遇を行うか（行うべきか）、そしてどのようにすれば犯罪からの離脱が成し遂げられるか（どのように成し遂げられるべきか）に関するパラダイムである。論者によって整理の仕方が多少異なるが、ここでは三つに区分して整理しておく。

第一のパラダイムは、威嚇・抑止パラダイムである。厳格な刑罰を明確に定めておき、刑罰の程度や執行上の運用によるばらつきを最小化するのが適切だとの考え方で、最も古典的なパラダイムである。人は一般的にいって刑罰による威嚇効果が大きいほど犯罪に走らないようになり、犯罪予防効果が期待できる（一般予防）。さらには、一度罪を犯して刑に服した人は、痛い目にあったので二度と犯罪をしないようになる（特別予防）。威嚇・抑止パラダイムでは以上のように想定する（ちなみにこれらの想定は正しくないとの見解が犯罪学では支配的である）。刑罰の威嚇効果によって犯罪からの離脱が成し遂げられるという考え方である。

第二のパラダイムは、リスク管理・軽減パラダイムである。二〇世紀初頭以降、刑務所等の矯正施設はどの国においても多かれ少なかれリスク管理・軽減パラダイムに基づいて運営されてきた。医療モデルや治療モデルなどと呼ばれることもあるが、要は犯罪を病気のようなものと捉えたうえで、その原因を突き止めて治療をすれば、犯罪をしないようになる（犯罪から離脱する）という発想である。医療においては、実際に診察し治療してみることではじめて症状が把握され治療方針が立てられる。このアナロジーからすると、リスク管理・軽減パラダイムのもとでは、威嚇・抑止パラダイムとは異なり、対象者のもつリスクの違いによって、刑罰の運用を変えるのが望ましいことになる。たとえば裁判官は法律の範囲内で、同じ犯罪であっても、人によって課す刑罰の重さを積極的に変えることが要請される。またリスク軽減の度合いにより、刑務所からの仮釈放の時期を変更することも重要となる。

一九九〇年代以降、欧米各国の矯正施設において犯罪者の再犯リスクの軽減のために広く用いられるようになったある考え方がある。それは、リスク（Risk）、ニーズ（Needs）、反応性（Responsivity）の頭文字をとって「ＲＮＲモデル」と呼ばれる（Bonta and Andrews 2017 = 2018）。簡潔にまとめれば、リスクが一定以上ある人に対して集中的に、各人の適性や能力を考えたうえで、犯罪に結びつきやすいリスクの軽減を図る働きかけを行うという発想で、これらの原則に沿ってなされた矯正処遇には、再犯防止の効果があるとの証拠が世界中の研究者によって出されてきた。

ＲＮＲモデルにおいては犯罪を行った人をたんに客体として見るのではなく、その人自身の主体性を重視することが、一応強調されてはいる。その意味で、一方的に対象者を治療対象と見るような伝統的な犯罪者処遇の考え方とは一線を画している。とはいえ結局のところＲＮＲモデルにおいても、対象者の再犯リスク、すなわち問題点や弱点を管理し軽減しようとすることに終始する点では、伝統的な処遇と大差ないとも評価しうる。

長所基盤パラダイム

対象者の弱点にばかり注目する処遇パラダイムを批判する文脈で、今世紀に入って新たなパラダイムが台頭してきた。第三のパラダイムは長所基盤パラダイムである。リスク管理・軽減パラダイムにおいては、犯罪者の短所に着目しその改善を図ろうとするのに対して、長所基盤モデルは文字通り、彼らの長所や主体性に着目する。彼らのもつポジティブな要素を引き出し伸ばしていくこと、そしてそのための環境を整備していくことを重視する考え方である。

津富（二〇一一b）は、長所に着目した犯罪者処遇に関して、良き人生モデル（Good Lives Model）、象徴的社会的包摂モデル、当事者中心モデルをサブモデルとして位置づけることができるとしている。ここでは、犯罪研究の中で近年しばしば言及される良き人生モデルについて、若干の説明をしておこう（Laws and Ward 2011 ＝ 2014）。

良き人生モデルでは、罪を犯していない人と同じように、犯罪を行った人も志向や欲求をもっていると想定する。誰もが求めようとするものを「人としての基本財」と呼ぶ。たとえば関係性（他者と温かく愛情に満ちた絆を築きたいという欲求）、創造性（人生において新奇さや革新的なものを求める欲求）、生命（健康的な生活や身体機能にとって大切な身体的欲求）、遊びや仕事での卓越（余暇活動に参加したいという願望や仕事に関連した活動において熟達したいという願望）などが、人としての基本財である。そして個々人が犯罪をする主要な理由は、社会的にも、そして多くの場合自分にとっても破滅的な方法で基本財を求めることにあると考える。問題は目標を達成するために選ぶ手段であって、目標自体は必ずしも問題ではないというのが、ここでのポイントである。

関係性という基本財について例を挙げれば、成人との間に性愛を伴うような親密な関係を築くことができないために、代わりに子どもと性関係をもとうとすると犯罪になってしまう。不適切な手段を用いることが犯罪へと結びついているのだ。良き人生モデルに基づく働きかけにおいては、対象者が適切な手段によって人としての基本財を獲得する能力を身につけることを支援する。どのような基本財をどの程度求めているか、そして財の獲得につながる長所がどこにあるのかは人によって千差万別なので、求める基本財とそれを獲得するための手段や条件に関するアセスメントの綿密な実施は、このモデルにおける鍵である。そして最終的には本人が主体的に「良き人生のプラン」を策定するのである。[2]

犯罪者処遇に関する三つのパラダイムと離脱研究

繰り返すと犯罪者処遇をめぐっては、大別して三つのパラダイムがある。威嚇・抑止パラダイム、リスク管理・軽減パラダイム、長所基盤パラダイムである。前二者を前提とした研究においては、多くの場合離脱は静的に定義される。再犯を一定期間していないことをもって離脱が生じたと見なし、離脱した群と離脱しなかった群を比べることで、離脱を促進したり抑制したりする要因を探求しようとする研究がその典型である。

一方、長所基盤パラダイムに依拠する離脱研究は、離脱を動的に定義する傾向が強いといえる。インタビュー等の調査を実施し、当事者の主体性を捨象しないよう注意深くデータの分析を進めていくなかで、犯罪・非行からの離脱を静的に定義することは不可能である（あるいは無意味である）との理解に行き着くといった方が、より正しいかもしれない。

5　犯罪からの離脱に関する主要理論

年齢犯罪曲線

次に、犯罪・非行からの離脱についてのおもな理論を三つ紹介する。その前に、離脱に関連する犯

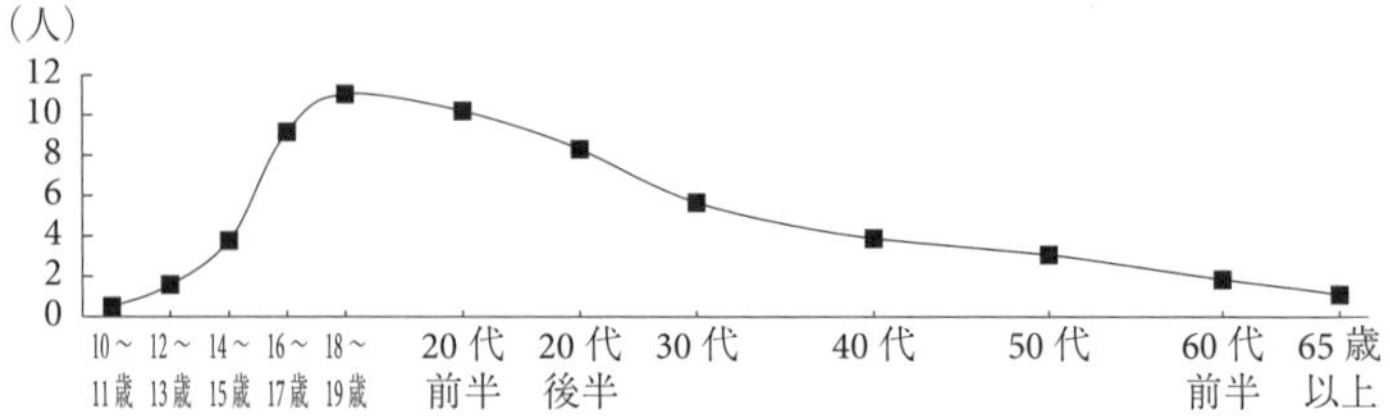

図1-2　年齢犯罪曲線の例（各年齢の10万人あたり凶悪犯検挙人員，2020年）

（出典）　2020年版『犯罪統計書』，総務省の人口統計より筆者作成。

罪学の重要な知見、年齢犯罪曲線について触れておきたい。

年齢犯罪曲線とは、横軸に年齢、縦軸に年齢層ごとの人口あたりの犯罪の量をプロットして、それらの点をつないだときにできる曲線のことである。たとえば図1－2に示されているのは、二〇二〇年における日本の凶悪犯（殺人、強盗、放火、強制性交等）検挙人員を各年齢層人口一〇万人あたりで見たものである。年齢犯罪曲線の形状は、多くの社会で似通ったものになり、時代による変化も小さいことが知られている。この図が示しているように、一〇代のはじめから徐々に上昇をはじめ、思春期後半から青年期初期（一〇代後半から二〇代前半）にかけてピークを形成した後に下降するのだ[3]。

離脱という観点でいえば、年齢犯罪曲線が示唆するのは大多数の犯罪者が離脱するということである。では、なぜ大多数の人が離脱するのだろうか。つまりは、なぜ年齢犯罪曲線が生じるのだろうか。犯罪研究上きわめて重要なこの問いに対して、これまでに有力な回答がいくつか提案されてきた。以下で紹介する三つの理論のうち、一番目と二番目は、この問いに回答を与える理論でもある。

発達類型論

テリー・モフィット（Moffitt 1993）は、彼女が唱えた発達類型論とい

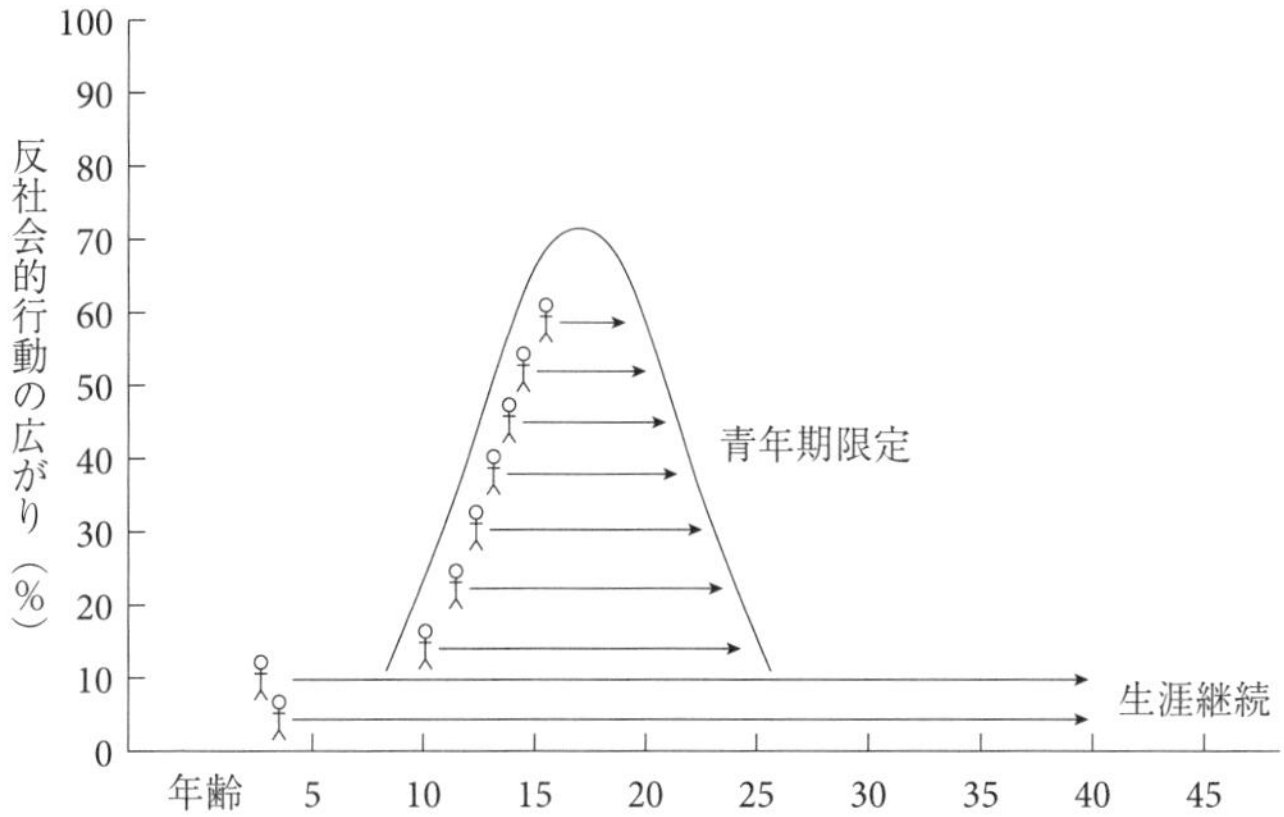

図 1-3　モフィットの発達類型論の考え方

（出典）　Moffitt（1993）の図 3 より筆者作成。

う枠組みに即して、年齢犯罪曲線が生じる理由を説明している。それによれば、犯罪者は犯罪への長期的な関わりのパターン（つまりは発達のパターン）の観点から、二つの群に大別できる。早期に非行が始まり、その後生涯にわたって高い頻度で犯罪を継続する生涯継続反社会性タイプと、非行の開始が相対的に遅く、犯罪への関与が青年期のみに限られる青年期限定反社会性タイプである。前者はごく少数しか存在しないが、後者には多数の者が該当する。年齢犯罪曲線で一〇代後半から二〇代前半に大きな山が形成されるのは、図1－3のように後者のタイプ、すなわちいったん犯罪の世界に参入はするが、比較的短い期間で犯罪から離脱をする青年期限定反社会性タイプが多数存在することで説明がつくというのが、彼女の発想である。

モフィットの説明によれば、大部分の青少年は発達上の問題に直面する。一〇代半ばになると生物学的には成人なみに成熟を遂げ、性的行動も可能となり、成人と同様に振る舞いたいと思うようになるが、成人と認められる（多くの国では一八歳前後）までは性行動や喫煙、自由な消費などの行動を抑制することが、社会から求められる。ここに生まれるのが成熟ギャップであり、これに起因する不満が非行（反社会的行動）として表面化するというのだ。言い換えれば、彼らは自立性を示すために反社会的な行動に走るのである。彼らは成人期に達すれば非行に走る動機がなくなる。よって大半の者が非行から離脱していくことになる。

年齢で段階づけられたインフォーマルな社会統制理論

一方、サンプソンとラウブ（Sampson and Laub 1993）は、犯罪・非行から離脱する人が成人期のはじめに急増するのは、安定した就業や結婚などのライフイベントが、この時期に集中して生じることで説明できるとした。

この理論では、犯罪の有無の説明に役立つのは個人のもつ社会的ボンドの強さである。社会的ボンドは、個人が社会とどの程度結びついているかを示す概念である。個人の犯罪性のパターンの時間的な変化（犯罪を始めること、犯罪から離脱することを含む）は、彼らの生活における社会的ボンドの強さの変化を反映したものになる。彼らは、各年齢段階で異なる形の社会統制を受け、社会的ボンドを発達させる。ここでの社会統制とは、警察や裁判所などによるフォーマルなそれではなく、インフォーマルなものである。

彼らの主張は三点にまとめられる。第一に、人間は居住地域、家族、学校、友人による社会統制（インフォーマルな社会統制）を受けながら成長していき、その統制のあり方が人生の初期（幼年期と思春期）の非行へと影響を与える。また、統制の態様は構造的文脈に依存する。家庭が貧困状態にあれば、親の指導監督の弱さや気まぐれで脅迫的なしつけが生じやすく、それらのことは非行を誘発する。

留意すべきは非行を促進するのは統制のあり方であるという点だ。構造的な要因それ自体が、必ずしも非行少年を生み出すわけではないのである。

第二に、この時期の非行行動とそれを助長する非行仲間との交友は、成人後の生活上の困難に結びつく傾向が強い。非行行動や非行仲間との交友は、安定的な就業や結婚に至る可能性を低くし、結果的に成人期の社会的ボンドを脆弱にしてしまう。また矯正施設に収容されてしまうと、ますます社会的ボンドは弱体化する。このような悪循環に陥ると、犯罪からの離脱は困難になってしまう。

第三に、成人後のライフコースで犯罪性のパターンが変化する、すなわち犯罪から離脱するかどうかは、家族や職場との社会的ボンドが生成されるかどうかに依存する。すなわち成人への移行に伴って形成される社会的つながり（配偶者への愛着や職場への定着など）が、犯罪からの離脱を準備するということだ。この点については追加研究であるラウブとサンプソン（Laub and Sampson 2003）で詳細に説明されているが、ポイントの一つは、結婚や就労はたんなる自己選択の結果ではなく、むしろ偶発的なものであるということである。つまり結婚相手に出会ったり、知人から正業の紹介を受けたりするのには、運の要素があるということだ。彼らはこのようなライフイベントを「転機」と呼んでいる。

回復の脚本理論

犯罪からの離脱における転機の重要性を唱えた彼らに対して、それが過大評価されていると異議を唱えたのが、マルナ（Maruna 2001 = 2013）である。「新年にあたり、チョコレートを食べないと決意をした人と同じように、元犯罪者は、薬物や犯罪をする人生から離脱しようと決意するが、誘惑や不満に直面すると、しばしばその決意を失ってしまう」（Maruna 2001 = 2013 : 40-41）。彼の主張によれば、重要なのはライフイベントそのものではなく、そのイベントの本人にとっての現在そして未来における意味合いであり、当人が守りたいと思っている自己イメージ、到達したい目標などを含む「犯罪から離脱する心のあり方」（Maruna 2001 = 2013：53）である。これは、前節で紹介した良き人生モデルの「人としての基本財」や「良き人生のプラン」と類似した考え方である。マルナの研究は、みずからもそう述べているが、長所基盤アプローチに依拠している。

彼の理論を支えるデータはリヴァプール離脱研究である。対象となった元犯罪者五〇名のうち三〇名は犯罪から離脱しており、残りの二〇名は犯罪を継続している。主たる方法はインタビューである。得られた知見は「脚本」というキーワードで表現されている。

私たちはみな、自分が何者で、何をするのか、どこに向かうのかを意味づける物語（ナラティヴ）を紡いでいる。彼の言葉ではそれが脚本である。犯罪を継続する人たちは「非難の脚本」を、犯罪から離脱した人たちは「回復の脚本[4]」を発展させる。前者は、自分自身を非難するものであり、彼らは自分が無力であり社会の被害者であると見なしていた。一方離脱者は、「現在の善がほとんど必然的な結果となるように、否定的な過去の経験を現在に結びつけることで、過去と現在の平衡を保っている」（Maruna 2001 = 2013：121）。彼らの回復の脚本においては、「本当の私」が確立されており、自分の運命を自分でコントロールできるという楽観的な認識があり、さらには社会に対して、とりわけ次世代に対して恩返しをしたいという願望が含まれていた。

マルナ（Maruna 2001 = 2013）によれば、犯罪からの離脱にとって鍵となるのは、自己の新しいアイデンティティの形成である。

6 おわりに――離脱をめぐる学術的・実践的論点

離脱をめぐっては、検討するべき論点がいくつかある。本書の全体を通じて多様な論点が提示されるが、ここでは概括的な点に絞って三点のみ挙げておきたい。

リスク管理・軽減パラダイムからの脱却実現の方途

第一に、離脱研究で明らかにされた知見が、どの程度刑事司法の実務に還元されているか／されるべきかという点である。犯罪学研究者の多くは、現実の刑事司法に多くの問題があると理解している。離脱研究が、どのようにしてそこに風穴を開けることができるかについて、慎重かつ綿密に検証される必要があるだろう。

たとえば良き人生モデルを刑務所での処遇に取り入れる動きは英米で進んでおり、一定の成果も報告されている[5]（Willis and Ward 2013）。日本国内の矯正現場を見ると、少なくとも成人矯正（刑務所）については、リスク管理・軽減パラダイムが依然として支配的であるのが現状である。再犯防止が政府をあげた政策課題になっているが、長所基盤パラダイムへの移行がこの国で十分に進んでいるとは言いがたい。

「厳罰化が進む中、私たちには、社会全体として、スティグマをどうマネージしなければならないかが問われている。そして、社会全体として、様々なスティグマを背負った人たちのリカバリーをどう促進しなければならないかが問われている。そして、社会全体として、どのようにして、犯罪者のリカバリーに貢献しうる、社会関係資本を構築しなければならないかが問われている」（津富 二〇一一a：七）。津富（二〇一一a）はこれらの問いへの「解」がパラダイムの移行を要請しているという。二〇二一年の現時点においても、このことに変わりはないと思われる。

望ましい離脱の規範化への警戒

第二に、長所基盤パラダイムに立って、元犯罪者の主体性を重視する立場に立った場合においても、「特定の望ましい離脱のあり方」の当事者への押しつけが容易に生じるうるという問題がある。たとえば先に述べた回復の脚本理論は、「本当の私」を確立し、自分の運命をコントロールできるという楽観的認識をもち、生成的な生き方を志向している場合に、人は離脱するとしていた。しかし、これらを規範化することが適切かどうかは別問題である。

平井（二〇一九：一九二）は回復の脚本に基づく支援が「『社会の役に立つ生』を特権化し、他のライフスタイルを価値下げしている時点で、新自由主義的合理性に適合的なリフレクシヴな自己の『規律』のための――すなわち現状肯定的な――ナラティヴ的介入となって」しまう可能性があると指摘する。「〇〇のように生きることが望ましい離脱である」ということを暗黙裏に想定してしまうことに、私たちは警戒しなければならない。

なお、この点に関連して、第2章では「立ち直り」言説の中に就労規範と家族規範が織り込まれていることの問題性が指摘される。また第7章では「問題のある」家族像を当事者に受け入れさせてしまう非行臨床実践が問題化される。さらに第8章では長所基盤モデルに「乗りきれない」人々の困難について検討される。[6]

個人主義的把握からの脱却

第三に、離脱が社会の関数であるという重要な事実は、いくら強調しすぎてもしすぎることはない。長所基盤パラダイムが、元犯罪者本人のアイデンティティの変容に重きを置いていることはすでに述べた通りだが、このことが、離脱が社会構造と密接にリンクしているという点を隠蔽することにつながってはならない。たとえば、低技能職の安定性が失われつつある労働市場においては、必ずしも安定した就業が離脱につながるとはいえなくなってしまう（Cid and Martí 2016）。関連して、離脱研究の枠組みがアメリカやイギリスの男性の経験に基づいてつくられてきたとの指摘もある。「離脱のアプローチは、男性中心の個人主義的なものであり、階級、人種、ジェンダーなどが組み合わさった構造的な背景を無視している」（Carlton and Baldry 2013：65）との見解は当を得た批判であろう。

離脱への関心に比べて「離脱した後」への関心がもたれにくいことも、これに関連する問題だと思われる。「犯罪をしないことは、社会や潜在的な犯罪被害者にとっては被害が少ないという意味で良い結果かもしれないが、もしそれが離脱する人（そしておそらくその人に最も近い人）の苦しみの増加を伴うのであれば、冷静な功利主義の論理であっても、この結果の価値には疑問が残る」（Graham and McNeill 2017：445-446）。ここから、犯罪から離脱することが絶対的に良きことであるという前提も問われることになるだろう。

注

［1］ネオリベラリズム（新自由主義）とは一般に、政府による介入を減らし、市場関係や個人の責任を重視する政治的・経済的・社会的な志向性のことを指す。個人や企業は絶えざる競争と自己革新が求められ、その結果生

まれた社会的格差は、市場での競争の結果として当事者の自己責任とされる。

［2］　津富・相澤（二〇一九）は、もまた本人を客体化しがちであるとし、このモデルが犯罪原因論の要素を含んでいることにその原因があると示唆している。

［3］　ホワイトカラー犯罪では年齢犯罪曲線が見られないとの報告がある（Piquero and Benson 2004）。この点に関連して、本節で取り上げる離脱に関する主要理論においては、ホワイトカラー犯罪や権力者による犯罪を基本的には無視している。第10章を参照のこと。

［4］　原語は **redemption script** であり、贖罪の脚本と訳される場合もある。

［5］　何をもって効果ありと見なすのかそれ自体が、重要な論点である（相澤二〇一九）。

［6］　市川（二〇一九）は望ましい離脱の規範化の問題について、多くの興味深い指摘をしている。「定着」すなわち安定的な住居が必要だとの規範も一部の人間を追い詰めていくという。また、マスコミや専門家が「元犯罪者」に対して当事者としての語りを期待すること自体も有害であると示唆している。「その人は、一体いつ、元当事者という立場から離れ、ただの人として認められるのだろうか。元××者、あるいは、××者として承認を受けている以上、その日は永遠に来ないようにも思われる」（市川二〇一九：七五）との指摘は重い。

▼岡邊　健▲

第1部

犯罪・非行からの離脱に関する言説

第2章 新聞報道記事に見る「立ち直り」

1 はじめに

本章の目的は、少年非行からの離脱（以下、便宜上「立ち直り」と表記する）が新聞報道記事上でどのように描かれているのかを明らかにすることにある。新聞報道記事における立ち直りの描かれ方から、今日の日本社会のどのような特徴を看取することができるのか。この点を考えていきたい。

立ち直りについては、たとえば昭和六〇年代中盤頃より、おもに非行臨床に携わる論者たちの間で「更生の場としての家族」（望月 一九八九）という議論がなされていた。そこでは、立ち直りにおいて家族がどのような機能を果たしうるのかが問われるとともに、家族に対していかなる支援や治療が必要とされるのかについて論じられてきた（島田 一九八九、生島 一九九八、二〇〇八、村松 二〇〇〇）。この「更生の場としての家族」論に対しては、第一に、家族が「更生の場」になりうることを自明視していること、第二に、家族が更生の場となることが「望ましい」と無根拠に想定されかねないこと、第三に、公的機関や地域社会のネットワークの中に非行少年や家族を位置づける視点が乏しいこと、という問題があるとの批判もなされている（藤間二〇一二）。

ところで、そもそも立ち直りとはいかなるものと今日の日本では考えられているのだろうか。言い換えれば、どのような状態に至れば「立ち直った」と認められるのであろうか。以下では、新聞記事報道において立ち直りがどのようなものとして描かれているのかを分析することで、この点を明らかにしていこう。新聞報道記事は、読者に理解可能な、あるいは読者から共感を得ることができるような論理で構成されると考えられる。そのため、新聞報道記事の分析からは、社会において支配的な価値観や規範が浮かび上がってくると期待される。本章においては、そうした新聞報道記事を分析することによって、日本社会において非行からの立ち直りがどのようなものと捉えられているのかについて考察することとしたい。

2　対象と方法

対象となるのは、朝日新聞の記事である。データベース「聞蔵Ⅱビジュアル」の「朝日新聞　1985〜　週刊朝日・AERA」のページ上で、「非行&立ち直り」を条件とし、「朝日新聞」、および「朝日新聞デジタル」の記事検索を行った。[1] 該当した記事の中から、イベントの案内など、直接的な報道記事とはいえないものは除外した。以上の作業の結果、分析対象となるのは一九八五年一〇月から二〇一八年九月の間に掲載された一四七件のうち、一三〇件の記事である。

分析は二つの方法を用いて行う。第一に、KH Coder を用いて、「立ち直り」とどのような用語が関連づけられているのかについて分析を行う。KH Coderとは、樋口耕一が開発したテキスト型（文章型）データを統計的に分析するためのフリーソフトウェアであり、アンケートの自由記述、インタビュー記録、新聞記事など、さまざまなデータを分析することができる。まずこのソフトウェアを用い、「立ち直り」という言葉がほかの言葉とどのように結びついているのかを概観する。

第二に、上述のKH Coderによる分析結果を踏まえ、具体的な記事の内容を詳細に取り上げる。ここでは、二〇一七年一二月に八回にわたって連載された「（いま子どもたちは）未来を変える」を対象とする。

3 「立ち直り」と他の語との結びつき

図2－1は、対象となった記事をKH Coderにより分析し、語と語との関連を図示したものであるが、いくつかの興味深い点に気づくであろう。まず、一目見てわかるように、「立ち直り」という言葉と強く結びついている語はあまり多くない。次に、「支援」という語に緩やかに結びついているのは、「警察」や「センター」であり、「立ち直り」を支援するものとして警察や子ども家庭センター等が多く記事上に出現していると見ることができる。「家庭」や「親」は「立ち直り」や「支援」という語と直接的には結びついていない。かつて「更生の場としての家族」についての議論が隆盛していたことからすると、この結果はやや意外にも感じられる。

加えて、類似した用語が存在する一方で、それらの布置には異なりが見られることも興味深い。たとえば、「少年」という語とは別に「子ども」や「子」という語が抽出されており、かつそれらは

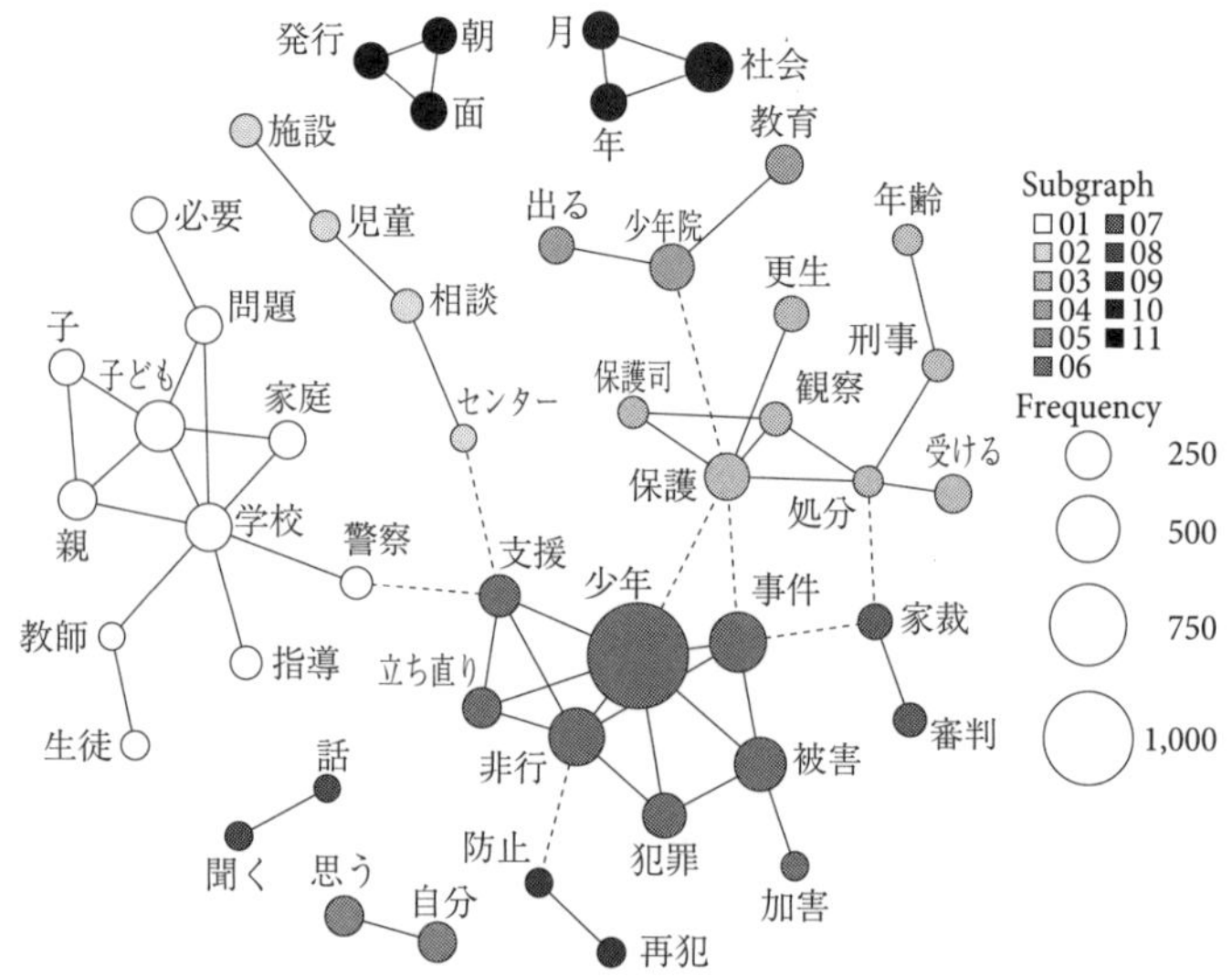

図 2-1　朝日新聞による報道記事上での語の結びつき

（注）Subgraph とは色づけによる言葉のグループ分けを示すものであり，Frequency とは円の大きさで言葉の出現頻度を表すものである。

「立ち直り」や「非行」とは直接結びついていない。つまり、「非行を犯した子どもの立ち直り」といった表現は、少なくとも朝日新聞の報道記事上ではあまり用いられていないと考えられる。また、先述の通り「支援」は「立ち直り」と直接結びついているが、「指導」や「教育」、「保護」という言葉は「立ち直り」と結びついていない。「立ち直り」への「支援」は、「指導」や「教育」とは異なる営みとして描かれていると見ることができるだろう。

「少年」「非行」「支援」の三つの語は、「立ち直り」にどのように結びついているのか。もう少しくわしく見ていこう。表2-1は、これらの言葉が記事上で「立ち直り」という言葉とどのような位置関係にあったのかを示したものである。これを見ると、「支援」は「立ち直り」

表 2-1 「支援」「少年」「非行」の「立ち直り」との位置関係

抽出語	左合計	右合計	左 5	左 4	左 3	左 2	左 1	右 1	右 2	右 3	右 4	右 5	スコア
支援	1	46	1	0	0	0	0	23	19	1	2	1	33.7
少年	53	3	2	7	10	34	0	0	0	1	1	1	23.3
非行	36	1	4	5	26	1	0	0	0	0	1	0	11.5

（注）「スコア」は，基本的には特定の語が「立ち直り」の前後に多く出現しているほど大きな値をとるが，直前または直後で出現した回数ほど重視される計算式に基づいている（樋口 2018：52）。「左」「右」の後にある 1 から 5 までの数字は，基準となる語（ここでは「立ち直り」）からの距離を示す。たとえば，「左 1」であれば，「立ち直り」の直前に登場している，ということになる。

の右側、つまり、「立ち直り」の後に出てきているケースが多い。「右1」「右2」に多くの数値が入っていることから、なかでも「立ち直り」の直後に出現するパターンが多いことがわかる。対して「少年」や「非行」については、左側、すなわち「立ち直り」の前に出てきているケースが多い。「少年」は比較的「立ち直り」の直前に出てきているが、「非行」についてはとくにそうした傾向は見られない。実際に、「少年」、「非行」の語の表れ方を具体的に見てみると、「非行少年の立ち直り」や「非行を犯した少年の立ち直り」などの表現が大半である。このことが意味することは、朝日新聞においては、「少年非行からの立ち直り」という社会レベルの概念よりも、「非行少年の立ち直り」といった個人レベルの概念の方が用いられているということである。言い換えれば、朝日新聞の報道記事においては、「立ち直り」は社会事象というよりも個人のライフイベントとして位置づけられていると見ることができる。

そこで次に、「支援」の語が「立ち直り」との関連で表れている文章をいくつか具体的に確認しておこう。ここでは「立ち直りを支える」「立ち直りを援助する」といった同義の文章も紹介する（傍線は筆者による）。

例①：三月末に発覚した東京都足立区の女子高生コンクリート詰め事件をめぐる少年法論議を取り上げ、同法の「改正」は「立ち直りの機会を奪い、少年の権利を損なう恐れがある」と批判している。そして「威嚇と厳罰ではなく、少年に反省を促し、立ち直りを支援することが、社会の責任」と指摘している。（一九八九年九月五日朝刊）

例②：同庁（警察庁：筆者注）では、「なぜ増えたのかは分からない」（少年課）としながらも、非行が軽いうちに立ち直らせるねらいで、一時的な街頭注意に終わらず継続して子供の立ち直りを支えるよう、婦人補導員の活用などを指示している。（一九九六年五月六日朝刊）

例③：事実認定手続きの適正化をめぐる論議は、裁判官の合議制（複数の裁判官が担当）の導入、審判への検察官・付添人（弁護士）の出席を軸に進んだ。つまり、刑事事件に近い形を採り入れるのか、一人の裁判官が少年を諭しながら立ち直りを援助する現在の形を維持するのかが論点となった。検察官関与を認める事件をどの範囲に限るのかの議論も絡んでいる。（二〇〇〇年六月四日朝刊）

例④：不登校の子どもや非行少年らを受け入れる「フリースペース」（中略）が、立ち直り支援に成果をあげ、その活動に注目が集まっている。最近は福岡県警も連携に力を入れ始めた。同じ悩みを持つ者が語り合い、スポーツやボランティアに汗を流す場を提供する取り組みの現場を見た。（二〇一二年五月一四日夕刊）

これらの記事は書かれた時期も掲載された紙面も異なるが、二つの共通点が見受けられる。まず、「立ち直り」は非行少年の中で自発的に行われるものとは必ずしも見なされていない。たとえば、例②内の「立ち直らせる」という文言や、例④内の「立ち直り支援に成果をあげ」といった文言からは、「立ち直り」が何らかの外部の働きかけによって促されること、そしてそうした働きかけによって「立ち直り」が達成された場合、それは働きかけの「成果」とされていることが読み取れよう。次に、「支援」や「援助」といった働きかけは、懲罰的なものと相対するものとされている。このことは例①で取り上げられた「威嚇と厳罰ではなく」という警察庁のコメントや、例③における「刑事事件に近い形を採り入れるのか、一人の裁判官が少年を諭しながら立ち直りを援助する現在の形を維持するのか」という対置から読み取ることができる。

このように「立ち直り」と「支援」とが強く結びついていることは、日本社会の動向が新聞報道上にも表れた結果と考えられる。近年の日本社会においては、再犯防止への機運の高まりから、施設内処遇と社会内処遇を連携させた新しい「立ち直り」のための処遇が始まっている。その中でも重要なのは、社会内での生活再建に向けた就労支援と住居確保支援の二つの福祉的支援の取り組みであると指摘されている（法務省法務総合研究所編 二〇一一、平井 二〇二〇）。

では、そのように他者からの「支援」を受けて達成される「立ち直り」とは一体いかなる状態なのだろうか。次節では、非行を経験した少年たちの「立ち直り」をテーマとした朝日新聞の連載記事を詳細に分析することで、この点を明らかにしていこう。

4　「仕事が続くこと」と成育歴の強調——朝日新聞の連載記事から

「（いま子どもたちは）未来を変える」は、「非行からの立ち直りを目指す良心塾（大阪市）で『学び直し』をしながら再出発をする若者の姿を全八回で紹介」する連載である（二〇一七年一二月一五日朝刊、教育一面）。そこで取り上げられるエピソードから、「立ち直り」に向けてどのような取り組みがなされているのか、どのような人物が「立ち直った者」として描かれているのか、その人物はどのように「立ち直った」とされているのかを分析することが、ここでの目的となる[2]。

八回にわたって取り上げられる「良心塾」は、日本財団による「職親プロジェクト」の一環として二〇一五年に発足した。職親プロジェクトは、罪を犯した者に対するスティグマが刑務所出所者や少年院出院者の再犯の背景にあるとの考えに基づき、「就労」「教育」「住居」「仲間づくり」の視点で刑務所出所者や少年院出院者の「社会復帰」を応援するプロジェクトであり、二〇一三年よりスタートした（日本財団職親プロジェクトウェブサイト）。地域ごとに連携し、職場と住まいを用意した上で少年院などを出た若者らを一定期間雇い、社会復帰を支える取り組みを行ってきた。だが、矯正施設での生活と一人暮らしで毎日職場に通う生活とのギャップから仕事が長続きしない者も見られ、そうした者の中には複雑な家庭事情で育ち、十分な教育を受けてこなかった者もいた。そこで、「学び直し」を通じて、「立ち直り」につなげようと良心塾が二〇一五年から始まった。日本財団の担当者は「少年院などの生活から社会にゆるやかになじむように、『中間支援』の役割を果たす」ことを良心塾に期待すると述べている（二〇一七年一二月一五日朝刊、教育一面）。

職親プロジェクトや良心塾の目的は連載第一回の記事にも表れている。たとえば、職親プロジェクトに立ち上げ時から参加している飲食店の社長が、少年院を出た若者らの支援について「受け皿となる社会にはまだまだ偏見の目がある。少しでも緩和したい」と話していることや、仕事と住まいに加えて教育を提供することに対して、「社会で生きていくうえで、本人に足りないものを補う場は必要だ」と、その意義を捉えていることが取り上げられている（二〇一七年一二月一五日朝刊、教育一面）。

以上の情報からは、職親プロジェクトや良心塾の前提として、矯正施設の中での生活と外での生活とのギャップを背景として生じる再犯を防ぐ上で、「学び直し」を通じた「本人に足りないものを補う」ことが必要であるという考えがあることが読み取れる。このような考えのもとで、元非行少年たちを一定期間雇用し、その間に教育も提供する「中間支援」が提供されている。

先述の通り、良心塾の母体である職親プロジェクトでは、「就労」「教育」「住居」「仲間づくり」の四つの視点から「立ち直り」に向けた支援を提供することが掲げられている。では、記事中でその四つの視点はどのように描かれるのであろうか。

一つ目の就労については、連載中繰り返し言及されている。連載第一回の記事では、職場を用意する「職親プロジェクト」でも、半年間の就業体験を終えた者の割合（「修了率」）は五割弱、その後も仕事を続けた者の割合（「定着率」）は二割にとどまること、日本財団は修了率を八割、定着率を六割に引き上げることを目標に掲げていることが紹介される。日本財団が就労を重視しているのは、再犯との兼ね合いである。記事中では、少年院仮退院者の保護観察期間中の再犯率が、無職だった場合は五割であり、仕事があった場合の割合の三倍近くであるという『犯罪白書』の数値が紹介され、「仕事の確保が重要となってくる」と述べられている。

就労をめぐるエピソードの中でも、連載中よく取り上げられるのが、「就いた仕事が続いている／続いていない」ことである。たとえば、第四回の記事では、高校を退学して職を転々としているうちに、振り込め詐欺の「受け子」となって捕まった、カイト君という少年の話が取り上げられる。カイト君は、少年院を出た後の行き先がなかったとき、職親プロジェクトに参加している飲食店の社長の著書を読み、その飲食店で働くことを希望した。記事が掲載された当時、塾生になって七カ月であったカイト君は、「『一つの仕事がここまで長続きしたのは初めて』と言えるほどに」なっていた（二〇一七年一二月一八日朝刊、教育一面：傍点筆者）。また、連載第六回の記事では、親のネグレクトを受け、施設で育ったカケル君が、良心塾に入って働き始めた飲食店にいまは通っていないことが紹介されたうえで、「自立への道は一進一退だ」と評される（二〇一七年一二月二三日朝刊、教育一面）。このほかにも、連載第三回では、ダイキ君という少年が、仕事が続かない人や良心塾を途中でやめた人を見たことで、「立ち直りの道が簡単ではないことも肌で感じている」というエピソードも紹介されている（二〇一七年一二月一七日朝刊、教育一面）。

このように就労、とりわけ「仕事が続くこと／続かないこと」をめぐるエピソードが連載中たびたび取り上げられる反面、「教育」「住居」「仲間づくり」の三つについては、具体的なエピソードはほとんど登場しない。たとえば教育については、連載第一回において、良心塾では、人間教育に力を入れており、授業は国語や英語のほか、対話から自分自身を振り返る「メンタリング」などがあることや、少年四人が食育を受ける様子が取り上げられ、食育を担当するカウンセラーの「食べ物や作り手に感謝し、仲間と食べる楽しさを知ることを通じて、自分の感情と向き合い、内面を改めることにつながる」という言葉が取り上げられてはいる（二〇一七年一二月一五日朝刊、教育一面）。だが、それ以降、とくに「立ち直り」との関連で、良心塾における具体的な教育の取り組みは取り上げられていない。住居や仲間づくりについても、具体的に良心塾でどのような支援が提供されるのかについて、連載中ははっきりと描かれることはほぼなかった。

代わりにこの連載においてたびたび描かれるのが、少年たちの成育歴や家庭環境である。たとえば、連載第二回の冒頭では、ダイキ君が「幼くして両親が別れ、現れた継父に冷たくあしらわれた」こと、「小学校に入る前には耳にピアスの穴をあけられ、金髪になった」こと、「やがてしつけという名目で繰り返し殴られるようになった。今も投げ飛ばされた傷が顔に残る。最もこたえたのは食事抜きのお仕置き。母や祖父も継父に逆らわず、『なんでこんな家に生まれてきたんや』と思ったこと」が紹介されている（二〇一七年一二月一六日朝刊、教育一面）。このほかにも、連載第四回では、幼くして両親が離婚し、「継父に心を開くことができず、部屋にこもってきた」カイト君が、実家には帰りたくなかったため少年院を出た後の行き先がなかったというエピソード（二〇一七年一二月一八日朝刊、教育一面）、連載第五回では、小学校の入学式の当日に母親が脳梗塞で倒れ、その後遺症で家族の顔を忘れたケンタさんのエピソード（二〇一七年一二月二二日朝刊、教育一面）、第六回、第七回では、幼いときから施設で育ったカケル君のエピソード（二〇一七年一二月二三日朝刊、教育一面／二〇一七年一二月二四日朝刊、教育一面）、第八回では、母親からの虐待を受け、やはり児童養護施設で育ったサクラさんのエピソードが取り上げられる（二〇一七年一二月二五日朝刊、教育一面）。加えて、連載第三回においては、二〇一六年に少年院を出た者のうち、引き受けたのが実父母や義父母ではなく、雇用主や更生保護施設などだった者が一七パーセントいたことが、「日常の中で立ち直りをめざすが、引き受ける大人の存在が必要だ。だが、」という言葉とともに記述されている（二〇一七年一二月一七日朝刊、教育一面：傍点筆者）。

成育歴との関連で指摘すべきことが二点ある。一つは、こうした成育歴に関するエピソードが、共通して少年たちが過去にとった行動に関するエピソードの直前に置かれている場合が多いことである。一例として、連載第二回の一部を抜粋してみよう。

① ダイキ君は今の自分について、「（一年半前の姿を）忘れたくらい変わった」と言う。幼くして両親が別れ、現れた継父に冷たくあしらわれた。小学校に入る前には耳にピアスの穴をあけられ、金髪になった。

② やがてしつけという名目で繰り返し殴られるようになった。今も投げ飛ばされた傷が顔に残る。最もこたえたのは食事抜きのお仕置き。母や祖父も継父に逆らわず、「なんでこんな家に生まれてきたんや」と思った。

③ 学校では、ふざけて窓ガラスを割り、弱そうな子を見つけては、いじめの標的にした。「自分はクズだった。今からでも土下座して謝りたい」と振り返る。中学校は2年生から週1回程度しか通わず、「一八歳」と偽ってとびの現場で働いた。

④ 高校には進学せず、悪い仲間と遊んで回った。昨年五月ごろからは、家に寄りつかなくなり、「おやじ狩り」や、ネットカフェで寝ている人の財布を盗むことで生活資金にした。（二〇一七年一二月一六日朝刊、教育一面：段落番号筆者）

ここでは、①と②においてダイキ君の過去の成育歴やその当時抱いていた感情が描写され、その直後の③、④で彼の過去の行為が取り上げられる、という記事構成がとられている。このように成育歴→過去の行為、という記事構成は、連載の他の回でも多く見られるものであった。

もう一つは、そうした成育歴をもつことで家族を頼れない少年たちを、「重要な第三者」の存在が立ち直りに向けて水路づけるエピソードが数多く取り上げられることである。たとえば、上のダイキ君の場合、「『もうこんなことはするな』と真剣に言ってくれた少年院教官の存在が、彼を「立ち直り」に向かわせたことが連載第三回で描かれている（二〇一七年一二月一七日朝刊、教育一面）。ほかにも、勤務する飲食店の主任や、入所していた施設の職員などの存在が、非行を経験した少年たちを立ち直りに向かわせたり、再非行をとどまらせる役割を果たしていることは、連載中たびたび言及されている。

ここまで見てきたことをまとめよう。第一に、本連載においては、「就労」「教育」「住居」「仲間づくり」という職親プロジェクトの四つの視点のうち、「就労」、とりわけ「仕事が続くこと」が重点的に描かれ、他の三点についてはほとんど言及されていなかった。第二に、多くの記事において、少年たちの過去の行為の直前に彼／彼女たちの成育歴が、関連性を明確に肯定も否定もしない形で取り上げられていた。関連して第三に、そうした成育歴をもつゆえに家族を頼れない少年たちにとって、「重要な第三者」が立ち直りに向かうことを支えたり再非行を踏みとどまらせたりする存在であることが紹介されていた。

以上の結果から、三つのことを指摘することができる。第一に、「仕事が続くこと」が立ち直りのメルクマールであるかのように読者に思わせる記述がなされていることである。たとえば、ダイキ君が「ずっと仕事を続ける姿を見せること」を目標として語ったことや、カイト君の仕事がいままでになく続いていることが、立ち直りに向けたポジティブな兆候として記事の中で位置づけられている。逆に、カケル君の自立が「一進一退」であることを示すエピソードとして飲食店の仕事が続かなかったことが挙げられている。ここから、仕事を続けることが非行からの立ち直りを示す一つの指標とされていることが読み取れる。このことからは、就労、稼得して経済的に自立するという特定の生き方が立ち直りの「モデル」(平井二〇二〇)と見なされていると考えられる。

第二に、非行と成育歴、家庭環境とを結びつける規範を動員するような記事構成がとられていることである。先述の通り、継親との関係がうまくいかなかったダイキ君とカイト君、ネグレクトや身体的虐待を経験して施設で育つこととなったカケル君やサクラさんなど、すべての記事において登場人物が幼少期に家庭において何らかの困難を経験していることが描かれ、そしてその後に非行のエピソードが描かれるという構成をとっている。これらの記事においては、過去の行為と成育歴との関連について直接的に記者が言及したり、少年たち自身が過去の行為を成育歴と結びつけて語る場面を取り上げたりすることはされていない。それゆえ、単に時系列的に事実を並べているだけと見ることももちろん可能ではある。しかしながら、過去の行為と成育歴との関連を明確に肯定も否定もせずに並べる構成をとることで、読者が自身の内面化している規範に基づいて記事を解釈する可能性も存在しよう。日本は子育てに関して家族の責任を強く問う家族主義的な社会である(藤間二〇一七、二〇一八)。そうした社会においてここに指摘したような記事構成をとることは、子どもの非行の「原因」に家庭の問題があるという想定を読者に動員させる可能性がある。つまり、「幼少期に家庭で経験した困難が少年たちの非行の原因にあったのであろう」と読者に想像させるような記事構成が、連載各回でとられていたのである。逆の見方をすれば、記者が連載を読者に理解可能な形で構成しようとするときに、「家庭で経験した困難が非行の原因である」という規範が利用されたと考えることもできるだろう。

第三に、二つの考察を統合すると、「立ち直り」の支援が提供される条件として、就労規範と家族規範が交錯していることが指摘できる。一方で、「仕事を続けること」が非行からの「立ち直り」のメルクマールと見なされており、この規範に適合的な生活を送っている限りにおいて、支援は提供される。他方で、「家族を頼れない／頼りたくないから良心塾にきた」というエピソードがたびたび取り上げられていたことからは、「非行の原因」であった家族が「（その責任をとって）少年の『立ち直り』を支える」ことが本来的には期待されており、もし家族を頼ることができるのであれば、良心塾には包摂されない可能性が指摘できる。要するに、「仕事を続けること」をメルクマールとした「立ち直り」を家族が支えることがかなわないときに、「重要な第三者」による少年たちの「立ち直り」に水路づけが提供されるという、残余的な支援の形が、朝日新聞の連載記事に浮かび上がっていたということができるのではないだろうか。先に取り上げた飲食店社長の「社会で生きていくうえで、本人に足りないものを補う場は必要だ」という言葉を援用するならば、日本社会に用意されているのは「社会で仕事を続けながら生きていくうえで、本来は家族から提供されるべき支援がかなわない場合に、本人に足りないものを、社会が補う場」であり、仕事を続けないという形で規範から外れた者や、逆に家族を頼れるという形で規範に適合的な者には、社会的な支援が届きにくい構造になっている可能性がある。

5 おわりに

本章では、朝日新聞の報道記事における非行からの立ち直りの描かれ方を見てきた。まず、KH Coderを用いた分析からは、「立ち直り」は社会事象というよりも個人のライフイベントとして位置づけられており、かつそれは第三者からの支援のもとで「達成」されるものとされていることが読み取れた。「立ち直り」をテーマとした連載記事の詳細な分析からは、「仕事を続けること」が立ち直りのメルクマールとされていることと、家族主義的な日本社会における支援は、条件つきのものであるという性質が浮かび上がってきた。

「立ち直り」に支援が必要であるというのはおそらく事実であろうが、その支援のもとで達成される「立ち直り」が、「仕事が続くか否か」という尺度によってのみ測られることの問題性は平井（二〇二〇）が指摘している通りである。また、非行の背景として家庭環境を強く問うことは、非行の「予防」や「防止」に対する社会の責任を後景化しかねない。もちろん朝日新聞による報道記事のみで日本社会全体を語ることには慎重であるべきだが、非行からの立ち直りと社会との関係についてあらためて考える必要性が、本章での議論から示唆されたのではないだろうか。

非行をはじめとする「社会問題」は、われわれの社会が構造的に抱えている課題が個人のレベルに表出したものと考えられる。であるならば「『仕事を続ける』という規範にのっとっている限り」、あるいは「『家族を頼れる』という規範から外れている限り」という条件づきで社会的支援が提供されるあり方は正当ではない。先述した通り、家族については「非行の原因となったことの責任をとって

『立ち直り』を支えよ」という規範が存在していると考えられる。これを転換し、社会が普遍主義的に（＝条件つきでない）支援を与えるあり方を構想する必要があるだろう。

注

［1］　オプションに関しては、検索対象は「見出しと本文と補助キーワード」とし、「朝夕刊」は朝刊と夕刊双方、「本紙／地域面」は本紙のみ、「発行社」はすべての項目にチェックをつけた。地域面を除外したのは、読者が特定の地域に在住している者のみに限られており、そのことが記事の構成等に何らかの影響を与える可能性を考慮したためである。

［2］　記事内に登場する少年たちの名前はすべて仮名である。なお、記事をすべて転載すると冗長になるため、ここでは分析に関連する部分のみを抜粋することとする。

▼藤間公太▲

第3章 犯罪ないし非行からの立ち直り言説に関する歴史的検討

社会を明るくする運動を通して行われた法務省の活動に注目して

1　はじめに

本章の目的

本章の目的は、犯罪ないし非行からの立ち直り言説がいかにして形成されたのかを、社会を明るくする運動を通して行われた法務省の活動に注目して、歴史的な視点から明らかにすることである。[1]

問題の所在

近年、犯罪ないし非行からの立ち直りに対する社会的な関心が高まっている。犯罪学や法学などの領域においては、犯罪ないし非行からの立ち直りを対象にする研究が蓄積されてきた。たとえば日本犯罪社会学会は、『犯罪者の立ち直りと犯罪者処遇のパラダイムシフト』という編著を、二〇一一年五月に刊行した（日本犯罪社会学会編、津富宏責任編集二〇一一）。また、『犯罪白書』や『警察白書』などの行政機関が刊行する白書を読み解けば、犯罪ないし非行からの立ち直りに関する議論をいたるところで発見することができる。さらに犯罪ないし非行からの立ち直りに関する議論は、新聞やニュースなどのマスメディアにおいても展開されてきた。

これらの犯罪ないし非行からの立ち直りに関する議論が展開される言説（以下、「犯罪ないし非行からの立ち直り言説」）においては、立ち直りの用語と犯罪ないし非行の用語を結びつけることが、当然のこととして前提とされている。しかし、ある個人が犯罪ないし非行を行わない状態になる現象――それは、更生、矯正、回復、社会復帰などの用語のもとで表されてきた――を立ち直りの用語によって表すことは、はたして歴史的に見ても自明のことなのだろうか。

立ち直りの用語は、明治期から大正期にかけての時期に公表された文学作品においても、すでに用いられていた。夏目漱石は、「薤露行《かいろこう》」という短編小説を、一九〇五年一一月の『中央公論』において公表した。そして、以下のように記述した。

濃やかに斑を流したる大理石の上は、ここかしこに白き薔薇が暗きを洩れて和かき香りを放つ。君見よと宵に贈れる花輪のいつ摧けたる名残か。しばらくは吾が足に纏はる絹の音にさへ心置ける人の、何の思案か、屹と立ち直りて、繊き手の動くと見れば、深き幕の波を描いて、眩ゆき光り矢の如く向ひ側なる室の中よりギニヴィアの頭に戴ける冠を照らす。輝けるは眉間に中る金剛石ぞ。

（夏目［一九〇五］一九六六：一四二）

芥川龍之介は、「将軍」という短編小説を、一九二二年一月の『改造』において公表した。そして、以下のように記述した。

田口一等卒はかう云ふと、狼狽したやうに姿勢を正した。同時に大勢の兵たちも、声のない号令でもかかつたやうに、次から次へと立ち直り始めた。それはこの時彼等の間へ、軍司令官のN将軍が、何人かの幕僚を従へながら、厳然と歩いて来たからだつた。（芥川［一九二二］一九七七：一四七）

立ち直りの用語は、さらにその起源を遡れば、近代以前の日本社会においても発見することができるかもしれない。立ち直りの用語の起源をたどること自体は、本章のおもな分析対象が「犯罪ないし非行からの」立ち直り言説であるために、本章の課題を超える。

むしろ本章にとって重要なのは、以下の問いである。従来から用いられてきた立ち直りの用語が犯罪ないし非行の用語と結びつけられることは、いかなる歴史的な経緯のもとで行われたのだろうか。犯罪ないし非行からの立ち直り言説が一定のまとまりをもって形成される際には、いかなる意味上の連関が立ち直りの用語と犯罪ないし非行の用語の間に結ばれたのだろうか。そして、犯罪ないし非行からの立ち直り言説は、どのような人々のいかなる意図に基づく活動によって形成されたのだろうか。

本章では、以上の問いを検討することによって、犯罪ないし非行からの立ち直り言説の歴史的な位置づけを見定める。そして、そのことを通して、犯罪ないし非行からの立ち直りに関わる現在の現象を分析する際に活用できる、一つの足がかりを提示することを目指す[2]。

本章の構成は、以下の通りである。まず第2節で、立ち直り言説に関する予備的な考察を行う。次に第3節で、犯罪ないし非行からの立ち直り言説の歴史的な位置づけを検討する。さらに第4節で、社会を明るくする運動における行動目標および重点事項を足がかりとして、犯罪ないし非行からの立ち直り言説の特徴を五つに整理する。また第5節で、その五つの特徴の内容を、二〇〇〇年代から二〇一〇年代にかけての時期に刊行された資料に基づいて分析する。そして第6節と第7節で、一九六〇年代から八〇年代にかけての時期に刊行された複数の業界誌を分析することによって、犯罪ないし非行からの立ち直り言説がいかにして歴史的に形成されたのかを明らかにする。最後に第8節で、本章の知見をまとめる。

2　立ち直り言説に関する予備的考察

立ち直り言説の概観――CiNii Articles と NDL ONLINE の比較

筆者は、立ち直り言説に関する予備的な考察を行うために、以下の資料を収集した。その資料とは、第一に、「CiNii Articles」[3]を用いて、「立ち直り」をキーワードにして検索した論文ないし雑誌記事である。第二に、「NDL ONLINE　国立国会図書館オンライン」[4]を用いて、「立ち直り」をキーワードにして検索した論文、雑誌記事、ならびに著書である。

図3－1は、以上の手続きで調べた論文、雑誌記事、ならびに著書の本数を、年別推移で示したものである。

図3－1を見ると、NDL ONLINE で該当した論文、雑誌記事、ならびに著書の本数が、一九六〇年から一九六八年にかけての期間に顕著に多いことがわかる。さらに、NDL ONLINE で該当した論文、

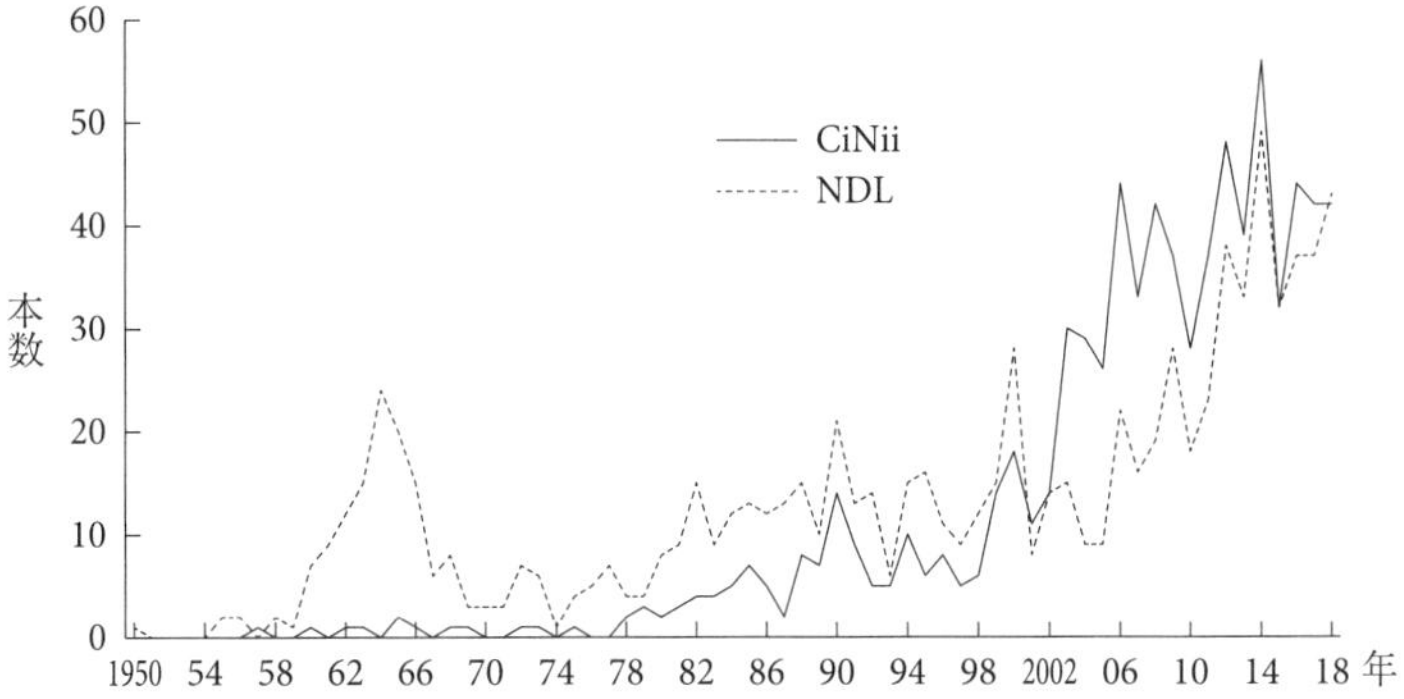

図 3-1　「立ち直り」を含む資料の本数の年別推移

（注）論文，雑誌記事，ならびに著書の総数は，CiNii Articles で該当したものが 798 本，NDL ONLINE で該当したものが 897 本である。CiNii Articles においては，検索を「論文検索」「フリーワード」の条件のもとで行った。期間は，1950 年 1 月 1 日から 2018 年 12 月 31 日にかけてである。NDL ONLINE においては，検索を「フリーワード」の条件のもとで行った。期間は，1950 年 1 月 1 日から 2018 年 12 月 31 日にかけてである。

雑誌記事、ならびに著書のタイトルを見ると、日本経済の立ち直りが、一九六〇年から一九六八年にかけての一般誌において頻繁に言及されたことがわかる。CiNii Articles は、学術論文や業界誌を多く含む検索エンジンである。対して、NDL ONLINE は、CiNii Articles に比べて一般誌を多く含む検索エンジンである。そのためこの期間においては、NDL ONLINE で該当した日本経済の立ち直りに関する論文、雑誌記事、ならびに著書の本数が、顕著に多くなっている。

さらに図３－１を見ると、CiNii Articles と NDL ONLINE のいずれにおいても、本数の顕著な増加が二〇〇〇年代後半以降に生じたことがわかる。CiNii Articles で該当した論文ならびに雑誌記事の本数は、二〇〇六年に年間四四本になって以降、毎年三〇本弱から六〇本弱にかけての範囲で推移した。NDL ONLINE で該当した論文、雑誌記事、ならびに著書の本数は、二〇〇六年に年間二二本になって以降、毎年二〇本弱から五〇本にかけての範囲で推移した。

分析対象——社会を明るくする運動を通して行われた法務省の活動

CiNii Articles と NDL ONLINE における立ち直りに関する資料の本数は、以上で見たように、二〇〇〇年代後半以降に急増した。そのことの背景には、ある社会運動の展開があった。それは、「社会を明るくする運動」である。

社会を明るくする運動は、法務省によって毎年七月に開催されている、犯罪に関する広報ないし啓蒙をおもな活動内容にする運動である。その前身だとされる運動は、民間の有志によって一九四九年に開催された「犯罪者予防更生法実施記念フェアー」と、「BBS会[5]」という民間団体主催のもとで一九五〇年に開催された「矯正保護キャンペーン」である。社会を明るくする運動が運動の名称として正式に用いられはじめたのは、一九五一年以降である。

社会を明るくする運動が開催される際には、副題が運動名につけられてきた。その副題は、雑誌において社会を明るくする運動に関する特集が組まれる際に、特集のタイトルや特集に含まれる論文のタイトルにおいて頻繁に言及されてきた。その中で、「犯罪や非行を防止し、立ち直りを支える地域のチカラ」という副題が、二〇一〇年に開催された第六〇回社会を明るくする運動以降につけられるようになった。そのために、タイトルに立ち直りの用語を含む資料の本数が二〇一〇年代以降に急増した。

社会を明るくする運動は、このように立ち直りの用語をタイトルに含む資料の本数を増加させた直接的な要因となった。しかし本章では、社会を明るくする運動が立ち直り言説に与えたこのような量的な側面だけではなく、質的な側面にも注目する。

立ち直りの用語が犯罪ないし非行に関する公式の運動名の副題につけられ、犯罪ないし非行からの立ち直り言説が多くの人々に理解可能な形で社会的に普及するということは、そうなる以前に、特定の意味上の連関が立ち直りの用語と犯罪ないし非行の用語の間に成立していなければならない。すなわち、犯罪ないし非行からの立ち直り言説が、一定のまとまりをもって形成されていなければならない。本章では、犯罪ないし非行からの立ち直り言説が形成された過程において中心的な役割を担ったアクターとして、法務省に注目する。

3　犯罪ないし非行からの立ち直り言説の歴史的な位置づけ

本章では、犯罪ないし非行からの立ち直り言説の歴史的な形成過程を、社会を明るくする運動を通して行われた法務省の活動に注目して明らかにする。本節では、そのことに先立ち、犯罪ないし非行からの立ち直り言説の歴史的な位置づけを確認する。

「国立国会図書館デジタルコレクション」とは

そのことを確認するためには、「国立国会図書館デジタルコレクション」[6]という検索エンジンが役に立つ。国立国会図書館デジタルコレクションは、国立国会図書館に蔵書される資料のうちでデジタル化されているものをまとめた検索エンジンである。国立国会図書館デジタルコレクションを利用するメリットは、キーワード検索の結果と資料のタイトルだけでなく、資料の本文をPC上で確認することができることである。そして、資料を本文の内容に基づいて分類することが、比較的容易にできることである。

国立国会図書館デジタルコレクションに収録される資料は、三つのカテゴリーに分類されている。三つのカテゴリーとは、「インターネット公開」「図書館送信資料」「国立国会図書館内限定」である。国立国会図書館内限定に該当する資料については、国立国会図書館ないし国立国会図書館と提携を結ぶ図書館に実際に赴いたうえで、館内のPCを用いて閲覧する必要がある。

国立国会図書館に蔵書される資料は、すべてがデジタル化されているわけではない。したがって、国立国会図書館に蔵書される資料の全体の量的な推移を、国立国会図書館デジタルコレクションのみに基づいて分析することはできない。

しかし国立国会図書館に蔵書される資料のすべてを分析の対象にする場合、目的の資料を職員に書庫から出してもらい閲覧するための手続きと、資料を職員にコピーしてもらうための手続きに、多大な時間を要することになる。その作業を、対象にするべき資料の範囲を見定めることができていない段階で行うと、調査の方針が定められないまま五里霧中の状態に陥り、調査の出だしでつまずくことにもなりかねない。

したがって特定の言説に関する仮説生成型の調査を行う場合には、プレ調査の一つとして、まずは国立国会図書館デジタルコレクションを用いてみることがお薦めである。そのプレ調査の結果を踏まえて仮説検証型の調査を行うときには、収集するべき資料の範囲をある程度見定めたうえで、資料を、デジタル化されていないものを含めて収集する必要がある。国立国会図書館デジタルコレクションは、

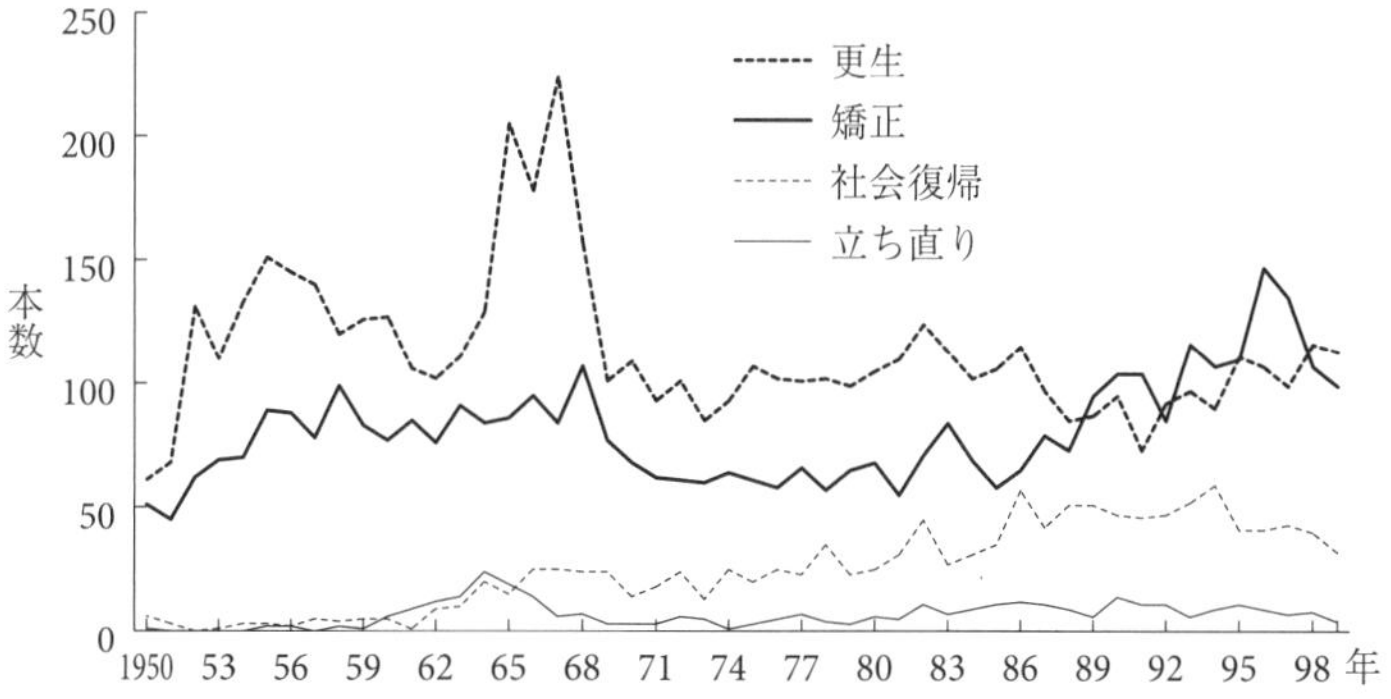

図 3-2 「立ち直り」「矯正」「更生」「社会復帰」を含む資料の本数の年別推移

（注）「立ち直り」をキーワードにして，検索を「図書館送信資料」「国立国会図書館内限定」の条件のもとで行うと，613 本の論文，雑誌記事，ならびに著書が該当した。さらに検索を 1950 年 1 月 1 日から 1999 年 12 月 31 日にかけての期間に限定して行うと，339 本の論文，雑誌記事，ならびに著書が該当した。期間を 1999 年 12 月 31 日までに限定したのは，多数の電子書籍および博士論文が 2000 年以降に含まれるようになることによって，2000 年以降の資料の性質が 1999 年以前の資料の性質に比べて大きく変化したからである。

同様の手順で，「矯正」「更生」「社会復帰」をキーワードにして、検索を 1950 年 1 月 1 日から 1999 年 12 月 31 日にかけての期間に限定して行った。該当する論文，雑誌記事，ならびに著書の本数は，「矯正」を含むものが 4049 本，「更生」を含むものが 5654 本，「社会復帰」を含むものが 1253 本だった。

そうした形で段階を踏んで資料の収集をする際に、とても役に立つ。

立ち直りの用語とそれに類似する用語を含む資料の本数の年別推移

本節では、以下で国立国会図書館デジタルコレクションに含まれる資料に基づき、犯罪ないし非行からの立ち直り言説の歴史的な位置づけを検討する。図３－２は、「立ち直り」「矯正」「更生」「社会復帰」を含む論文、雑誌記事、ならびに著書の本数を、年別推移で示したものである。

図３－２を見ると、立ち直りの用語が、矯正の用語、更生の用語、ならびに社会復帰の用語に比べて、頻繁に用いられてこなかったことがわかる。「矯正」ないし「更生」を

含む論文、雑誌記事、ならびに著書の本数は、すべての時期において、「立ち直り」を含む論文、雑誌記事、ならびに著書の本数よりも多い。「社会復帰」を含む論文、雑誌記事、ならびに著書の本数は、一九五〇年から一九六五年にかけての期間においては、「立ち直り」を含む論文、雑誌記事、ならびに著書の本数と拮抗していた。しかし一九六六年以降の時期においては、「立ち直り」を含む論文、雑誌記事、ならびに著書の本数よりも多くなった。そしてピーク時の一九九四年においては、年間五九本にまで増加した。

対して「立ち直り」を含む論文、雑誌記事、ならびに著書の本数は、ピーク時の一九六四年においては、年間二四本にまで増加した。しかし、一九六七年以降の時期においては、おおむね年間一〇本に満たない範囲で推移した。

「立ち直り」を含む資料のテーマ別の本数の年別推移

立ち直りの用語を含む資料は、以上のように国立国会図書館デジタルコレクションに収録された資料の範囲では、矯正の用語、更生の用語、ならびに社会復帰の用語を含む資料に比べて、量的には多く公表されてこなかった。しかし、立ち直り言説の質的な変化を追うためには、立ち直りの用語を含む資料の内容が、量的に少ない中でどのように推移してきたのかを追う必要がある。

筆者は、そのことを明らかにするために、一九五〇年一月一日から一九九九年一二月三一日にかけての期間に刊行された立ち直りの用語を含む三三九本の論文、雑誌記事、ならびに著書の内容を、すべて確認した。さらに、論文、雑誌記事、ならびに著書を、扱われるテーマごとに、「経済」「犯罪ないし非行」「そのほか」に分類した。

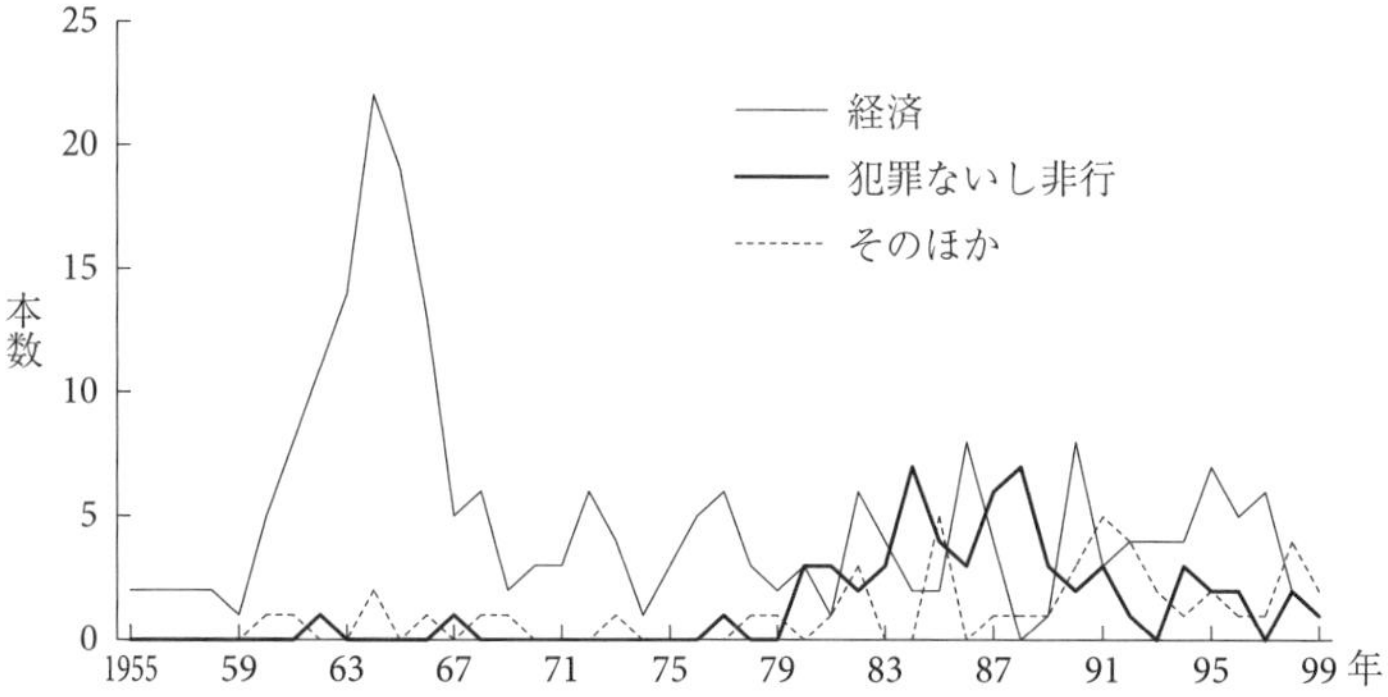

図 3-3　「立ち直り」を含む資料のテーマ別の本数の年別推移

図３－３は、「立ち直り」を含む論文、雑誌記事、ならびに著書のテーマ別の本数を、年別推移で示したものである。

図３－３を見ると、以下のことがわかる。経済に関する立ち直りを扱う論文、雑誌記事、ならびに著書の本数は、すべての時期において一貫して多く、とくに一九六〇年代初頭から一九六〇年代半ばにかけての時期に顕著に多い。ピーク時の一九六四年においては、年間二二本にまで増加した。対して犯罪ないし非行に関する立ち直りを扱う論文、雑誌記事、ならびに著書の本数は、一九八〇年以降に顕著に増加した。ピーク時の一九八四年と一九八八年においては、年間七本にまで増加し、経済に関する立ち直りを扱う論文、雑誌記事、ならびに著書の本数を、いずれの年も上まわった。

立ち直りの用語を含む論文、雑誌記事、ならびに著書の全体の本数は、図３－２で見たように、一九七〇年代から一九九〇年代にかけての時期においては、大きな変化がなかった。対して犯罪ないし非行に関する立ち直りを扱う論文、雑誌記事、ならびに著書の本数は、図３－３で見たように、一九八〇年代以降に顕著に増加した。すなわち一九八〇年代以降の時期においては、全体の本数の推移に大きな変化はなかったが、犯罪ないし非行に関する立ち直りを扱う論文、雑誌記事、ならびに著書の本数が全体の本数のうちに占める割合が増加したということである。

犯罪ないし非行に関する立ち直りを扱う資料が一九八〇年代以降に増加した背景

国立国会図書館デジタルコレクションに収録された犯罪ないし非行に関する立ち直りを扱う資料は、以上のように一九八〇年代以降に顕著に増加した。そのことの背景には、二つの動きがあった。

二つの動きとは、第一に、法務省が一般の人々に向けた活動を、一九八〇年代以降に行ったことである。法務省は、社会を明るくする運動を、広報ないし啓蒙活動として一九五〇年代以降に継続的に行ってきた。さらに一九八〇年代においては、立ち直りの用語を、一般向けの図書において用いはじめた。たとえば法務省矯正局教育課は、『立ち直りつつある少年たち——少年院で学ぶ若者たちの手記』(法務省矯正局教育課編 一九八〇、一九八四、一九九二)という著書を、一九八〇年代から九〇年代にかけて三冊にわたって刊行した。

第二に、社会を明るくする運動に関する特集が、社会を明るくする運動が開催される際に複数の雑誌において毎年七月に組まれるようになったことである。社会を明るくする運動に関する特集は、『刑政』において一九八四年七月以降に毎年組まれるようになったのをはじめとして、複数の雑誌において一九八〇年代以降に組まれるようになった。このように社会を明るくする運動に関する特集が一九八〇年代以降に多く組まれるようになったために、タイトルに立ち直りの用語を含む資料の本数が一九八〇年代以降に顕著に増加した。

4　犯罪ないし非行からの立ち直り言説の五つの特徴

第3節では、犯罪ないし非行からの立ち直り言説の歴史的な位置づけを見た。そして、社会を明るくする運動を通して行われた法務省の活動が、一九八〇年代における犯罪ないし非行からの立ち直り言説の展開に関わっていたことを確認した。そこで本節では、社会を明るくする運動における行動目標および重点事項を足がかりとして、犯罪ないし非行からの立ち直り言説の特徴を五つに整理する。

二〇一〇年七月に開催された第六〇回社会を明るくする運動においては、第2節で見たように、立ち直りの用語が運動名の副題ではじめて用いられた。そして、以下の三つの行動目標が設定された。

①　犯罪や非行をした人の立ち直りを支えよう。
②　犯罪や非行に陥らないよう地域社会で支えよう。
③　これらの点について、地域社会の理解が得られるよう協力しよう。

さらに第六〇回社会を明るくする運動においては、以下の二つの重点事項が設定された。

①　立ち直りを支える取組についての理解促進。
②　犯罪や非行をした人たちの就労支援。

第六〇回社会を明るくする運動の行動目標および重点事項においては、以上のように犯罪者ないし非行少年の立ち直りを、地域社会の手によって支えることが求められた。そして、就労支援が、地域社会による活動の一つとして位置づけられた（稲葉二〇一〇：六三-六四）。

犯罪ないし非行からの立ち直り言説においては、以上で見た五つの項目に加えて、犯罪者ないし非行少年の主体性と再犯防止が言及されることが多い。このことを踏まえて、犯罪ないし非行からの立ち直り言説の特徴を、以下の五つに整理することができる。

① 犯罪者ないし非行少年の主体的な立ち直りが目指される。
② 立ち直り支援の用語が用いられる。
③ 立ち直り支援のための中心的な場が地域社会に設定される。
④ 再犯防止が立ち直り支援の目的の一つとして挙げられる。
⑤ 就労支援が立ち直り支援の手段の一つとして挙げられる。

次節では、以上の五つの特徴の内容を、二〇〇〇年代から二〇一〇年代にかけての資料に基づいて分析する。

5 犯罪ないし非行からの立ち直り言説の内容の分析
——二〇〇〇年代から二〇一〇年代にかけて

犯罪者ないし非行少年の主体的な立ち直りが目指される

第一に、犯罪者ないし非行少年の主体的な立ち直りが目指される特徴である。

鈴木一光は、「社会復帰への支援——立ち直りのために」という論文を、二〇〇二年一二月の『刑政』において公表した。そして、犯罪ないし非行からの立ち直りについて、以下のように述べた。

> 犯罪や非行をした人々が社会に復帰するためには本人自身の反省と努力、そして地域社会の理解が必要となります。（中略）
>
> 罪に対する反省を深めさせ、立ち直ろうという意欲を引き出し、それを支えていくことが必要ですが、このような働き掛けは本人が矯正施設に入った段階から始められ、更生保護に引き継がれていくべき極めて息の長い作業です。（鈴木二〇〇二：四三－四五）

鈴木は、このように犯罪者ないし非行少年がみずから立ち直ろうとする努力や意欲を、犯罪ないし非行からの立ち直りの過程において重要なものとして位置づけた。

このように努力や意欲などの用語によって表される犯罪者ないし非行少年の態度は、「本当の意味でのその子の立ち直りを考えるならば、その子の自主性、自由意志というものを尊重しなくては、その子の立ち直りは期待できないわけです」といったように、自主性の用語によって表現されることもあった（神谷ほか二〇〇六：二九）。

二〇〇〇年代の犯罪ないし非行からの立ち直り言説においては、以上のように犯罪ないし非行からの立ち直りが、強制に基づいて達成されるものとしてではなく、犯罪者ないし非行少年の主体性に基づいて達成されるものとして位置づけられた。

立ち直り支援の用語が用いられる

第二に、立ち直り支援の用語が用いられる特徴である。

岡本英生は、「非行からの立ち直りの要件」という論文を、二〇〇六年一月の『現代のエスプリ』において公表した。そして、非行からの立ち直りについて、以下のように述べた。

> 立ち直りは我々がさせるものではない。本人が行なうものである。我々ができることは立ち直りを助けることでしかない。立ち直りのメカニズムを明らかにすることで、もっと多くの若者について、より早く立ち直るよう援助ができるかもしれない。（中略）
> 立ち直りは強制してできるものではない。結局は本人の自覚に基づき本人の力で行なうものである。そのため、まずは本人に立ち直るための強い動機付けを持つようし向ける必要がある。（岡本二〇〇六：一七三－一七九）

岡本がいう立ち直りの援助の活動は、立ち直り支援の用語で表現されることもあった（青山二〇〇八）。

二〇〇〇年代の犯罪ないし非行からの立ち直り言説においては、以上のように犯罪者ないし非行少年の立ち直りが、強制に基づいて達成されるものとしてではなく、援助ないし支援に基づいて達成されるものとして位置づけられた。

立ち直り支援のための中心的な場が地域社会に設定される

第三に、立ち直り支援のための中心的な場が地域社会に設定される特徴である。二〇一〇年九月の『更生保護』においては、第六〇回社会を明るくする運動が二〇一〇年七月に開催されたことを受けて、第六〇回社会を明るくする運動に関する特集が組まれた。法務省保護局更生保護振興課は、その特集の巻頭論文において、以下のように述べた。

犯罪や非行が生まれるのは地域社会であり、犯罪をした人や非行をした少年の更生を促す場もまた地域社会にほかなりません。犯罪や非行をした人が、再び犯罪や非行をすることを防ぎ、改善更生を確かなものとするためには、何より本人自身が立ち直ろうとする意欲を持ち努力することが必要ですが、地域社会がその意欲を受け入れ立ち直りを支えることもまた不可欠です。（法務省保護局更生保護振興課二〇一〇：九）

久保貴は、「《第64回》〝社会を明るくする運動〟に寄せて――犯罪や非行を防止し、立ち直りを支える地域のチカラ」という論文を、二〇一四年七月の『自由と正義』において公表した。そして、犯罪ないし非行からの立ち直りについて、以下のように述べた。

犯罪や非行をした人のほとんどが、いつか必ず社会に戻ってきます。彼らが、罪を償って健全な社会の一員として立ち直るためには、本人の更生への決意と努力はもちろんですが、それだけではなく、地域社会がその人を温かく受け入れ、本人の決意を支え、立ち直れるよう援助していく必要

があります。（久保二〇一四：七八）

二〇一〇年代の犯罪ないし非行からの立ち直り言説においては、以上のように犯罪ないし非行からの立ち直りが、地域社会が立ち直り支援のための中心的な場として機能することによって達成されるものとして位置づけられた。

再犯防止が立ち直り支援の目的の一つとして挙げられる

第四に、再犯防止が立ち直り支援の目的の一つとして挙げられる特徴である。

松原吉治は、「少年の立ち直りを支援することは、少年が更生して社会の一翼を支える力となるとともに、再犯の道に陥ることを防ぎ、犯罪被害を防止するだけでなく、少年を地域社会の一員として迎え入れるために必要なことであり、自治体にとっても決して無関係ではありません」と述べた（松原二〇〇七：三二）。

若山祐樹は、「【東京都事業】非行少年立ち直り支援ワンストップセンター『ぴあすぽ』――少年支援に係る社会資源の紹介」という論文を、二〇一三年一月の『自由と正義』において公表した。そして、非行からの立ち直りについて、以下のように述べた。

しかし、少年たちは、再び地域社会の一員として生活するのであり、こうした少年が非行に走るのか、立ち直って社会の一翼を支える力となるかは、地方公共団体にとっても決して無関係ではない。すなわち、少年に対し地域社会が適切に支援することは、その少年が再犯の道に陥ることを防ぎ、将来の犯罪発生を予防するだけでなく、少年を地域社会の一員として迎え入れるために必要なことであり、地方公共団体としても真剣に検討すべき課題と考える。（若山二〇一三：九三）

二〇〇〇年代から二〇一〇年代にかけての犯罪ないし非行からの立ち直り言説においては、以上のように犯罪者ないし非行少年に対する立ち直り支援が、犯罪者や非行少年を地域社会に包摂することによって再犯防止に寄与する活動として位置づけられた[7]。

就労支援が立ち直り支援の手段の一つとして挙げられる

第五に、就労支援が立ち直り支援の手段の一つとして挙げられる特徴である。

櫻井美香は、「少年院を出院した、仮退院の方を含めて、地域社会の一員として生活する、地域に根付くということが真の立ち直りに近づくということで、そのような方の居場所をつくり、就労を支援し、就学を支援し、生活を支援するということのお手伝いが都がしようということです」と述べた（櫻井二〇一四：六八）。

二〇一〇年代の犯罪ないし非行からの立ち直り言説においては、以上のように犯罪ないし非行からの立ち直りが、犯罪者ないし非行少年が就労を通して地域社会の一員として生活して地域に根づくことによって達成されるものとして位置づけられた。そして、その過程を支援することが、立ち直り支援の用語によって表された。

6　業界誌を通して行われた法務省の活動①――『刑政』

第5節では、犯罪ないし非行からの立ち直り言説の五つの特徴の内容を、二〇〇〇年代から二〇一〇年代にかけての資料に基づいて分析した。第6節と第7節では、以上で見た犯罪ないし非行からの立ち直り言説が、いかにして歴史的に形成されたのかを明らかにする。そこで注目するのは、一九六〇年代から八〇年代にかけての時期に刊行された複数の業界誌を通して行われた、法務省の活動である。

『刑政』の概要

『刑政』は、矯正協会の編集のもとで、一九二二年から現在にかけて刊行されてきた業界誌である。前身の『大日本監獄協会雑誌』（一八八八〜一八九八年）と『監獄協会雑誌』（一八九八〜一九二二年）をあわせると、およそ一三〇年間にわたって刊行されてきた業界誌である。そのおもな読者としては、矯正の実務家が想定されてきた。またそのおもな執筆者は、法学者および実務家が担ってきた。

地域社会への注目――一九六〇年代から七〇年代にかけて

『刑政』においては、社会を明るくする運動と地域社会に注目する論文ないし雑誌記事が、早くは一九六〇年代に公表されていた。本多兵三郎は、「犯罪が地域社会から発生し、犯罪者は結局、地域社会に復帰せざるをえないことを考えるとき、地域住民の英知と熱意とに、その予防と更生の鍵をみとめないわけにはゆかない」と述べた（本多一九六四：四四－四五）。

恒川京子は、「第24回『社会を明るくする運動』について――青少年の非行防止のための地域活動の推進」という論文を、一九七四年七月の『刑政』において公表した。そして、社会内処遇と地域社会の関係について、以下のように述べた。

保護の分野が、このように犯罪予防を重視する理由の一つは、社会内処遇が地域社会の支持なしには完全に行えないという事情があると思われる。社会内処遇では、本人の生活や処遇の行なわれる場が社会そのものであって、直接には対象をとりまく周囲の人々、間接的には彼の生活する地域社会全体が、本人のために好ましい方向に働いてくれるかどうかが成否を左右するからである。

（中略）

当初は、非行防止と更生保護に対する支持を求めることの二本立てであったものが、非行防止一本になり、ついで非行防止と地域連帯の強化の二本立てへと移り変わっているのである。（恒川一九七四：六二－六三）

一九六〇年代から七〇年代にかけての『刑政』においては、以上のように地域社会が、犯罪者ないし非行少年の更生や犯罪ないし非行の予防において重要な役割を担う場として位置づけられた。そして、地域社会の連帯が目指された。

一般の人々を巻き込む際にキャッチフレーズとして用いられた立ち直りの用語——一九八〇年代

犯罪ないし非行からの立ち直り言説が『刑政』において量的な面で大きな変化を見せたのは、一九八四年以降である。一九八四年以降の『刑政』においては、第3節で見たように、社会を明るくする運動に関する特集が毎年組まれるようになった。その特集に含まれる論文ないし雑誌記事においては、立ち直りの用語が副題で頻繁に用いられた。

しかし、論文ないし雑誌記事の本文を確認すると、矯正職員などによる随想的な文章がほとんどであり、立ち直りの用語が用いられることはまれだった。さらに詳細な検討を行うために、一九七〇年代から八〇年代にかけての『刑政』を通読した。その結果、立ち直りの用語が用いられることが、この時期においてまれだったことがわかった。その代わりに頻繁に用いられていたのは、更生の用語、矯正の用語、ならびに社会復帰の用語である。

第3節では、法務省が、非行少年の立ち直りに関する一般向けの図書を刊行することなどを通して、一般の人々に向けた活動を一九八〇年代から九〇年代にかけての時期に行ったことを見た。このことを踏まえて、以下の仮説を提示できる。その仮説とは、立ち直りの用語が、一般の人々を更生保護や矯正の実践に巻き込む活動が一九八〇年代の法務省によって行われる際に、更生、矯正、ならびに社会復帰という業界用語の代わりにキャッチフレーズとして用いられるようになった日常用語なのではないか、という仮説である。

この仮説を検証するためには、『刑政』以外の業界誌についても、内容を詳細に検討する必要がある。そこで次節では、法務省の職員による論文ないし雑誌記事がたびたび収録された、『刑政』以外の複数の業界誌を検討する。

7 業界誌を通して行われた法務省の活動②
――『更生保護』『青少年問題』『時の法令』

『更生保護』『青少年問題』『時の法令』の概要

筆者は、矯正の業界誌である『刑政』同様、社会を明るくする運動が開始された一九五一年から現在にかけて継続的に刊行されてきた三つの雑誌を対象にして、調査を行った。三つの雑誌とは、法務省の更生保護職員および保護司向けの業界誌である『更生保護』、青少年問題に関する業界誌である『青少年問題』、ならびに政府刊行物である『時の法令』である。

社会を明るくする運動の重点目標における地域社会への注目――一九七〇年代

犯罪ないし非行に関する論文ないし雑誌記事においては、立ち直りの用語が、一九五〇年代から六〇年代にかけての時期にすでに用いられていた。たとえば、「失敗から立ち直ろうと努力している青少年達」(古賀 一九六五:三五)や、「社会の中で立ち直らせる」(本位田 一九六六:一三)と述べられた。しかしここでは、「立ち直らせる」という表現がとられていたことからわかるように、立ち直りを主体的な過程として捉える視点がまだなかった。

一九七〇年代になると、立ち直りの用語が、地域社会の用語と明確に結びつけて用いられはじめた。堀川義一は、犯罪ないし非行をした少年の「立ち直りを助けるための奉仕活動」が防犯活動において重要であると論じた。そして、「犯罪や非行の被害を蒙るのも社会を構成する住民であり、同時に、犯罪や非行をした者を社会にとりこんで、これと共存しなければならないのも地域社会である」と主張した（堀川 一九七二：四三）[8]。

第一三回社会を明るくする運動が開催された一九六三年以降、運動の重点目標が設定されるようになった。さらに第二三回社会を明るくする運動が開催された一九七三年以降、地域社会の用語が、重点目標の中で用いられるようになった（平尾 一九八六：五）。具体的には、運動の重点目標として、「青少年の非行防止のための地域活動の促進」（一九七三年、一九七四年）、「地域住民の連帯による青少年の非行防止」（一九七五年）、「地域社会における青少年の非行防止」（一九七七年）、「地域活動の推進による青少年の非行防止」（一九七八年、一九七九年）、「地域活動の推進による少年の非行防止と更生の援助」（一九八二〜一九八六年）などが設定された[9]。

犯罪ないし非行からの立ち直りを促進する主体としての地域社会――一九八〇年代

第二二回社会を明るくする運動が開催された一九七二年以降、運動の標語が設定されるようになった。さらに第三一回社会を明るくする運動が開催された一九八一年以降、「防ごう非行　助けよう立ち直り」が標語として設定されるようになった。

立ち直りの用語がこのように運動の標語の中で用いられるようになって以降、地域社会が、犯罪ないし非行からの立ち直りを促進する主体として重要な位置づけを与えられるようになった。一九八七年七月の『青少年問題』においては、第三七回社会を明るくする運動に関する特集が組まれた。その巻頭論文においては、地域社会が、「犯罪者や非行少年の社会での立ち直りの促進」を担う重要な場として位置づけられた。そして、地域の犯罪予防が、「地域社会の住民の連帯の力」によって図られる必要があると主張された（「第37回『社会を明るくする運動』に寄せて　少年非行と家庭・地域社会」『青少年問題』三四（七）：四－一〇）[10]。

地域社会は、以上のように犯罪者ないし非行少年が立ち直る際に重要な役割を担う場として、業界誌や社会を明るくする運動の重点目標において一九七〇年代に位置づけられた。そのうえで、社会を明るくする運動の公式の標語として、一九八〇年代に用いられるようになったのである。

8　おわりに

本章では、犯罪ないし非行からの立ち直り言説がいかにして形成されたのかを、社会を明るくする運動を通して行われた法務省の活動に注目して、歴史的な視点から明らかにした。

社会を明るくする運動が開始されたのは、一九五〇年代だった。一方で犯罪ないし非行からの立ち直り言説が変容したのは、一九七〇年代から八〇年代にかけてだった。そこでは、地域社会の用語と立ち直りの用語が社会を明るくする運動の重点目標ないし標語において用いられることを通して、特定の意味づけが立ち直りの用語に対して付与されるようになった。さらに一九八〇年代においては、法務省が一般向けの図書などを通して、犯罪ないし非行からの立ち直り言説を普及しようとする活動を開始した。また、立ち直りの用語をタイトルに含む特集が、複数の業界誌において組まれるようになった。

立ち直りの用語と犯罪ないし非行の用語を特定の意味上の連関のもとで結びつける言説は、社会を明るくする運動を通して行われた法務省の活動によって、一九七〇年代に質的な面で形作られた。さらに一九八〇年代においては、一般の人々を更生保護や矯正の実践に巻き込む活動が法務省によって行われる動きと、社会を明るくする運動に関する特集が複数の業界誌において組まれる動きが生じた。犯罪ないし非行からの立ち直り言説は、これらの動きを通して、一九八〇年代に量的な面で形作られた。犯罪ないし非行からの立ち直り言説は、以上のように一九七〇年代から八〇年代にかけての時期に、複数のアクターによって質的および量的な面で形成されたのである。

しかし本章で資料を詳細に検討した一九五〇年代から九〇年代にかけての時期においては、第5節で見た二〇一〇年代の言説のように、立ち直りの用語が就労問題と関連づけて用いられる現象は確認できなかった。犯罪ないし非行からの立ち直り言説と就労支援の関係を見るには、二〇〇〇年代以降の資料を詳細に検討する必要がある。今後の課題である。

注

［1］ 本章では、資料を引用する際に、旧仮名遣いを現代仮名遣いに、旧字体を新字体に改めた。

［2］ 本書の多くの章では、離脱の用語がキーワードとして用いられている。対して本章では、立ち直りの用語に注目する。なぜならば、立ち直りの用語が日本社会の特定の場面において用いられてきた、歴史的な文脈に注目するからである。すなわち本章では、立ち直りの用語に注目することによって、犯罪ないし非行からの離脱に関わる現象を日本社会に固有の文脈のもとで記述することを目指す。

［3］ https://ci.nii.ac.jp/

［4］ https://ndlonline.ndl.go.jp/

［5］ ＢＢＳ会は、「ＢＢＳ運動」という運動を行う民間団体である。ＢＢＳ運動は、「Big Brothers and Sisters Movement」の略称である。

［6］ https://dl.ndl.go.jp/

［7］ 浜井浩一は、立ち直りと再犯防止が、刑事処遇上異なる水準のものだと指摘する（浜井 二〇一三：九－一〇）。しかし犯罪ないし非行からの立ち直り言説においては、多くの場合、立ち直り支援が再犯防止に直結するものとして位置づけられてきた。

［8］ 一九七〇年代においては、非行の一般化が、地域社会の連帯の希薄化と関連づけて問題化された。神谷尚男は、「青少年犯罪や非行の態様も流動する社会情勢を反映して、一層多様化の傾向を示すとともに、遊び型非行の一般化、非行の集団化及び家庭的にも経済的にも恵まれた少年による非行の増加などが顕著に認められ、その推移には、警戒を要するものがあります」と述べた（神谷 一九七四：三）。藍野宜慶は、「このような非行発生の背景には、社会・経済の急激な変動に伴う価値観の多様化、社会モラルの低下などが底流としてありますほか、全国的な都市化現象の進展が地域社会における社会的連帯感を希薄にし、非行への歯止めの役割を失いつつあることもその大きな要因であろうかと思われるのであります」と述べた（藍野 一九七五：二）。

ここでは、非行の遍在化が、地域社会の連帯の希薄化と関連づけて問題化された。すなわち、非行の現場になる地域社会の連帯が弱まったために、非行がどこででも起きる一般的な現象になったと論じられた。そして、地域住民の結束を社会を明るくする運動を通して促すことによって、地域社会が非行防止の活動の主体となることが目指された。

［9］ 地域社会の用語は、一九七二年以前の論文ないし雑誌記事においても用いられることがあった。たとえば竹内寿平は、「青少年の非行防止に国民一人一人が地域社会を中心としてあらゆる努力を結集し、青少年の健全育成を期する」と述べた（竹内 一九六七：三）。しかし、地域社会の用語が重点目標の中で用いられるようになったのは、一九七三年以降である。

［10］ 著者の情報が欠落していたため、書誌情報を本文中に記した。

▼岡村逸郎▲

第2部

犯罪・非行からの離脱の態様

第4章 少年院ではどんなことがなされているのか

少年院処遇の現状と課題

1 はじめに

本章では、少年院の処遇（教育）と犯罪や非行からの離脱との関係について説明したい。少年院は、家庭裁判所で保護処分として少年院送致の決定を受けた少年等を収容する法務省管轄の施設だ（少年院法第三条）。全国に四九庁（男子施設四二、女子施設九）が設置されており、二〇一九（令和元）年の収容者数は男子一五九四人、女子一三三人である。少年院入院前には家庭裁判所や少年鑑別所の調査・鑑別によって、少年が犯罪や非行に関与するに至る経緯やさまざまな「問題（困難・不足）」が明らかにされる。「問題を抱えた存在」という初期設定のもと、それらの「問題（困難・不足）」の解消・緩和によって、犯罪や非行からの離脱を目指す。約一一カ月という限られた期間[1]で、その「改善更生」「社会復帰」の達成が求められているのが少年院処遇（矯正教育、社会復帰支援）である。

非行や犯罪からの離脱に対して、少年院処遇は両義的な意味をもつ。本章で述べるように、「少年院送致」という決定は、司法の強制力を用いて犯罪や非行に近接した環境から、少年を切り離すものだ。それは「子ども」（または「女性」）は、家族や異性関係では抑圧的な位置づけに陥りやすく、おかれた環境でみずから「（非行や犯罪からの）離脱」の意思を示すことが難しい場合もあるからだ。保護処分としての少年院生活は、「拘禁」という制約と引き換えに、彼らの身の安全を保障し、社会内では経験することの難しかったさまざまな機会を提供する。

その一方で、当然のことながら「少年院出院者」に対する社会的まなざしは依然として厳しく、「元少年院在院者」というスティグマが以後の生活にもたらす影響は甚大である。また「拘禁」という（社会とあまりに異なるという点で）不自然な環境下におくこと自体への批判も根強い。少年院処遇とは、このような危ういバランスの上に成り立つものだ。

この施設内での処遇・支援は、社会的に不可視な部分も多い。そのため、私たちは本人の意志とは無関係にもたらされる「離脱の機会」では、いったい何が行われているのかを十分に理解しているわけではない。以下では、在院少年の特性や少年院処遇（矯正教育、社会復帰支援）の現状を概観し、離脱に対して少年院処遇が直面する課題を検討する。

2　在院少年の抱える「問題（困難・不足）」とは何か

まず、在院少年の抱える「問題（困難・不足）」について整理したい。『平成30年版犯罪白書』のデータから探ってみよう。[2] 保護者の状況を見ると、ひとり親世帯が半数近い（男子少年で五一・四パーセント、女子少年で五三・四パーセント）。『平成29年版犯罪白書』によると、保護者の職業状況は、サービス業が二〇・四パーセントと最も多く、建設・採掘（一三・〇パーセント）と、いわゆる肉体労働が主である。一方で無職者の割合は一三・〇パーセントに及び、家庭の経済的基盤の脆さがうかがえる。また、保護者およびそれ以外の家族からの被虐待経験は、男子少年で三割弱、女子少年は六割近くに及ぶ。[3] 仮退院後の状況を見ると、おおむね保護者のもとに帰住するが、二割程度が更生保護施設など保護者以外のもとに帰住していることがわかる。虐待などの家族システムに内在的な問題は、家庭関係の再編を困難にしていると考えられる。学歴という点で見れば、男女ともに九割近くが高校中退止まりであり、退院後の生活設計における「就職」に困難をもつことが予想される。

非行名別では、男子では万引きなどの「窃盗」が最も多いが、近年「年長少年」に顕著なのが、特殊詐欺（いわゆる「振り込め詐欺」）への関与である。いわゆる「出し子」「受け子」という立場で、組織犯罪に巻き込まれている。そのため、犯罪への関与をめぐって明確な意識をもたないケースも少なくない。[4] 万引きには「貧困」「ネグレクト」との関連が疑われるケースもある。[5] 女子は全体としては、窃盗が最も多く、覚せい剤取締法違反が続く。窃盗は年少に多く（三三・三パーセント）、覚せい剤は年長に多い（二九・三パーセント）。ぐ犯は年少で二〇・〇パーセント、中間で二一・七パーセント、年長で八・六パーセントである。ぐ犯の具体的な行為内容としては「援助交際」などの売春が典型的であるが、こうした覚せい剤使用やぐ犯行為の背後には、暴力団などの犯罪組織とのつながりが報告されるケースもある。女子少年の場合は、家族システム内部だけではなく、犯罪や非行領域でも被抑圧的な立場におかれるところに特徴がある。

統計から見えてくるのは、安心で安全な居場所のなさと、さまざまな問題が複合的に絡み合い犯罪・非行領域へと押し出されていく少年の姿である。社会生活を送りながら、これら虐待、ＤＶ、貧困、ジェンダー格差などの問題から距離をおくことは難しく、拘禁による「社会からの隔離」は、この点で重要な意味をもつ。このような問題状況から少年を切り離して行われる少年院処遇は、その特殊性ゆえに社会からの期待も大きく、「退院時には更生／立ち直りが達成された状態であること」を求められる。こうした外圧に対してアカウンタビリティを果たすと同時に、結局のところ、入院以前と同じような困難な環境へと戻っていく少年に対する支援として、少年院処遇は多種多様なメニューを用意するのである。

3 矯正教育と社会復帰支援

構造化されたカリキュラム

では、具体的にどのようなことが行われているのか。少年院処遇の内容は、精緻に構造化されている。少年院は第一種から第四種に分かれており、特性に応じて矯正教育課程は五つに細分化されている。①義務教育未終了者の「義務教育課程」、②（義務教育終了者であり）社会適応上の課題への対応としての「社会適応課程」、③特別支援教育としての「支援教育課程」、④心身の著しい障害への対応としての「医療措置課程」、⑤少年院で刑の執行を受ける「受刑者課程」である。矯正教育課程ごとに、対象・教育の目標・内容が定められており、後述する「個人別矯正教育計画」の策定に向けて具体的に編成されている。

少年は、短期間に多くのことを学ぶ。「少年院」という環境への適応も含め、少年の状況に応じた処遇（教育）・支援ができるよう、入院時を三級として、出院に向けて二級、一級へと進級していく段階別の処遇を行う。とくに、入院したばかりの三級では、社会生活からの劇的な変化を経験するので、まずは少年院での集団生活に適応できるよう配慮されている。二級になると少年院生活の状況を踏まえて、問題性に対する教育的介入が始まる。そして出院が近くなる一級になると、社会へのスムーズな復帰を視野に入れて、院外活動の機会を設け、家族との関係調整も最終段階に入る。

入院時に策定される個人別矯正教育計画は、前掲の各矯正教育課程に基づき、少年調査記録および少年簿、家庭裁判所および少年鑑別所の長の意見、在院者およびその保護者その他相当と認める者の意向、その他の関係機関からの情報等をもとに策定される[6]。個人別矯正教育目標は、段階別教育目標へと細分化され、標準一一カ月という期間で各段階や個人の状況に応じた教育計画を作成する。このように、矯正教育のカリキュラムは組織的かつ体系的に構造化されているのである。

では、矯正教育のカリキュラムとは、具体的にどのようなものだろうか。その内容は、生活指導、職業指導、教科指導、体育指導、特別活動指導の五つの領域で構成されている（表4−1）。学校教育のカリキュラムと似ているが、寮生活を伴い、非行や犯罪に関する内容が含まれるという点で、学校教育に比べれば生活指導領域の範囲が広く、重点的に行われているのが特徴的であろう。とくに、犯罪や非行に関する指導は「特定生活指導」と呼ばれ、「被害者の視点を取り入れた教育」「薬物非行防止指導」「性非行防止指導」「暴力防止指導」「家族関係指導」「交友関係指導」の全六コースが用意されている。それぞれが認知行動療法を参考としたプログラムである。ただし、このような集団指導の場面では、個別具体的な非行の問題性に踏み込むことは難しい。前掲のように、犯罪や非行に至る背景には、家族・仲間関係等の複数の要因があり、個別の事情も異なるからだ。これについて、二〇一五（平成二七）年五月一四日付け法務省矯少第九一号矯正局長通達「矯正教育の内容について」では、

指導領域と内容

領域	細目	内容
体育指導		
特別活動指導	自主的活動	在院者の生活集団において係を分担して行う役割活動等の自主的実践的な活動や在院者の自主的な計画に基づく諸活動を通じて，自主性・自律性を育成することを目的とした指導
	クラブ活動	スポーツや文化，科学等の特定の趣味や関心を中心に集団を編成し，これらを通じて，学ぶ意欲の向上や責任感，連帯感の涵養等に資することを目的とした指導
	情操的活動	文学，美術，音楽などの鑑賞や創作活動を通じて，美的及び道徳的な情操の涵養並びに生命尊重に資することを目的とした指導
	行事	例えば，進級式，文化祭，運動会，収穫祭等，儀式的，学芸的，体育的，勤労生産的活動等を通じて，協力してより良い少年院生活や社会生活を築こうとする自主的，協同的な精神を養うことを目的とした指導
	社会貢献活動	例えば，公共施設における清掃活動，福祉用具の整備，点字への翻訳等，社会に有用な活動を通じて，自己有用感，規範意識，社会性の向上等を図ることを目的とした指導

（出典）法務省矯少第九一号矯正局長通達「矯正教育の内容について」より作成。

基本的生活訓練、問題行動指導、治療的指導、保護関係調整指導、進路指導を組み合わせた指導を行うよう求めている。

ここまで見てきたように、少年が在院期間中に学ぶことは多岐にわたり、各段階に設定された目標が達成されたかどうかは、少年が自身の「変化・変容」を確認するうえで重要だ。そこで、個別に設定された段階別目標を達成できたかどうか、各段階で成績評価を受ける。少年院にただ在院しているだけでは出院はおろか進級もままならない。成績評価は成績予備調整会議や処遇

表 4-1　矯正教育の

領域	細目	内容
生活指導 ※特定生活指導は，右を組み合わせて行う	基本的生活訓練	基本的生活習慣，遵法的・自律的生活態度，適切な対人関係の持ち方及び保健衛生に関する正しい知識を身に付けることを目的とした指導
	問題行動指導	非行に関わる意識，態度及び行動面の問題を改善することを目的とした指導
	治療的指導	資質，情緒等の問題の変容を支援することを目的とした指導
	被害者心情理解指導	犯罪被害者等の心情等を理解し，罪障感及び慰謝の気持ちを涵養することを目的とした指導
	保護関係調整指導	保護者その他相当と認める者との関係を改善し，適切に維持し，又は調整することを目的とした指導
	進路指導	進路選択，生活設計を明確にし，社会復帰に対する心構えを身に付けることを目的とした指導
職業指導	職業生活設計指導	有為な職業人としての一般的な知識及び態度並びに職業選択能力及び職場適応能力の習得を目的とした指導
	自立援助的職業指導	職業生活における自立を図るための知識及び技能の習得並びに情緒の安定を目的とした指導
	職業能力開発指導	就業に必要な専門的知識及び技能の習得を目的とした指導
教科指導	義務教育指導	義務教育未終了者に対する，小学校又は中学校の学習指導要領に準拠した教科に関する指導
	補習教育指導	義務教育終了者に対する，社会生活に必要な基礎学力を身に付けさせることを目的とした教科に関する指導
	高等学校教育指導	・高等学校への編入若しくは復学又は大学等への進学のため，高度な学力を身に付けさせることが必要な者に対する，高等学校の学習指導要領に準拠した教科に関する指導 ・義務教育終了者のうち，就労等のために高度な学力が求められるものに対する，高等学校の学習指導要領に準拠した教科に関する指導

審査会などの場で観点別に行われる。寮生活や実科の様子などに関するさまざまな情報をもち寄り、個別担任、寮主任、寮担任、指導領域別担任、統括専門官、首席専門官など、複数の立場の職員の合議により決定される（くわしくは、大川ほか一九九八、古賀二〇一二b、南二〇一二等）。

　成績評価の結果は、個別面接の場で伝えられる。これは進級の可否を一方的に伝達することが目的ではない。南は、成績告知に関して「少年自身にも『変わった』と確認させるようなワークが行われている」（南二〇一二：三三八）と指摘するが、その可否にかかわらず、変化の契機として活用されている。少年の無意識の変化を対話によって可視化・意識化させ、その「小さな変化」を積み重ねることでより大きな変化への発展を期待する。

階層移動に向けた教科教育の取り組み

矯正教育の内容は、社会状況や少年の実情に応じて変化する。とくに、近年検討されているのが、在院少年の抱える「問題（困難・不足）」としての学歴（教育歴）問題である。二〇二〇年度の大学・短期大学進学率は五八・六パーセントと過去最高を記録し（文部科学省二〇二〇）、二人に一人以上が「大卒」という時代である。日本の労働市場は、職業間の序列や給与・待遇が学歴で階層化されており、第2節で示したように「中卒」「高校中退」が多い在院者は、労働市場で圧倒的に不利な立場におかれる。経済的に安定した職業に就くことは難しく、低賃金労働に従事する者、非正規雇用など身分・収入の不安定な状態に陥る者は少なくない。とくに女子少年の就労状況は厳しく、結局のところ「女子非行少年の多くは出院後、良いパートナーを見つけて家庭に入るか、周辺的、補助的な労働に従事する（水商売も含めて）といった、女性にとって伝統的なライフコースを目指すようになる」（伊藤二〇一二：九五）場合が多い。しかし、「良いパートナー」という抽象的な対象に依存的な生活は、仮に「良いパートナー」が、「良いパートナー」ではなくなったときなど、将来的に人生の選択肢を狭めることになる。

そこで、生き方の選択肢を広げるためにも、教育程度の問題の解消・緩和が急務となる。そこでは、①就労支援における職業選択の幅を広げ、チャンスを拡大する、②就職先への定着を図る、という二点が重要だ。
まず①だが、そもそも矯正教育の教科指導は、学校教育の内容に準じた指導を行い、基礎的な学力を身につけさせることを目的としている。義務教育を要する中学生に対する指導はもちろん、二〇〇七（平成一九）年度からは少年院内で高校卒業程度認定試験の受験が可能となったことで、受験に向けた学習の場として「高認コース」が設置された。講師は予備校講師などが担い、年二回（八月および一一月）の受験に向けた集中的な指導を行う。仮に、高卒認定を受けても最終学歴は「中卒」ではあるが、大学入試や資格試験の受験資格が得られる、「高卒以上」の企業に応募できるなど、進路選択の幅は広がる。とくに、就職後にキャリアアップを目指す際、必要な資格試験を受験できるかどうかは、その後の給与や待遇に関わるという点でも重要である。

次に②だが、職場で仕事を覚える、職場の同僚との良好な関係を築く際には、やはり基本的な演算能力や論理力・語彙力が必要である。在院少年の中には、学校教育から早期にドロップアウトし、基本的な学習の機会を得ることがなかった者もいる。就職後に必要となる知識（演算能力、文書作成能力、ビジネスマナーや対人スキルなど）は、学校教育で養う基礎の上に成り立つと考えれば、高卒認定試験を受験するかはともかく、学習の機会を得る意味は大きいだろう。[7]そこで、民間支援団体や大学生ボランティアの協力のもと、補習授業を充実させる少年院も増えてきている。

加えて、職業的トラックへの接続を意識した上記二点とはやや異なり、学校的空間への再接続を意識した取り組みもある。栃木県にある喜連川少年院は、一九七四（昭和四九）年に県立宇都宮高校通信制のスクーリング教場を少年院内に設置している。この通信制に入学した在院少年は「スクーリング教場生」として高校から派遣された教員の授業を少年院内で受けることができる。宇都宮高校の運

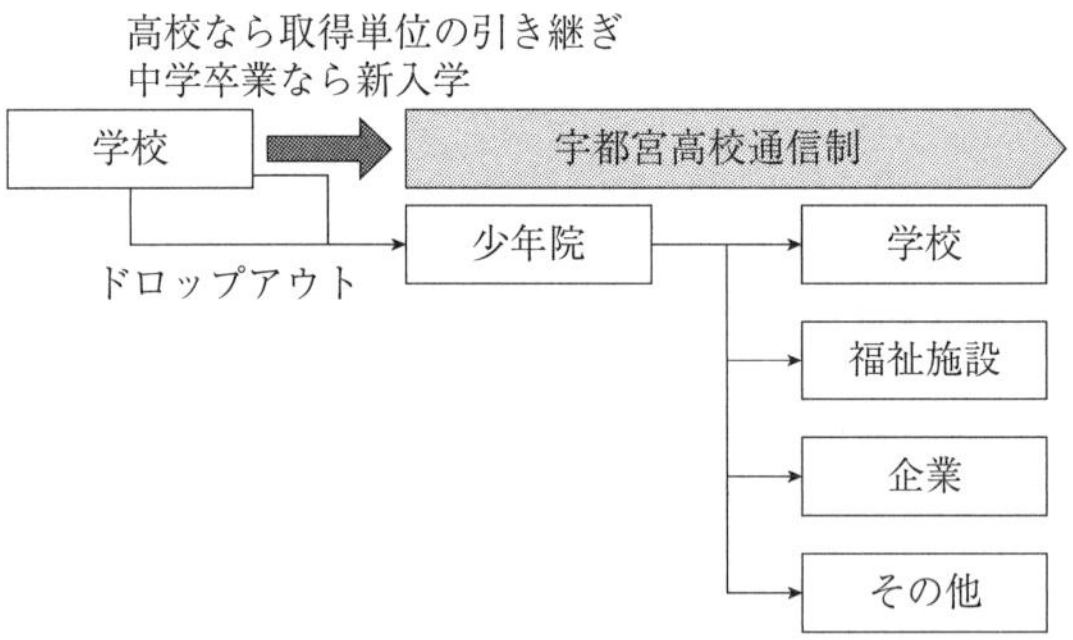

図 4-1　少年院と通信制高校の連携

動会にも教場生として参加するなど、少年院に在院しながら通信制高校の生徒として学生生活も送るのである。少年院在院者の中には、卒業・退学などにより学校とのつながりが絶たれてしまった者も多い。学ぶ意欲を取り戻しても、過去の非行歴や少年自身の学校への不信感、年齢的な制約など、学校教育への再接続は容易ではない。喜連川少年院の取り組みは、在院しながら「学校教育への不信」を見直す機会としても機能し、教育機関とのつながりを断つことなく学び続けるという点で興味深い。退院後は、引き続き同校に在籍し続けるか、帰住先にある通信制協力校に転学するか、帰住先の別の高校に転入学するなど、学校教育への再接続の希望に対して具体的な選択肢を複数提示できる。また、少年院在院による履歴の空白期間を「通信制高校の生徒」として説明できるという点も重要であろう（図4－1）。

少年院の「高認コース」は、在院中にできるだけ多くの科目合格を実現しようとすれば、試験対策としての勉強法に特化せざるをえない。これに対して通信制高校との連携は、必ずしも受験対策だけではない、多様な学びの機会や人間関係（同級生、先輩・後輩関係等）を築く機会を提供するといえる。

銀行型教育のイデオロギー下における〝葛藤〟

ここまでの説明で、一一カ月ほどの期間に対してさまざまな教育を詰め込みすぎだという印象をもった人もいるかもしれない。たしかに、教育の初期設定が「問題（困難・不足）を抱えた個人」なので、その困難に対処する力や不足を補うために多種多様な知識やスキルを身につける必要があるが、そのために用意された時間は一年にも満たない。少年たちが十数年かけて築いてきた価値や規範意識、行動様式を変容させる期間としては、学校教育のそれと比較してもあまりに短い。だからといって、司法の強制力の下にセッティングした教育および生活空間に長期間留めおくことは、健全育成や人権の観点からも問題が残る。結局のところ、その教育のあり方は「銀行型教育」（Freire 1970 ＝ 2018）のイデオロギーを色濃く反映したものになる。

この「銀行型教育」は、教育の対象を「銀行」、知識を「預金」にたとえることからわかるように、教育的な関係を「ただのものを容れたり貯めておいたりする活動に終始」（Freire 1970 ＝ 2018：132）させてしまう。生徒は、与えられた知識を預金するかのごとく貯め込み、整理するだけである。この関係は、「教師はいつも知っていて、生徒は常に何も知らない」（Freire 1970 ＝ 2018：133）という抑圧的関係の上に成り立っていて、教育的関係の中で、この抑圧は維持・再生産されている。ところが、この抑圧的関係が無批判に支持されるわけではない。預金した知識と現実との関連づけの結果、ある「目覚め」が生じるというパウロ・フレイレの以下の指摘は興味深い。

銀行型教育によって貯められる「預金」ともいうべきものそのものに、外から隠されているとはいえ、矛盾が内包されている。遅かれ早かれこの「預金」は現実と対立を起こし、受動的だった生徒たちを目覚めさせ、自らの「飼育されているような」環境に反対するようになるのである。
(Freire 1970 = 2018：138-139)

そもそも「預金」は、(少年個人ではなく)社会が重要と考える知識の集積である。これに対して、少年の知識・経験には逸脱的なものが含まれるので、社会一般が必要とする知識とは矛盾する場合もある。とくに、ソーシャルスキルトレーニング(SST)のような「社会」を意識化しやすい場面で、それは顕著である。仲野(二〇一五)は、少年院では典型的な「かつての仲間からの誘いを断る」という場面の練習で、参加した少年や教官の抱いた葛藤を取り上げている。

CE少年は、かつて交流のあった(男の)先輩からの誘いを断るという課題を設定した。CE少年のロールプレイの後、CA少年、CB少年、CG少年が感想を述べるなかで、CE少年は、実は「先輩」に今の自分の気持ち(自分は変わったんだということ)を伝えるかどうか迷っていると説明した。(中略)指導を行ったCA教官は、「自分の情報は少なく」「時間も短く」など、対処のポイントをまとめて、CE少年にどれか一つを取り入れて練習してみようと提案した。それに対して、CE少年は「(自分が)何かを言うじゃないですか。なんでーっていわれたら、嘘ついていいんですか?」とためらいがちに尋ねた。(仲野二〇一五：二〇五)

この少年の発言に対する教官の反応は、望まぬ再非行や再犯につながる人間関係を避けるための練習なので、「『あなたを守る嘘ならね』と述べ、自分の身を守るために嘘を使用する」(仲野二〇一五：二〇六）という考え方を説明している。「かつての仲間からの誘いを断る」という課題の達成に対して、教官が知識をもたない少年に「預金」すべき「答え（知識）」を伝達しているように見えるが、じつはそうではない。授業後のインタビューで、教官は（この課題の練習で）「よくでるのは、嘘をついてまで、その場を乗り切った方がいいのかっていう」「この結論はどうなっているんだろうって、いつも思うんです。結論はないんだろうけど」（仲野二〇一五：二〇六－二〇七）など曖昧である。そして、このテーマでは少年の意見もさまざまである。たとえば、「相手がたち悪い人だったら、少しばれないように嘘をついて逃げることも必要かなと思います。（中略）逆上して、例えば襲いかかったりとかもあるかもしれないと思う」、「自分はやっぱり嘘が嫌いだから、（本当のことを）言うと思います」（仲野二〇一五：二〇八－二〇九）などである。

少年は、家庭内での親子関係、非行集団内の先輩・後輩関係、異性関係など、教官の予測を超える困難を経験し、その困難が依然として残る環境へ帰住する可能性がある[8]。少年が帰住する「社会内の困難」については、少年たちの方が知識を有しており、両者の知識を突き合わせることなしには、矛盾や葛藤を越えることは難しい。フレイレは、「『銀行型』教育をしている教育者がその矛盾に気づき、そこを越えようとするのならば、その教育者はすでに『銀行型』教育の教育者ではない」（Freire 1970 = 2018：140）と指摘する。矯正教育は、銀行型教育のイデオロギーの影響を受けてはいるが、別の実践によってそこでの矛盾を越えようとしている。そのような場面を「ナラティヴ実践」（仲野二〇一二）として理解できる。

この「ナラティヴ実践」は、自己物語の書き換えをめぐる実践を総称するものである（仲野二〇一二）。少年院には、内省、日記、課題作文、グループワーク、個別面接など、さまざまな自己物語の書き換えの機会が用意されている。矯正教育の核心は「自己肯定感による自己物語の再構築」（田中二〇〇八）と指摘されるほどだ。それ以前の否定的な自己物語を肯定的なものへと書き直す作業によって、被害者に対する気持ちや他者への配慮が生まれるという。この書き換えには協働制作者が必要で、少年院の場合はおもに「教官」がその役割を担う。しかし、それは「教官の言う通りに書き換える」という予定調和的な営みではない。教官らの協議のもとに示されたプロットや言語資源に対し、少年が反発したり、少年が新たな言語資源を提示したりと、さまざまなナラティヴを対置する（たとえば、仲野二〇二二：一一七－一二二）。知識は一方的に身につけさせるのではなく、互いの経験や価値観を擦り合わせながら協働でつくり出される。

矯正教育のカリキュラムや〈教官（教師）－少年（生徒）〉関係は、司法の強制力によって枠づけられているものの、そこで生じる葛藤や矛盾を真摯に受け止め、対話的な空間を切り開こうという動きも見ることができる。

社会復帰に向けた多機関連携への挑戦

以上で見てきたように、矯正教育の内容は「社会復帰」を強く意識したものであるといえよう。この社会への接続に向けてどのような支援が行われているのか。少年院での生活から社会生活に戻るにあたって、少年院では「社会復帰支援」に力を入れている。社会復帰に向けては、二〇一二（平成二四）年の「再犯防止に向けた総合政策」において、「居場所」と「出番」の創出が重要だと指摘された。これを受けて二〇一五（平成二七）年に施行された現行の少年院法第四四条でも、適切な帰住先、医療への接続、修学・就労先の確保を行う必要性が明記された。「『今ここ』で必要な矯正教育を実施するとともに、在院者の『これから』を見通し、彼らに必要な支援とその具体的実施方法を示し、社会につなぐこと」(岩浪二〇一六：二二)を目指すものであり、未来志向型の処遇・支援への転換が読み取れる。犯罪や非行からの離脱を少年の「個人的な問題」ではなく、支援機関や他者とのつながりによって達成される「社会的な問題」として捉えようというわけである。

少年院の行う社会復帰支援は、就労支援・修学支援・福祉的支援の三つに分けることができる。院内で行う処遇・支援に加え、院外での支援(外出許可を要する)も含む。たとえば、退院後に関係する可能性のある更生保護施設、福祉施設、公的機関等への見学・訪問、復学予定の学校への訪問や入学試験を受験する会場の訪問、就職を希望する企業の説明会および採用面接のための訪問等である(二〇一五(平成二七)年五月二七日付け法務省矯少第一三五号「在院者の社会復帰支援に関する訓令の運用について(依命通達)」)。以下では、それぞれについて具体的に説明しよう。

まず就労支援としては、従来の協力雇用主制度に加え、二〇一三(平成二五)年から住居や関係づくりへの支援を視野に入れた「職親プロジェクト」が開始された。また、事業主とのマッチングについては、二〇〇六(平成一八)年度から刑務所出所者等総合的就労支援対策の一環としてハローワークとの積極的な連携が、さらに二〇一六(平成二八)年度には東京矯正管区および大阪矯正管区に矯正就労支援情報センター室(通称コレワーク)が設置され、事業主とのマッチングへの支援も開始されている。

修学支援としては、在院生への『修学支援ガイドブック』の配布、帰住先の学校に関する民間教育企業からの情報提供、高卒認定試験の受験および高認コースの設置、民間学力試験の一部導入などが進む。従来、就労支援に比べれば修学支援に十分な力を注ぐことは難しいとされてきた。その背景には、矯正施設と学校関係者の連携が不十分である（村口ほか二〇〇五、松田二〇〇八、山田ほか二〇一一など）、在籍していた高校の校則（問題行動の懲戒としての停学・退学処分）との関連、学費を用意できない、生活の経済的基盤を整えるために（非正規雇用を含め）就労を優先せざるをえない場合など、復学に向けて積極的な支援ができる状態になかったという事情がある。しかし、第３節「階層移動に向けた教科教育の取り組み」の項で述べたように、少年の教育状況では職業選択においても制約が多く、そのことはその後の人生設計にも大きな影響を及ぼす。こうした問題意識が、修学支援の充実化に向けたさまざまな取り組みに現れているといってよいだろう。

福祉的支援としては、二〇〇九（平成二一）年度から矯正施設への福祉系専門職の配置を始め、同時に地域生活定着支援センターが設置され、出院に向けて特別調整が開始された。各施設に（非常勤ではあるが）福祉系専門職を配置したことで、在院中から少年自身や保護者に対する障害受容へ向けた支援や、障害者手帳取得に向けた支援が可能となった。とくに、福祉的支援に関する資源には地域差があるため、各地域の事情にくわしい専門家の配置によって連携強化が進んでいるといえる。

上記のような支援の充実化は、司法以外の多職種・多機関連携の機会を増加させているが、これにはいくつかの課題も指摘されている。たとえば、支援を開始することで（予想を超える）さまざまな社会的困難が明らかになる、領域や職域を越えた共通理解の形成が難しい、退院後の社会生活との落差が大きくなる、などである（仲野ほか二〇一八）。また、少年の個人情報の開示をめぐる領域ごとの考え方も異なるであろう。これまで、少年院内での処遇や支援を専門としてきた法務教官に対し、新たに関係機関との調整を行う「コーディネート力」が求められるようになっている。

4　少年院処遇の課題

離脱の促進／抑止要因としての「保護者」

精緻に構造化された矯正教育には、一方で依然として課題も残る。最も重要な課題として「保護者の存在」がある。冒頭で述べたように、少年院在院者の男子で約三割、女子で六割近くが何らかの虐待を受けた経験を有する。こうした抑圧的な「保護者」のあり方は、家族システムに問題を生じさせ、少年にとっての「家」を危険な場に変えてしまう。生活の基盤である「家」が抑圧的な価値や規範に支配された場合、少年の価値や規範意識がそれと無関係でいることは難しい。たとえば、保護者の暴力的な関わり方が他者に対する暴力的な関わり方につながる、保護者の問題行動（薬物依存等）が少年の非行や犯罪の原因となる等だ。このようなケースでは、保護者という存在が少年の非行・犯罪からの離脱を難しくし、さらには「離脱の抑止要因」として機能する恐れがある。

もちろん保護者の影響下から逃れるという方法もあるが、未成年者の場合にはそれも難しい。少年は法的に見ても「保護者」という存在と離れがたく結びついているからだ。民法八一八条第三項は、成人に達しない子どもは親の親権に服すると規定する。そのため、保護者の同意を得ずに少年の進路等を決定することはできず、出院後の生活設計は少年に加えて保護者の意向も踏まえたものになる。仮退院後の状況によると、少年の約二割程度が保護者以外の場所に帰住する（『平成30年版犯罪白書』）が、仮にアパートなどの賃貸契約をするにも保護者の同意が必要である。成人年齢の引き下げを受けて状況は変化すると予測できるが、現状では、物理的に保護者と距離をおいても法的「保護者」という存在に縛られる状況がある。少年にとって「離脱」という営みそのものが、パターナリズムの影響下にあるといえる。

実践的には、少年と保護者の関係が分かち難いのであれば、(個別の事情ごとに距離感は調整するにしても)最も身近な「保護者」を離脱に向けた支援者として巻き込んでいく方法がよい。法務総合研究所の調査によれば、「保護者が更生支援的に行動するほど六ヶ月後の少年の生活状況が良好になる可能性」があり、「家族仲が良いことが少年の自己評価を良好に保たせる可能性」があるという(法務総合研究所二〇一四:一二一-一二二)。保護者は、離脱の促進要因として十分に期待できる存在である。そこで、少年に対する保護者の理解・協力を得るために、少年院では面会や保護者会などの機会を活用する。面会では、通常の一定時間の面会のほか、出院の近い少年については宿泊面会(家庭寮などを使用)を実施することもある。また少年・保護者・法務教官による三者面談の場で、家族関係の調整や進路相談などを行う。加えて、運動会や文化祭などの行事には保護者に参加を呼びかけ、少年と保護者の対話の機会をつくる[9]。

それでもなお、少年と保護者の思惑がすれ違う、あるいは保護者自身が貧困や障害、病気など何らかの支援を必要としており、少年にとっての支援者たりえないこともある。また、少年院からの働きかけは、保護者に来院してもらうことが前提であり、面会に訪れることのない保護者に対する働きかけはできない。おそらく最も困難を抱え、少年とのすれ違いを深刻化させているケースほど、働きかけることが難しい。

さらに、今後は在院少年と保護者の物理的距離の拡大についても配慮が必要であろう。収容者数の減少に伴い、この数年で少しずつ少年院の数は減少している。二〇一八年三月には置賜学院が、二〇一九年三月には小田原少年院が、二〇二〇年三月には月形学園が閉庁した。各管区に一つしかない女子少年院に顕著であるが、少年が遠方の少年院に入院となれば、時間的・経済的余裕のない保護者にとって「面会」は大きな負担としてのしかかる。結局のところ、非行や犯罪からの離脱における「保護者」の存在感は、個別のケースごとに配慮するのが現実的な対応だという以外にない。

もはや「お手上げ状態」ではあるが、これに対して思い切った提案をしてみたい。それは修復するにしても袂を別つにしても、両者が合意の上で互いにとっての「適度な距離」を明確にするという提案である。結局のところ袂を別つ場合でも、法的・道義的責任は依然として残るし、いまは無理でも数年後に両者の関係が変化を迎えることもあろう。直接的に離脱を抑止／促進する以外の第三の道があってもよいだろう。では、いかにして両者合意のもとに「適度な距離」が探求できるだろうか。ここで注目するのは「和解」へ向けた「調停（メディエーション）」である。

少年と保護者の関係は、非行や犯罪に至る過程をどのように捉えているかによって、時として大きな対立をはらむ。その対立の解消・緩和なくしては、対話の道を開くことはできないが、互いの立場を主張するだけでは対立は深まるばかりだ。ジョン・ウィンズレイドとゲラルド・モンクは、調停の場における従来の問題解決アプローチは、個々の欲求や利権意識を強調し、対立を深めてしまうと考える。これに対してナラティヴ・メディエーションは、調停の場を「参加者が異なったディスコースの位置づけに光を当てながら対立の過程を再構築する場」（Winsland and Monk 2000 ＝ 2010：31）として捉え直す。対立を解決するのではなく、理解するように努めるアプローチは、「親」「パートナー」「子」等、個人の立場の複雑性を内包する家族問題の調停の場で理論化されてきたという。

実のところ、こうした「異なるディスコースの位置づけ」に着目したアプローチは、少年院処遇の

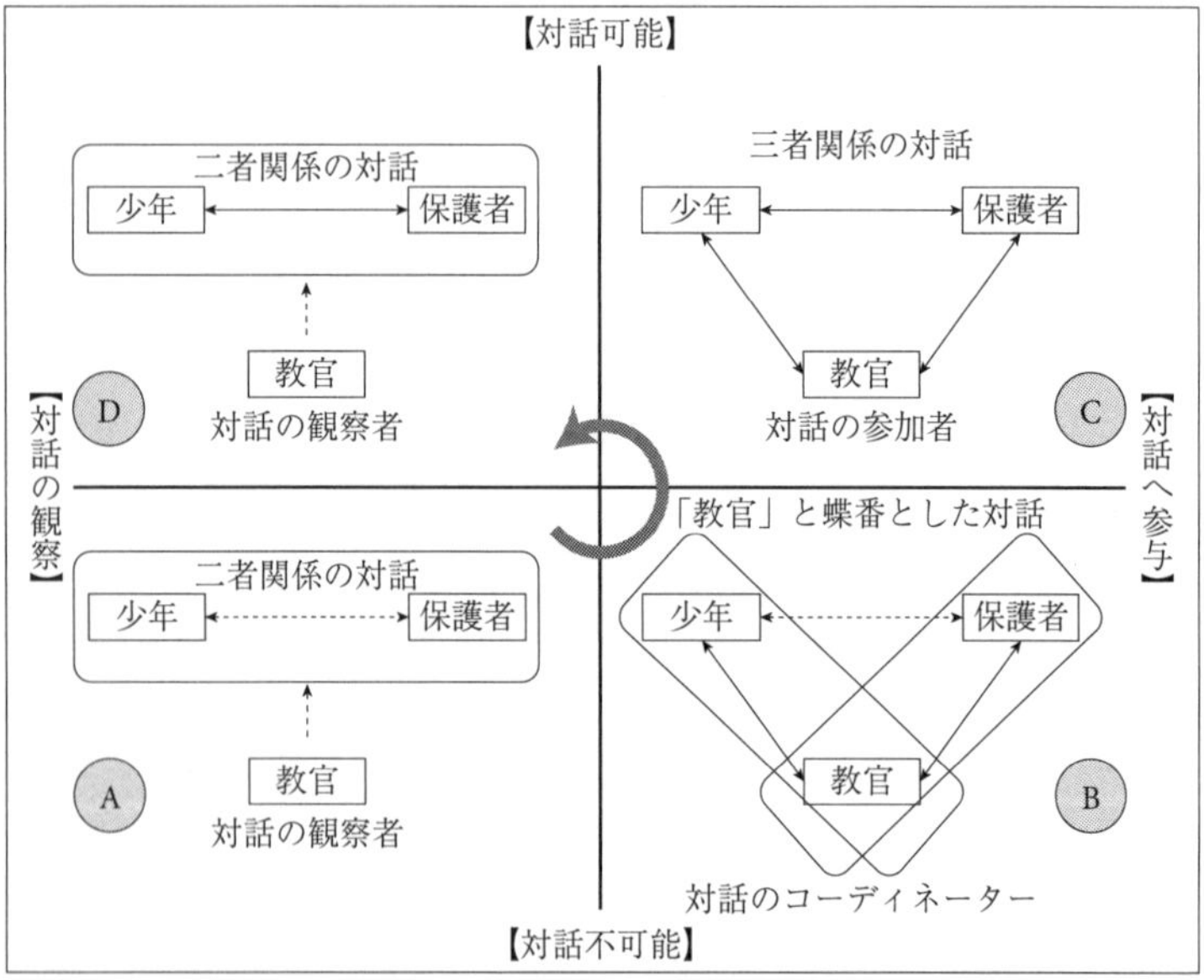

図 4-2　家族関係への関与の程度

いたるところで行われている。定位家族（子どもの立場）としての少年に寄り添う個別面接（仲野二〇一二）や「家族」をテーマとしたSST（越川二〇一二）だけではなく、性教育や母親／父親教育など、生殖家族（親の立場）としての少年に着目した教育は、「子ども」から「保護者」への意識転換の契機となると考えられる。両者の関係をつなぐ存在として教官は重要な役割を果たしてきた。面会や行事参加の機会では、少年と保護者の関係への関与の程度を段階的に調整しながら、（出院後の生活を共にするかどうかはともかく）その後の生活設計を話し合う機会を設けている。その中で、教官が少年と保護者の調停者として機能することもある。たとえば、図4-2のような〈対話可能／不可能性〉〈対話への参与／対話の観察〉という二つの軸で整理できよう。当初の親子関係の様子や、在院中の両者の変化などを踏まえ、段階的に移行すると推測できる。

少年院送致という出来事は、家族にとって大きな変化である。親子関係の見直しという課題に対する戸惑いやさまざまな感情によって、少年と保護者の対話が膠着／対立する場合がある（図4－2のA）。教官は「第三者」の立場から観察することで、対立の解消・緩和／対話の継続の手がかりを探る。直接対話の難しい時期には、教官を媒介した間接的な対話を図る（図4－2のB）、あるいは保護者と少年の直接対話を基本としながら、必要に応じて教官が補助するという関係もあるだろう（図4－2のC）。最終的には、少年と保護者の対話の改善（図4－2のD）を目指しながら、少年と保護者をつなぐ「架け橋」の役割を担う。

少年院送致は少年自身にとっても大きな衝撃を生むが、保護者にとっても同様である。それまでの努力を「子育て／教育の失敗」と解釈し、無力感にさいなまれる場合もあるだろう。被害者に対する謝罪・弁済に頭を悩ませる場合もあるだろう。保護者にとっても「少年院送致」の決定は非常に重い。その戸惑いや無力感が、少年との関係に大きな影響を与えることは想像に難くない。非行や犯罪からの「離脱」という営みが「保護者」の存在と無関係ではいられないのだとすれば、新たな加害・被害を生み出さないためにも、各事例における保護者と少年の「適切な関係」について考える必要がある。後述するように、社会復帰支援との関連でも、さらなる検討が必要であろう。

少年院におけるジェンダーの問題

もう一つの大きな課題として、ジェンダーの問題がある。非行・犯罪領域では、性別に基づく搾取が問題視されている（たとえば、Carlton and Segrave eds. 2013 など）。少年院入院に至る過程での支配的な他者による搾取の構造は、第2節でも述べたように、在院する少年の問題性にも表れている。たとえば、女子少年では「被害者なき犯罪・非行」(薬物依存やぐ犯等)による入院や、摂食障害や自傷行為などの問題行動に悩まされている少年が少なくない。「被害者なき犯罪・非行」の非犯罪化をめぐる議論とともに、「少年院送致」以前に別の支援ルートに接続できないという社会内のセーフティネットの脆弱さが問題である。摂食障害・自傷行為は、背後に被害的経験との結びつきが指摘されるものや、その行為自体が非行と結びついているものがあり、少年院処遇では支援の対象となる。

とくに、「再犯防止に向けた総合政策」(犯罪対策閣僚会議 二〇一二)では、女性特有の問題として心的外傷や摂食障害等への指導および援助の必要性が指摘された。この指摘を踏まえ、二〇一六(平成二八)年度から女子少年院全在院少年を対象とした「基本プログラム」(アサーション・トレーニング、マインドフルネス)と、特定の在院者を対象にした「特別プログラム」(自傷行為や摂食障害等に関連した内容)が試行されている。アサーション・トレーニングは適切な自己主張の権利・スキルを学ぶものであり、近年学校教育の現場でも注目されている方法だ。また、マインドフルネスは現在の経験や状況に注意を向けるための瞑想であり、ストレスの低減という点で期待されているものだ。たしかに、女子の非行については、異性の絡む性の問題とのつながりや、低年齢からの家庭崩壊などが長年指摘されてきた(内山 一九八六)。家父長制による支配構造は、「子ども」であり「女性」である女子少年に強く影響を与える。非行に至る過程のみならず、その後の少年の生活にも重大な影響を及ぼしている。後述するように、性別特有の(妊娠、出産、育児など)キャリアプラン/ライフプランを踏まえ、短期的・長期的視点からの処遇も必要である(『平成25年版犯罪白書』)。

そもそも従来の矯正教育は、おもに(在院者数の多い)男子少年に合わせて構造化されており、「女子の非行少年と彼女らへの矯正教育は、男子のそれ以上に光が当てられず、周辺的に扱われてきた観は否めない」(伊藤二〇一二：四四)。それは出院後の生活設計において重要な就労支援にも表れている。たとえば、協力雇用主を業種別に見ると、建設業が四八パーセントと最も多く、ついでサービス業(一五パーセント)、製造業(一三パーセント)と続き(法務省・厚生労働省作成、協力雇用主募集パンフレット)、多数派の男子少年のニーズには対応するが、少数派の女子少年のニーズに対応しているとは言い難い。

また、離脱(立ち直り)モデルも、上記のような性別特有の課題に応じて異なる。協力雇用主の業種別統計で示されるように、男子少年の場合は土木・建築関係の仕事を得る少年は多い。一方で、女子少年の場合は(いわゆる「夜の仕事」を除いては)自立可能な経済的基盤を整える職を見つけることは難しく、保護者のもとに戻るか、アルバイトなど非正規の職に就かざるをえない。雇用状況や経済的にも不安定で、キャリアアップも難しい。結局のところ、女子少年は「結婚によって落ち着く(家族のケアを担う)」、男子少年の場合は「土木・建設業で親方として会社を起こすなど成功をおさめる(経済的基盤を作る)」など、伝統的な性別役割分業の再生産に一役買ってしまうのである。もちろん、個別に見れば、仕事でキャリア形成を図る女子少年や、家事のおもな担い手として活躍する男子少年など、多様な立ち直りがありうるだろう。しかし、いまのところ、それら多様な離脱・立ち直りモデルはメインストリームではない。

また、女子少年の場合、妊娠、出産、育児などのライフイベントがもたらす影響を考慮しなくてはならない。在院少年の性交経験率は高く、『平成4年版犯罪白書』によれば、五人に一人は妊娠中絶の経験があるという。また、入院時に妊娠がわかり、医療少年院で妊娠中および出産のサポートを受ける少年もいる（たとえば、仲野二〇一八）。産後は子を親族か乳児院に預けて、少年院生活を継続するが、退院後は（すぐではなくても）「親」として子を引き取り、社会復帰を果たすことが目標となる。中には、「父親がわからない／連絡がとれない」等、ひとり親として育児と仕事の両立を目指すこともある。このとき、非行や犯罪からの離脱は、「少年個人の問題」ではなく、「少年と少年の子の問題」となる。もし、少年が再非行・再犯に及ぶことがあれば、再び子は親と離れた生活を余儀なくされる。また、少年自身の出院後の生活が軌道に乗らなければ、子は親である少年と生活を共にすることはできない。結果、何年も子を引き取りに行けずに、家族再統合を果たせないこともあるだろう。「離脱の失敗」には、より大きな責任が伴うのである。[10]

こうした問題に対して少年院では、たとえば「母親教育」「父親教育」「育児実践指導」など家族関係や育児をテーマとした教育プログラムが実施される。とくに、子のいる少年の場合、育児の基本的な知識や技術不足を退院までに補う必要がある。[11]男子少年院での育児実践指導は二〇一九年現在で四庁に留まり、全体としては家族に対するケアを「女性（妻・母親）」に委ねているという点は、社会の状況とほぼ変わりない。結局、女子少年の自立やキャリア形成の重要性を指摘しながらも、一方で、伝統的な母親役割／女性役割を支持せざるをえない。そこに理念と実践との大きな矛盾が生じている。

そもそも少年院の処遇環境が男女で異なるので、こうした矛盾が生じやすい。少年院送致が決定した少年は男女別に収容され、在院中に相互交流の機会はない。また、男子少年院は一つの管区にタイプの異なる少年院が複数あるが、女子少年院は基本的に管区に一つずつしかない。男子少年の方が収容者数も多く、複数の寮を編成した集団を基盤とした教育が可能だ。一方、女子少年は男子のおよそ一割程度であるため、施設規模として集団を組みにくい。職員は基本的に同性を中心に配置されており、その意味でも異性との接点は限られる。もちろん入院以前に経験した「支配や搾取の構造」を少年院内にもち込ませないための配慮である。その配慮は結果として、少年院の「文化」としても、男子少年院は（いわゆる）「体育会系」が主流で「丸刈りや体力状況、暴力回避など（中略）暗黙のうちに男性性に配慮」（古賀二〇一二a：一〇二）がされており、一方女子少年院では「一般の学校に比べて『女性であること』を意識させられる場面がずっと多い」（伊藤二〇一二：七四）と指摘されるような「分断」を引き起こしている。

さらにいえば、男女の二分法に基づく分断は、ＬＧＢＴへの対応を難しくしている。学校教育の現場では、二〇一四（平成二六）年六月に文部科学省による「学校における性同一性障害に係る対応に関する状況調査について」の調査結果が公表され、さらに二〇一五（平成二七）年四月に文部科学省が示した「性同一性障害に係る児童生徒に対するきめ細かな対応の実施等について」で性同一性障害を有する児童生徒への支援の必要性が言及された。こうした動きの中で、二〇一四（平成二六）年度の第四回青少年問題調査研究会では、少年院や刑務所でのＬＧＢＴに対する配慮の必要性が指摘されている（内閣府二〇一四：二〇）。現行の少年院処遇で対応するのは依然として難しい状況であるが、今後は、多様性に対する十分な検討が必要であろう。

5　おわりに――施設内処遇完結主義を越えて

少年院処遇に対する社会的期待は、教育の不確定性を無視し、本来万能ではないはずの「教育」という営みに対する過剰な期待として現れる。その過剰な期待に応えるべく、少年院処遇は「効果がある」とされるさまざまな技法を取り入れて飽和状態にあるが、それでもなお、「少年院で矯正教育を受ける少年たちは『『本当に』更生しているのか』という困難な問い」（稲葉二〇一二：一四〇）を回避することはできない。「元少年院在院者」というスティグマが以後の社会生活に与える影響を理由に、少年院そのものの存在意義に疑義を呈する動きもある（たとえば、平井二〇一九など）。冒頭で述べたように「少年院」という空間そのものが、問題から隔離して変容の機会を提供するという点では離脱を促進する可能性、スティグマを付与するという点では離脱を抑止する可能性をもつという両義的な場所だ。だが、それは、「社会が『少年院』という場所をどのように意味づけるか」でも変わってくるだろう。たとえば、社会が少年院に対して変容に向けた教育機関として信頼を寄せるならば、「少年院を出院した」ことは、スティグマではなく「必要な教育を修了した」ことの証左となるはずだ。しかし実際には、退院までに全人格的な変容を遂げることは不可能であろうし、第3節「銀行型教育のイデオロギー下における〝葛藤〟」の項で示したように貯め込んだ知識やスキルだけでは対処の難しい局面に遭遇する。

そもそも「離脱」や「立ち直り」は少年院処遇のみでは成しえない。拘禁によって社会的な影響から切り離された特殊な環境下での教育は、やはり思考実験的なものにとどまらざるをえないからだ。しかし、社会的な支配や搾取にさらされ、さまざまな機会から距離をおいてきた少年にとって、この思考実験を何パターンと繰り返していくことこそが重要であろう。それらが退院後の生活をどのように豊かにするか／しないのか、その課題は社会内処遇に引き継がれる。すべてを施設内処遇で完結しようという現場、そして「完結せよ」という過剰な期待を寄せる社会の、それら「施設内処遇完結主義」をいかにして乗り越えるか。それが、少年院処遇の最大の課題である。

注

[1] 在院期間は家庭裁判所の決定に基づく。矯正教育課程は二年以内を標準的な期間とするが、早期の改善が見込める場合への対応として、六カ月以内の短期課程が設けられている。平成三〇年の短期課程の人員は全体の二割弱といったところだ（『令和元年版犯罪白書』）。また、短期以外の教育課程の標準期間は二年であるが、二〇一八年の少年矯正統計によれば、およそ一一カ月程度が平均であることがわかる。

[2] 「3‐2‐4‐7図　少年院入院者の保護者状況別構成比」「3‐2‐4‐8図　少年院入院者の被虐待経験別構成比」「3‐2‐4‐11図　少年院出院者の出院時引受人別構成比（男女別）」。

[3] 入院段階における少年の自己申告に基づく。氷山の一角である可能性がある。

[4] 「受け子」「出し子」は、直接被害者と接触する機会をもたないため、被害者の苦悩を理解させることは難しい。少年院では、社会奉仕活動などを活用し、被害者の心情を理解するよう働きかける（たとえば、朝日新聞二〇一八aなど）

[5] 広島県で保護司として活動する中本忠子さんは、非行と貧困・ネグレクトの関係を訴え続け、自宅を訪れる少年たちに食の提供を行ってきた。その活動は「NPO法人食べて語ろう会・基町の家」へと発展した（活動の詳細は、朝日新聞二〇一八b、伊集院・中本二〇一七など）

[6] 策定までの間は、その在院者の処遇段階に応じた段階別教育目標を暫定的に定めている（二〇一五（平成二七）年五月一四日付け法務省矯少第九三号「保護処分在院者の個人別矯正教育計画の策定等について（通達）」）

[7] 株式会社ヒューマンハーバーは、就労支援に加えて、教育支援の必要性を訴えている。

[8] たとえば、女子少年の就労について、中学生が「先輩の紹介」でキャバクラ店で働くことができてしまう実態など。雇用主が履歴書を確認するなどせず、「入店します」の一言で済んでしまう（仲野二〇一五：二〇‐二一）。そのようなルートでの就労が可能な人間関係の中で、どのような困難が待ち受けているのかを予見することは難しい。

[9] なお、仲野（二〇一四）は、矯正教育の課題として①就労・就学支援における「異なるコミュニティへの移動」をめぐる問題、②家族の「再編」と「形成」をめぐる問題、③性別特有のニーズをめぐる問題の三つを挙

げている。とくに、②では、面接指導における家族への否定的な認識の語り直し（仲野二〇一二）、SSTでの「家族」をテーマとした実践（越川二〇一二）を紹介している。

［10］ 一方で、こうした「家族のケアへの責任」が女子少年にのみ課せられてしまうという構造的な問題を指摘しなければならない。本来、母親・父親がともに、妊娠・出産の責任を引き受けるべきである。そもそも女子少年の社会復帰の難易度を上げているのが、こうした構造的問題によるものだということを忘れてはいけない。

［11］ 女子少年院ではもちろん、近年、男子少年院でも「父親教育」を実施し、オムツ替え、着替え、沐浴等の指導を行うところが出てきている（服部ほか二〇一八）。

▼仲野由佳理▲

第5章　「離脱《デジスタンス》」の過程で保護観察が果たす役割

保護司の処遇実践に着目して

1　はじめに

ある人が法に反する行為をすると、逮捕されたり、裁判を受けたり、刑務所に収容されたりする。それは映画やドラマ、小説といったフィクションの中でもよく見られる光景で、さほどイメージが難しいということはない。しかし、彼らが警察から釈放されたり、裁判を受けたり、刑務所に収容されたりしたその後を、彼らがどのように生きていくことになるのかを、私たちはどれくらい知っているだろうか。

罪を犯した人や非行をした少年（以下、対象者と呼ぶ）が犯罪や非行からの離脱に向けて歩み出すとき、保護観察という制度が関わってくる。刑務所や少年院などの施設に収容されて行われる処遇が「施設内処遇」と呼ばれるのに対して、保護観察は施設の外、つまり、物理的な制約のない、人々の日常生活と地続きにある社会の中で処遇が行われることから「社会内処遇」と呼ばれる。現在の社会内処遇の制度では、対象者の再犯を防ぐことが最も重視され、その方針に沿ってさまざまな支援や指導が行われている。

本章では、この社会内処遇に注目し、はじめに、保護観察がどういった理念や目的をもっているのかという制度の概要を理解する。次に、「離脱」に向けて保護観察の枠組みの中でどのような処遇が行われているのかを明らかにしていく。最後に、ここまでの議論を踏まえ、制度上設定されている保護観察の目標と保護司や保護観察官の処遇実践を通じて目指される「離脱」との間にズレが生じてしまうということを指摘したうえで、「離脱」の過程で保護観察が果たす役割について考察する。

2 日本の保護観察制度の概要

保護観察はどのように行われるのだろうか。それを定めているのは、更生保護法という法律である。この法律に基づいて、処遇の「大枠」が定められている。しかし、その処遇実践について仔細に見ていくと、対象者によって、あるいは処遇を担当する保護観察官や保護司によってさまざまな形をとっていることが見えてくる。ここではまず、その処遇の大枠がどのように定められているのかを見ていこう。

保護観察は誰が受けるのか

保護観察は、犯罪や非行をしたすべての人が受けるわけではない。いずれも法令に基づいて必要とされた人が保護観察を受けるのだが、具体的には、次の五種類に分けられる——①保護観察処分を受けた少年、②少年院を仮退院した少年、③刑務所を仮釈放された成人、④保護観察付の執行猶予を受けた成人、⑤婦人補導院を仮退院した者。施設内処遇の場合、成人は刑務所に収容され、少年は少年院に収容されるというように、年齢によって収容施設が異なるが、保護観察の場合には、少年か成人かによって処遇の入り口が分けられているわけではない。そのため、保護観察官や保護司も少年と成人とで担当者が明確に分かれてはいない。もちろん、少年と成人とを比べたときに、いずれかの処遇をより得意とする処遇者もいるだろう。現に、保護観察官が保護司に対象者を任せるときには、その人柄やこれまでの経歴、保護司自身の家族構成や現在おかれている環境といった条件を踏まえて担当保護司が選定されているという。

では、どれくらいの人が保護観察を受けているのだろうか。二〇一八（平成三〇）年に保護観察を開始された者の総数は三万八四五名で、その内訳は表5-1の通りとなっている。二〇一六年より「刑の一部執行猶予制度」が開始されたため、それ以前とそれ以後で統計データのカテゴリーが変わり、「保護観察付執行猶予者」のカテゴリーが、保護観察付全部執行猶予者もしくは保護観察付一部執行猶予者へと分けられることとなった。また、図5-1は保護観察開始人員の推移を示している。この図からわかるように、近年では保護観察を受ける者の数が全体的に減少してきている。また、先の五種類のカテゴリーのうち婦人補導院を仮退院した者は、近年ではどの年次を見ても該当する者が非常に少なく、この一〇年でも四名（二〇一二年に二名、二〇一四年に一名、二〇一七年に一名）にとどまっている。

保護観察は、定められた期間内に保護観察官や保護司から処遇を受け、更生を目指していく制度である。この期間に、保護観察の経過が良好、つまり「更生している」と判断できる場合には保護観察

表 5-1　保護観察開始人員（2016～2018 年）

年次	2016 年	2017 年	2018 年
総数	35,341	32,538	30,845
保護観察処分少年	16,304	14,465	12,945
少年院仮退院者	2,743	2,469	2,146
仮釈放者	13,260	12,760	12,299
全部実刑	13,260	12,477	11,307
一部執行猶予	―	283	992
全部及び一部執行猶予者	3,034	2,843	3,455
全部執行猶予	3,034	2,595	2,481
一部執行猶予	―	248	974
婦人補導院仮退院者	―	1	―

（注） 1　保護統計年報および検察統計年報による。
2 「仮釈放者」の「全部実刑」は，仮釈放期間満了後に刑法 27 条の 2 第 1 項又は薬物使用等の罪を犯した者に対する刑の一部の執行猶予に関する法律 3 条の規定による執行猶予期間がないものをいい，「一部執行猶予」は，仮釈放期間満了後に前記各規定による執行猶予期間があるものをいう。
（出典） 法務省法務総合研究所編（2018）。

が仮に解除され、処遇を受ける必要がなくなる。だが、対象者が犯罪や非行をするおそれが出てきた場合には、仮解除が取り消される。一方で、保護観察中に再犯をした場合や、余罪が発覚したり遵守事項に違反した場合、仮釈放・仮退院や執行猶予が取り消され、保護観察が終了することになる。

　保護観察の処遇は保護観察官と保護司によって行われる。保護観察官は国家公務員で、全国五〇カ所の保護観察所に配置されており、全国に約一〇〇〇名いる。これに対して、保護司は全国に約四万八〇〇〇名おり、身分的には非常勤の国家公務員だが、地域の民間ボランティアとして無給で処遇に当たっている。数字だけを見ると、保護司の数が圧倒的多数を占めるが、保護司と保護観察官はそれぞれの特性に応

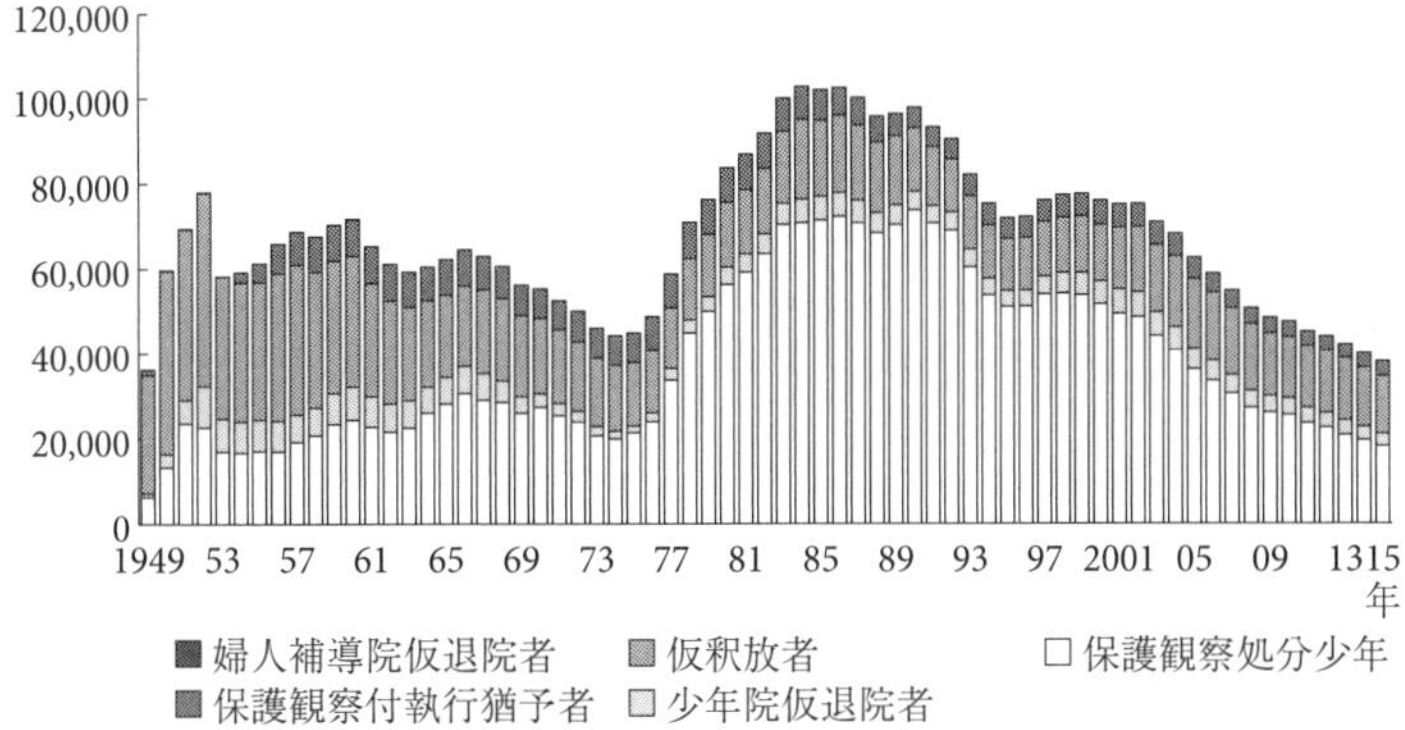

図 5-1　保護観察開始人員の推移（1949〜2015 年）

（出典）　法務省法務総合研究所編（2017）。

じた役割が求められており、双方が協働することによって互いの特性を補い合うことができると考えられている。法務省は、それぞれに求められる役割の例として表５－２のように示している。

こうした役割の違いに基づき、具体的には、保護観察官が保護司の性別、人柄、職歴などを踏まえてそれぞれのケースに適した保護司を割り振ったり、対象者に何らかの問題が生じ緊急の対応が求められる際に措置を行ったり、性犯罪や薬物等の専門的な処遇が必要なケースを直接受けもったり、処遇の困難なケースの対応や保護司が問題に直面したときに助言を与えるなどしている[1]。保護観察官は、いわば「現場担当者を束ねる管理者」の役割を担っている。それに対して保護司は、対象者や対象者の家族と接するような日常的な支援や指導を通じた実際のケースを受けもつ「現場担当者」の役割を担っており、現場――ここでは対象者の日常的な生活空間である地域社会――をよく知っているということや、対象者の日々の生活を支援するために必要な地域内の資源を活用することが期待されている。

このように、保護観察は役割の異なる保護観察官と保護

表 5-2　保護観察官と保護司の役割

保護観察官の役割（例）	保護司の役割（例）
・保護観察の実施計画の策定 ・対象者の遵守事項違反，再犯その他危機場面での措置 ・担当保護司に対する助言や方針の協議 ・専門的処遇プログラムの実施　　等	・対象者との日常的な面接による助言，指導 ・対象者の家族からの相談に対する助言 ・地域の活動や就労先等に関する情報提供や同行　　等

（出典）法務省ウェブサイト
http://www.moj.go.jp/hisho/seisakuhyouka/hisho04_00040.html

司の協働的な関係性に基づいて実施されていると説明されている。しかし、実際のところは図5－2に示すように、その関係性は対等な力関係というよりも、階層的な構造をもつものとして理解した方が適切かもしれない。先述したように、保護観察官がケースの割振りを決めているということや、密度の濃い処遇を行ったり、性犯罪や薬物犯罪などの専門的処遇プログラムについては直接保護観察官が担当しているということからも、保護観察官が保護司よりも階層上、上位にいることが理解できるだろう。

さらに、保護観察制度を理解するうえで、政治学者のマイケル・リプスキーが提唱する「ストリート・レベルの官僚制」は参考になる視点である。ストリート・レベルの官僚とは、「仕事を通して市民と直接相互作用し、職務の遂行について実質上裁量を任されている行政サービス従事者」のことを指している（Lipsky 1980 = 1986：17）。リプスキーは、ストリート・レベルの官僚が担っているのは、人々の生存や機会に関係し、それらを制限したりするような便益や制裁の供給であるとも述べている（Lipsky 1980 = 1986：18）。つまり、日常生活において何らかの社会問題が存在し、その政策的な解決を試みた際に、ストリート・レベルの官僚が何をなすかによって、市民（対象者）の生活は直接的にその政策の影響（とその権力性）を受

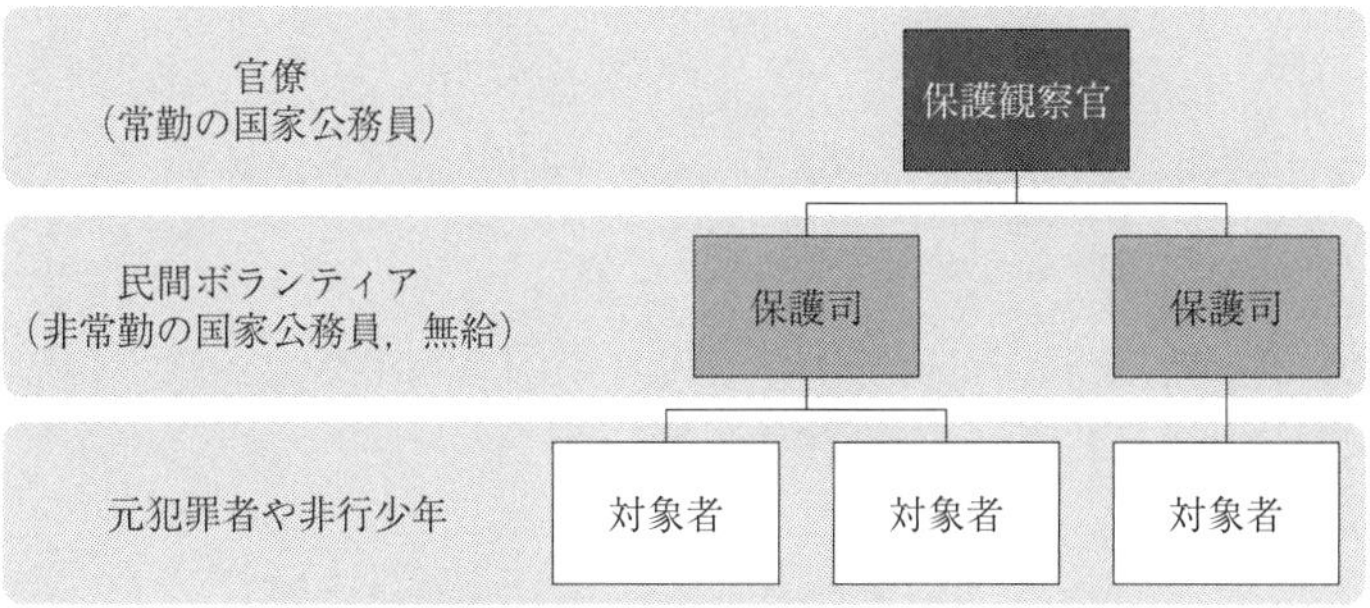

図 5-2　保護観察官と保護司の協働体制のイメージ

けるということである。保護観察制度の中で、保護司が対象者と第一線で関わる姿は、リプスキーが指摘しているストリート・レベルの官僚の特徴と重なる。また、ストリート・レベルの官僚制がもつ組織の目標と官僚一人ひとりの裁量によって進められる処遇との間で生じるズレについては、本章で解くべき課題として次節で取り上げる。

「保護」と「観察」による処遇

対象者の改善更生に向けた処遇では、支援と指導の両方が行われている。保護観察の名の通り、それらは「保護」と「観察」に対応しており、制度上はそれぞれ、保護は補導援護、観察は指導監督と呼ばれている。

補導援護とは、対象者が自立した生活を送るための援助や助言を与えることである。具体的には、自立した生活を送るために必要な住居や宿泊場所を確保すること、教育を受けたり就労につながったりするように援助すること、対象者が医療や福祉のサービスを受給できるようにすること、対象者を取り巻く人間関係（主として家族関係）の調整等を指している。

指導監督は、対象者が自立した生活を送っているかどうか、遵守事項と呼ばれる「約束事」を守っているかどうかを確認することを指している。遵守事項には二種類ある。一つはすべての対象者に課されるものであり、「一般遵守事項」と呼ばれている。たとえば、「再犯をしないよう、健全な生活態度を保持すること」や「保護観察官や保護司の面接を受けること」という内容が含まれる。さらには転居や旅行といった移動を伴う場合には、事前に保護観察所長の許可を得ることが必要となる。もう一つは、それぞれの事件の性質や事件に至るまでの経緯を踏まえ、対象者がそれぞれに抱えている問題や性格傾向に合わせて課されるものであり、こちらは「特別遵守事項」と呼ばれている。たとえば、「仕事に就くこと」や「通学すること」といったように、特別遵守事項は一般遵守事項によって定められている「健全な生活態度の保持」がより具体的に示されている。また、「以前の不良仲間との交際を絶つこと」や「被害者に一切接触しないこと」等、対象者の人間関係に関するルールを設けることによる介入の効果も期待されている。さらに、性犯罪、薬物、暴力、飲酒運転といった特定の犯罪傾向に対して行われる専門的処遇も特別遵守事項に含まれている。遵守事項の違反が続く場合、状況次第では、身柄を拘束され、刑務所や少年院に収容されることもありうる。

このように保護観察においては、対象者の行状や生活状況が逐一把捉されながら、更生が目指される。こうした処遇は多くの場合、「支援」という形式がとられている。たとえば、対象者が面接のために保護司宅にやってきたときに食事や茶菓子を提供したり、仕事の面接に行く際に保護司が同行したり、対象者が就職するために必要なスキルを身に着けられるように保護司が手伝ったり、あるいは保護司が地域の住民として長年培ってきたコミュニティ内での調整力を活かして対象者の親子関係に介入したり……といったように、非常に幅広い内容が「支援」の中に含まれている。シュー・レックスは保護観察の対象者にインタビューを行い、処遇の過程で保護観察官が彼らに共感し彼らのニーズを理解しようと傾聴する姿勢を示していたことを明らかにしている（Rex 1999）。しかし一方で、対象者にとっては保護司と接することは、刑事司法の支援の側面ばかりでなく、監督下におかれているということを意識させられる側面でもあるだろう。

保護観察制度はどのような目的をもっているのか

ここまで保護観察制度の概要を確認してきたが、この制度は社会の中でどのような役割を果たしているのだろうか。あるいは、この制度が社会から必要とされる理由とは何であろうか。これらの問いはさすがに漠然としすぎているが、制度の目的を確認することは、保護観察とは何であるのかということにアプローチする一つの道筋となりうる。

保護観察は、公的な制度であるため、その根拠となる法律によって目的や制度の概要について定められている。現在、保護観察制度の根拠法にあたるのは更生保護法である。更生保護法が根拠法になる前は、一九四九年に制定された犯罪者予防更生法が保護観察制度の主たる根拠法であった。それが二〇〇七年に執行猶予者保護観察法と統合され、現在の更生保護法に至っている。

更生保護法は、「犯罪をした者及び非行のある少年に対し、社会内において適切な処遇を行うことにより、再び犯罪をすることを防ぎ、又はその非行をなくし、これらの者が善良な社会の一員として自立し、改善更生することを助ける」ことを目的としている。今福章二と小長井賀與によれば、「①適切な働きかけによって人は変われるという人間観に立つこと（更生可能性、改善更生モデル）と、②人は地域に支えられた存在であり、更生保護は地域に根ざした働きかけであること（地域基盤処遇モデル）」という二点が更生保護制度の基底をなしている（今福・小長井編 二〇一六：三）。ここに出てくる「適切な働きかけ」とは、対象者の再犯リスクに焦点化し、それを的確に捉えて、彼らがもともともっている能力等に応じた介入を行うというものである（今福・小長井編 二〇一六：七）。ただし、たんに処遇者が一方的に対象者に対して働きかけを行えばよいというわけではなく、対象者がみずから進んで更生しようとする意欲があってはじめて、この働きかけが実効性をもつとされている（今福・小長井編 二〇一六：五）。また、「地域に根ざした働きかけ」というのは、中長期間にわたる日常的な接触が可能であることを前提としており（今福・小長井編 二〇一六：五）、主として保護司の働きかけを指すと考えられる。

対象者が犯罪や非行から立ち直るにあたって、対象者のうちに潜在的な再犯の可能性を見出し、それをリスクとして捉えてコントロールしようとする（あるいは、少なくともコントロール可能なものと考える）処遇の視点は、日本に先行して、欧米の保護観察制度の中で実現してきたものと言える。とくに再犯リスクに焦点化する処遇モデルとして、第1章でも触れられたリスク・ニード・応答性モデル（RNRモデル）が最も有名だろう。RNRモデルとは、次に挙げる三つの原則――①処遇密度を犯罪者の再犯リスクに合わせるという「リスク原則」、②犯罪誘発要因について評価を行い、当該要因に的を絞って働きかけを行うという「ニード原則」、③犯罪者が社会復帰支援のための処遇を受ける際の学習効果を最大化するために、認知行動療法を実施したり、あるいは犯罪者の学習スタイル、動機づけ、能力、長所に応じた処遇の実施を行うという「応答性原則」に従って犯罪者処遇を理解する枠組みを指す（Bonta 2012 = 2012：45）。ジェームズ・ボンタは、RNRの原則に忠実に従って犯罪者処遇を実施すれば再犯を減少させることができると示したうえで、社会内処遇の実証的な研究プロジェクトの結果から、施設内処遇と比較しても社会内処遇でRNRモデルが効果をもっているとして、非常に有望だと述べている（Bonta 2012 ＝ 2012：52）。

勝田聡はRNRモデルについての議論を整理したうえで、日本の保護観察制度においてRNRモデルがどのように具現化されているかを検討している（勝田二〇一六）。それによると、日本における保護観察では、「段階別処遇制度」[2]や「専門的処遇プログラム」[3]の適用のように、再犯リスクの高低に応じて保護観察処遇の密度が変化したり、再犯を誘発する要因がある場合にそれに焦点化した処遇が行われたりしていることから、リスクとニードの観点が含まれていると指摘している（勝田二〇一六：七三）。さらに、犯罪者の生活状況や精神状況などを考慮して、再犯のリスクが低減していると判断される場合には処分を事実上軽減したり、あるいは反対に再犯のリスクが低減していないと判断される場合には矯正施設への収容を含む措置をとったりすることができるということから、再犯リスクの高低と保護観察への適合性の判断を行っていると見なすことができ、リスクと応答性の要素が含まれていると指摘している（勝田二〇一六：七三－七四）。

このように、保護観察の処遇においては近年、対象者の再犯リスクをコントロールするということの比重がきわめて大きなものになってきている。こうした流れを受けて、処遇者の役割も変化しつつある。制度の中に「再犯リスク」という視点が導入された結果、保護観察の実務家による処遇がどのように変わったかという研究では、以前は実務家が「犯罪や非行をした者を変容させること」を行っていたのに対し、以後は「犯罪や非行をした者が再び触法行為に及ぶのを防ぐこと」を行うように変容したと指摘されている（Fitzgibbon 2008）。ここでは、まさに、先ほど今福らが指摘していた「更生可能性に基づく働きかけ」と「再犯可能性に対する働きかけ」が対比されていることが見て取れる。

さらに、ダイアナ・F・フィッツギボンは前述の指摘の後に、実務家が曖昧さを容認したり、判断を保留する能力を失ったと述べている（Fitzgibbon 2008）。先述の通り、再犯防止という制度の目的は処遇の現場にも浸透しているが、日本では保護観察官と保護司という役割の異なる処遇者による協働体制がとられているため、この研究に見られる状況とは少し異なっているように見受けられる。

3 「離脱」に向けた処遇の実際――ニーズに基づく支援と再犯を防ぐための処遇

ここまで、更生保護制度や保護観察についての概要とそれをめぐる問題点を中心にまとめてきた。繰り返し述べている通り、保護観察の処遇は、対象者が行った犯罪行為や彼らの特性やおかれている環境、あるいは処遇者である保護司／保護観察官と対象者との関係性によってさまざまな形をとりうる。だが、処遇がさまざまな形をとっていたとしても、「対象者の再犯リスクを減じ、公衆（社会）を保護する」という制度の目標は維持されたままである。そうだとすると、処遇する保護司個人の裁量がどのようにして制度の目標達成に寄与しているのか（寄与していないのか）ということ、すなわち「対象者の再犯リスクを減じ、公衆（社会）を保護する」ということが保護観察の処遇実践を通じてどのように達成されているのか、さらにはそこで達成される「離脱」がどのような意義をもっているのかということがあらためて問われることになる。

では実際に、保護司がどのように処遇を行っているのかを見ていくこととしよう。データとして用いるのは、筆者が二〇一二年から二〇一三年にかけて実施した保護司へのインタビュー調査の文字起こしデータと二〇一九年一月に筆者が講演者として招かれた保護司会の研修会での一場面について記したフィールドノート（メモ書き）である。インタビュー調査のデータでは、二名の男性保護司の語りを取り上げている。インタビュー当時、Eさんの保護司歴は二四年、Fさんの保護司歴は一三年であった。その後、Eさんは定年を迎え、保護司としては引退しているが、Fさんは引き続き保護司として活動中である。また、保護司会の研修会については、Fさんが所属する保護司会で企画されたものである。二〇一八年一〇月、Fさんから筆者に対し「保護観察の対象者が抱えている問題が多層化し複雑化していくなかで、保護司としてそうした問題にどのようにアプローチすればよいか悩むことが多い。外部の人に話してもらうことで新しい知識を吸収できるのはもちろんのこと、自分たちがやっている処遇がどのようなものなのかということを捉え返すという意味でもいい機会になると思う」という趣旨で依頼があり、海外における離脱研究の紹介とさまざまな事例をもとに保護司同士で意見を交換し合うグループワークを行った。グループワークでは、保護司四〜五名を一つのグループとして構成し、グループごとに異なる事例について意見を出し合った。最終的には、グループ内あるいは保護司会で処遇に対する意見がさまざまにあるということ、それがひいては処遇の多様性を開く可能性をもっているということを確認し合う場になったと認識している。前節で確認したように、再犯リスクをコントロールするという制度の目標に対して、保護司個人の処遇において、①制度の目標に準じているもの、②制度の目標にそぐわないものという二つに分け、それぞれについての語りを見ていくことにする。

制度の目標に準じた処遇

再犯リスクをコントロールするという制度の目標に準じた処遇について、Fさんの語りを取り上げる。Fさんは、少年が社会に復帰するにあたって、仕事や学校といった居場所をもち、目標をもっていれば、再犯を起こすことはほとんどないと述べている。そのために、保護司として、対象者が仕事や学校といった居場所を見つけるための支援をすること、さらには居場所に定着し、目標をもてるように関わっていくことが必要であると考えていることが読み取れる。

F：成人の場合はおいといて、少年の場合に限っていえば、めちゃくちゃ長い子で二年くらい、普通は大半一年半くらいなんです。そうすると、社会出てから、学校に戻るなり仕事するなり。一般社会に出たときのことを想定してプログラムを組んでほしいんですよ。

＊(筆者、以下同様)：Fさんが普段保護観察の対象者と接するときってやっぱり社会に出てるっていうことありますけど、一般的な常識とか、社会に出てることを想定してやるようにしてるんですか？　それとも、Fさんの基準でなんですか？　一般的な基準では社会ではこういうふうになってるんだよ、ってお話しする感じなんですか？

F：もちろんその子の特性を勘案しながら話しますけど、まずは実社会で適応するっていうことを想定しながら話します。それは学校でもいいし、実際、経済的な問題のない子はたいてい学校に行くんですよ。若い、少年院とか保護観察で来る子たちは。そうすると、学校に戻る子は学校でいいんです。学校に適応してくれれば。でも、学校を終えた子とか、学校には行きたくなくて仕事したいとかっていう子には、やっぱり社会で生きていくための、本来なら家庭がやっておくべきことなんだろうけど、そんなこと言ってられない。やっぱり、その就職するってどういうことなのかって話す。それは説教とかそういうことじゃない。もっと実務的な。働いて金稼ぐっていうことは、人に下げたくない頭も下げなきゃいけないし、きちんと連絡もしなきゃいけないし、自分の気分でどうのこうのっていう問題じゃないじゃないですか。「そんな気分なんて言ってる場合じゃねーぞ」っていうことははっきり言いますよね。だから、そういうふうにして現実の社会で適応できる、あるいは稼げる、あるいは学校に行ってそこを居場所にして勉強のモチベーションをもつ、働くにしてもモチベーションをもつということに主眼をおきますよね。そういうことさえできていれば、正直言って、再犯なんてほとんどないんですよね。居場所があって仕事したり、居場所があって学校に行けたりすれば、大半再犯起こさないんですよね。ただ、居場所が見つけられなかったり、目標がないっていう場合は再犯起こしますね。それをどういうふうに目的を見出させるかっていうのが、とくに少年の場合は、大きな課題でしょうね。われわれも、保護司のほかの方とお話ししても、その辺はいつも悩ましいところですよね。そこがだいたいうまくいっていたら、大半は苦労がないんです。（傍線は筆者による強調）

Fさんは再犯を起こさないためには、社会の中に居場所があることが必要であると考えている。加えて、社会復帰をするにあたっては、社会に適応していく必要があるということを重視していることも読み取れる。だが、Fさんは、最低限の空腹状態を満たすだけでも「にっちもさっちもいかないみたいな」状態の場合、再犯を防ぐという考えには無理があると認め、次のように語る。

＊：Fさんの考え方の中で、一般社会に適応することと犯した罪を反省すること、どっちが大事と

かってあります？

F：反省なんて、一番最後の、最後の最後でいいんだ。極端な話。

＊：適応の方を重視してるっていうこと。

F：だって腹減った状態でね、パン盗むなって言ったってパン盗むでしょ。社会福祉的な意味でもうどうしょうもない、にっちもさっちもいかないみたいな人に対して反省なんて言ったって気の毒だよね。「反省なんてしなくていいよ」なんて言っちゃうんだよね。反省なんて、もっとずっとずっと先。こんなことを保護司は言っちゃいけないんだけどね。

この語りからは、Fさんが再犯を防ぐために必要なこととして、対象者自身がみずからの犯した行為を振り返って変容することよりも、対象者が経済的・物理的に生活していける状況が整っていること（それが整っていない場合は福祉的な支援を要するということ）が重要だと考えていることがわかる。

次に、Eさんの語りも見てみよう。EさんもFさんと同様、対象者に再犯をさせないようにするためには、対象者のニーズにアプローチすることが重要だと考えている。しかし、Eさんは、就職さえすれば再犯しなくなると考えているわけではなく、対象者が自分自身の状態を把握するということがまず出発点となり、それが対象者の拠って立つ足場となっていくことが重要だと考えている。少々長いが引用しておこう。

＊：ちょっと前の話に戻っちゃうんですけど、さっきあの、職業に就けないっていうケースがあったっていう話で。

Ｅ：その、三年間の？
＊：あ、そうです。その、社会復帰をするときに、仕事に就くっていうことは一つの指標になるというか、社会復帰の。この人の場合は、それがちょっとできないっていう、そこに問題があるっていうことで最後にわかってよかったってなったと思うんですけど、でも、社会復帰をするっていうときには、そこの埋められないところが出てきちゃうと思うんですけど、それは、Ｅさんはどうしたら彼は社会復帰したっていうふうに言えると判断したのかなと思って。
Ｅ：彼が？　社会復帰？
＊：はい、彼が社会復帰したというか、社会復帰に…
Ｅ：踏み出した？
＊：はい、社会復帰に進めたのはどういうところで判断できたのかなって思って。
Ｅ：それがね、難しくてね。何度も何度も何度も失敗するわけね。うん。うまくいかないのね。
＊：それって〔仕事の〕面接とかに行ってダメになっちゃうケースが多い？
Ｅ：それが多い。うん。
＊：仕事の面接でうまくいかない。
Ｅ：うまくいかないね。だいたいその三年も四年もね、何もしてないとね、ブランクがあるわけでしょ？　必ず言われるわけだよ。で、うまくいってない。で、最後にね彼が言い出したのはね、「障害者手帳をもとうと思う」と言い出したわけだ。つまり、「自分には精神障害がある」って。うつがあるとか、それを認めることによって、障害者手帳が出るのね。障害者手帳が出るとハローワークは違う対応をしてくれるわけ。普通に行って週三回で、一日三時間か四時間

の仕事なんて言ったら、それはハローワークだって「あなた、なに？」って言っちゃうでしょ。その「あなた、なに？」って言われちゃうともうダメなんだよ、この人は。でね、（筆者註：処遇期間が）満期になる前にね、それを言い出したわけ。「手帳をとろうと思う」って。でね、いいんじゃないのって言ったんだよね。これは一つの大きな進歩だったと思う。

＊：ふぅーん。それは…

E：なぜかっていうと、自分を認めたわけ。自分が自分であることの根拠のところに何があるか認めたわけ。その上で社会と関わろうとしたわけ。そうすると、ハローワーク行ったら、全然違う対応になったの。そうすると、今度はハローワークの方は、求人に対して、たとえば障害者ですよっていうのは、そういう扱いってあるでしょ？　それから、身体なのか精神なのかはわかんないけど、障害があります、それでいいですかって。そしたら事業主の方もそういう人でかまいませんっていうのが出てくるじゃない。対応が全然違ってくるわけ。そうすると、いままでの彼の、普通の人間として普通の仕事に就こう就こうとしては失敗してたわけ。そこが一つ超えられたわけだ。

＊：そっか、自分のことを「私はこういう人間だから」っていうふうに一つこう…

E：自己把握っていったらいいかな。

＊：超えられたっていう感じだったんですね。

E：そうそう。

＊：あと、このケースに関してなんですけど、もう一つ気になることがあって、その仕事に対する恐怖というか労働に対する恐怖っていうのをずっと言えないで三年間やってきて、で、やっと

言えたっていうときに、なんかその精神科の先生の話とも関係するかなと思ったんですけど、自分の中にあるものを言葉にするとか、この手帳の取得に関してもそうだと思うんですけど、自分のこう弱い部分とか、あんまりいままでは認めたくないなって思ってた部分を積極的に認めていくっていうようなことが一つの転換点として、保護司の目から映るのかなっていう気がして。「言える」とか「手帳をとる」とか。自分がこうだっていうふうに表せるようになることが、転換点なのかなって。

E：それはもう一番大きな転換点だと思うよ。自己把握がね、確実にできるようになったことというのは。うぬぼれも卑下も困るよね。ね。俗な言葉を使えば。正確に自分を、善し悪しじゃなくてつかめてたら、そこが自分のその立つ、立場、足場になるでしょ？　その自分の自己把握の足場みたいなものができるっていうことがね、これがやっぱり一番大事なことなんじゃないか。

Eさんは、「自己把握」を対象者のニーズが言語化されたものとして捉えている。この語りの中に出てくる対象者は保護観察の期間中、障害者手帳を取得することで、みずからの特性を理解し、それに適した働き方ができるように行動を起こした。世間で言われる「一般的な働き方」とは異なるが、Eさんはそれを「一つの大きな進歩だった」「一番大きな転換点」と評価している。政策的には「就労が再犯を防ぐ」と謳われているが、Eさんは必ずしも就労でなければならないとは考えていない。別の箇所で、Eさんは同じ対象者に対して「『君、無理するな』と。『人生長いんだから。事によったら、一生親のスネかじってたっていいんだから。それくらいの気持ちでゆっくりやれ』ということを繰り返し言ってね」とも語っていた。

Fさんと Eさんの二名の保護司の語りを取り上げたが、いずれも対象者のニーズを捉えることが再犯を防ぐために必要だと考えていたことがわかった。就労、就学、そもそも就労・就学するかどうかも含めて、再犯を防ぐ手段は保護司によって意見の分かれるところであり、対象者の特性やニーズに応じて変化しうる。そういう中で、保護司はみずからの裁量をもって、社会生活を営むための手段を就労や就学に限定せずに、それ以外の手段によっても社会生活を営むことが可能であると対象者に促しながら、再犯リスクをコントロールしている可能性が示唆された。

制度の目標にそぐわない処遇

一方、制度の目標にそぐわない、すなわち必ずしも再犯リスクをコントロールすることを前提としない処遇の必要性について語る保護司もいた。二〇一九年一月に実施された保護司会の研修会でのことである。

会場には三〇名程度の保護司さんが集まっていた。(中略)ワークショップでは「次のようなケースを自分が担当する場合、どのように関わればよいでしょうか。この人たちがおかれている立場に、想定される社会的な状況を追加してもかまいません」というテーマを設定した。ワークショップになると保護司さんたちが活発に意見を交換してくれた。ワークショップのために六つの事例を用意した。このワークショップのねらいとして、①保護司に対象者のさまざまな状況を想像する必要があると理解してもらうこと、②犯罪から立ち直るにあたって望ましい立ち直りの姿になじめない対象者がいる場合にどのような立ち直りが目指されるのかを保護司同士で意見を交換すること、③シャッド・マルナやステファン・ファラルが言うように「アイデンティティの変容」が立ち直りにとって重要とされている（筆者注：第1章参照）が保護司がそれをどのように考えているのか意見を聞くこと、といったことがあった。

私（筆者）は一班に配置されていて、ほかのグループの話し合いの結果はその場で聞くことはできずに、その後の振り返りの際に聞いた。その中で、四番目の事例「刑事施設を出て、保護観察を受けることになったが、家族との関係も悪く、家に戻ることができない。更生保護施設に入ったものの、施設のルールになじめず、人間関係のトラブルを起こして施設にいられなくなってしまった。対象者は『自分がもっている技術を活かして働いて、自立した生活を送りたい。そのために部屋を借りたい』と言っているが、本人の態度や犯罪傾向のある性格を改めない限り、それは難しいと考えられる場合」について話し合っていた保護司さんたちの意見が強く印象に残った。それはこういうものである。「家族との関係を修復させたり、彼女や母親など対象者にとって身近な存在や、生きる目的とも呼べるものがあれば、更生の可能性があるのではないかという意見が多かった。『自立した生活を送りたい。そのために部屋を借りたい』と言っているところに対象者の考えの甘さが出ているのではないかと思う。一人暮らしをするのは難しいように思う。ただ、本人が学ぶのを見守って、再犯をしてはじめて対象者自身が考えが甘いことに気づく可能性もあるから、まずは本人の考えを尊重しようという意見も出ていた。」（二〇一九年一月二五日、保護司会の研修会フィールドノート。傍線は筆者による強調）

急いでつけ加えておこう。ここで、この保護司が言っているのは、正確には「目先の再犯リスクを抑制するために保護司が何らかの介入をするよりも、対象者自身の考えの甘さに気づかせるために結果的に再犯になってしまうこともやむをえないのではないか」ということである。再犯をすることによって、対象者自身が自分の犯したことと向き合う契機をつくることにつながっているという考えのもとに処遇が行われており、短期的には「更生していない」と判断されるだろうが、長期的には「更生を目指した、その過程での再犯」という判断がなされるものと考えられる。繰り返しになるが、この保護司は対象者の再犯を望ましく思っているわけでもなければ、必須のものとして捉えているわけでもない。

だが、前項では「社会生活を営むための手段を就労や就学に限定しない」という形で保護司が裁量を与えられながら再犯リスクをコントロールしていたのに対して、ここでは保護司がみずからの裁量を手放しているようにも見える。「本人が学ぶのを見守って」とか「まずは本人の考えを尊重しよう」というように、対象者自身が更生に向かってどのように行動するのかということが軸になっており、保護司が介入したり、何かを支援するということが後景に退いている。再犯リスクがコントロール可能なものであるという発想が、ここにはあまり見られないように見受けられる。

4 離脱における保護観察の役割／保護観察にとっての離脱の意義

ここまで、保護司の処遇を「制度の目標に準じた処遇」と「制度の目標にそぐわない処遇」の二つに分類して、「対象者の再犯リスクを減じ、公衆（社会）を保護する」ということが保護観察の処遇実践を通じてどのように達成されているのかを確認してきた。最後に、そこで達成される「離脱」がどのようなものであるのかを述べ、「離脱」に向かう過程で保護観察が果たす役割について考察する。

前節で見た保護司の処遇においては、制度の中で定められている支援や介入とは異なるあり方が見えてきた。保護司が実践している処遇は、制度で定められている目的に反しているわけではないが、かといって、必ず即しているというわけでもない。FさんやEさんについては、対象者が社会に復帰するために、社会のルールに適応していくことが必要になるという点では、制度的な目標を大きく逸脱するとは考えにくく、再犯リスクをコントロールしようという意思があったと見なすことができる。しかし、たとえば、Fさんの「反省なんてしなくていいよ」という語りは、マルナが指摘するような「立ち直り」において重視されているアイデンティティの変容（二次的離脱）が、じつのところ処遇実践の中ではあまり重視されていないということを示唆している。さらに、研修会での保護司の発言に見られたように、本人が更生に向けて行動しようとしない限り、保護司が介入したり、何かを支援することにあまり意味がないと考えられているケースもあった。

このような形で処遇が行われるのはなぜだろうか。おもな理由として、保護観察の期間が限られており、長くても二年程度であるということが関係していることが考えられる。「犯罪者アイデンティティではないアイデンティティに変容する」ための方法は対象者次第で変わりうるものであり、そこにかかる時間も対象者によってさまざまである。そう考えると、対象者が更生したと保護司が判断するには、二年という時間はあまりに限られたものであり、あくまでも「目安の期間」にすぎないのではないだろうか。そもそも「アイデンティティの変容」によって更生したかどうかを判断することはまた、対象者の内面に関わるものでもあるため、ゴールの見えない目標になってしまう可能性もはらんでいる。そのような状況において、保護司が「アイデンティティの変容」を対象者に期待することや、「変容したかどうか」の評価をするということはきわめて困難なことだといえるだろう。

先にも登場したリプスキーは「ストリート・レベルの官僚は、一方では対象者中心のサービスを実行すること、他方ではそれを能率的で効果的に進めることという、本来相反するような方向づけを同時に解決するような方途を探らなければならないのである」と述べているが（Lipsky 1980 = 1986 : 74）、彼の指摘の通り、保護観察の処遇もある種のディレンマを抱えているといえる。一方では、更生保護制度の目的に沿った処遇を行うべく、「再犯リスクをコントロールすること」が重視される。だが、もう一方では、対象者が個別に抱えている解決すべき課題を解決することや当面の生活の中で必要とされる支援を提供することも行われなければならない。そう考えると、対象者にとって大きな変化がなくとも、ニーズが満たされ、安定した生活が維持されるような支援が行われて、保護観察の期間が終わっていくということの方が、保護司にとってより重要だと考えられている可能性は十分ありうる。そちらの方が「アイデンティティの変容」に比べると、処遇目標として明確で、なおかつ対象者の生活に直結する喫緊の課題であるように思われる。

保護観察を終えて、その目的通りに「もう犯罪はしない」と思うようになる対象者もいれば、残念ながらそうなることのできない対象者もいる。じつに、仮釈放者の五・四パーセント、保護観察付全部執行猶予者の三〇・八パーセントが保護観察中に再犯をして、保護観察の取り消しなどの処分を受けている（法務省法務総合研究所編 二〇一八、第五編第二章第四節二）。あるいは、「犯罪」と呼べる行為をしていなくとも、前節で出てきた「自己把握」や「本人の考え」のような、本人にとっての重大な課題――それはもしかすると犯罪や他害行為へのきっかけになっているものかもしれない――が解決しないというケースもありうる。現状、離脱したくても「生活」と「生」の両方に犯罪が組み込まれてしまっている人たちにとって、更生保護制度が果たす役割には限界があると言わざるをえない[4]。現に、制度で定められた期間内に「更生した」と認められない場合には保護観察が解除されてしまう。そう考えると、そこで対象者が得られる支援というのはきわめて限られたものであり、今後、この支援の幅をいかに広げていくかが鍵になるのではないか。あるいは抜本的に「支援の枠組み」を見直す必要が迫られているのではないだろうか。

5　おわりに

この章では、保護司の処遇という事例を通じて、「離脱」に向かう過程で保護観察が果たす役割について考察してきた。保護観察の対象者に対して社会が求める「望ましい人間像」は、保護観察が制度としても標榜しているものであったが、現実には、対象者はそのような「望ましい人間像」を目指す以前に家族の問題や貧困の問題など解決すべき問題を抱えているケースが多い。図5－3は、法務総合研究所が行った「再犯に関する受刑者の意識調査」の結果である。これは、刑事施設への初入者と再入者それぞれに「犯罪と関わりなく生活できた理由のうち、最も影響が大きかったもの」を尋ねている。それによると、「保護観察中・刑務所（拘置所）にいた」ことを理由に挙げるものは初入者で二・五パーセント、再入者で五・二パーセントにとどまっており、「自分を必要としてくれる人」の存在（初入者：二一・〇パーセント、再入者：二五・四パーセント）や「衣食住が安定・お金に余裕あり」（初入者：一〇・二パーセント、再入者：一四・三パーセント）、「身体・精神が健康」（初入者：一一・七パー

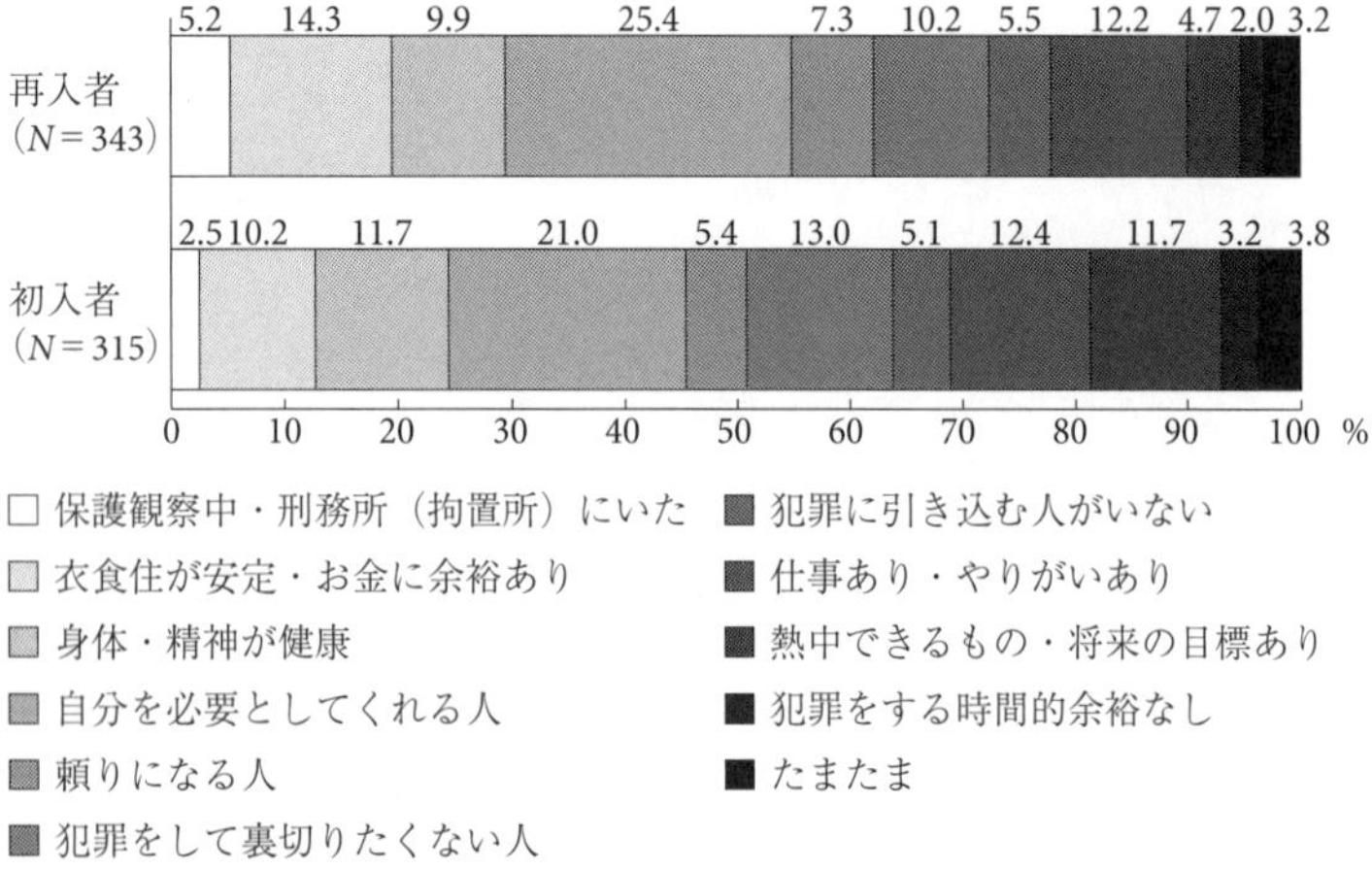

図 5-3　初入者・再入者別，犯罪と関わりなく生活できた理由

（出典）法務総合研究所（2019：25）。

セント、再入者：九・九パーセント）、「仕事あり・やりがいあり」（初入者：一二・四パーセント、再入者：一二・二パーセント）などの理由を挙げる者の方が多いことがわかる（法務総合研究所二〇一九：二五）。

研究の対象としても、うまくいっているケースや離脱を遂げたケースが取り上げられることが多いが、離脱に至らないケースを研究の中でどのように扱っていくかということは、今後の課題として非常に重要なものの一つだろう。離脱できない人や更生に失敗したケースについて検討することを通じて、私たちは「離脱」が根本的に抱えている困難――これは犯罪の領域にかかわらず、社会全体が抱えている困難でもある――を学ぶことができる。たとえば、「犯罪や非行をした人たちが衣食住に困っても、それは自業自得である」とか「犯罪をした人は社会から切り離されなければならない」といった社会一般に広がっている考え方自体を見直すきっかけにもなるように思う。

また、本章では、「保護観察が離脱においてどのような役割を果たしているのか」を明らかにするために保護観察の処遇者に光を当てたが、そのような目的のために求められるのは、むしろ保護観察の対象者が、保護観察をどのように経験しているのかという研究だろう。私たちは、保護観察は再犯防止にとって「常に有効なもの」として機能していると考えており、保護観察が対象者に与える「害」の側面には無頓着である。ファラルらが論じているところによれば、保護観察の際に受けたアドバイスが保護観察の期間が終わってから（すなわち長期的に見れば）「役立った」と考える対象者もいたが、一方で、そのアドバイスや支援が「不十分なもの」「不必要なもの」と捉えられているケースもあった（Farrall et al. 2014）。保護観察がどのような対象者に対して、どのように「有効である」と言えるのか。その評価の正当性を担保するためにも、保護観察の処遇実践がどのようなものなのかを反省的／批判的に捉える調査研究の充実がよりいっそう望まれる。

注

［1］近年では保護観察官が直接対象者を担当するケースが増加しつつあるという（吉田二〇一四）。

［2］段階別処遇制度とは、保護観察の対象者を、改善更生の進み具合や再犯の可能性の程度、補導援護の必要性等に応じて、S・A・B・Cの四つに区分された段階（処遇段階）に編入し、問題性の深い保護観察対象者に対しては、保護観察官の関与の度合いや保護観察官・保護司との接触頻度等を高め、より重点的な処遇を実施するという処遇施策を指す。これにより、処遇状況に即して、処遇段階の変更や特別遵守事項の設定、不良措置や良好措置などの措置が的確にとられるようにしている（藤本ほか編二〇一六：七六）。

［3］専門的処遇プログラムとは、特定の犯罪的傾向を有する保護観察対象者に対し、その傾向を改善するために実施されているプログラムである。専門的処遇プログラムは、認知行動療法を理論的基盤として開発されており、

性犯罪、覚せい剤、暴力、飲酒運転に関わるプログラムがある（藤本ほか編二〇一六：八〇）。

［4］すでに離脱へと動機づけされている人に対しては保護観察の処遇はうまく機能するが、そうではない人に対しては必ずしもうまく機能するものではなく、離脱に向けて複雑な経路をたどることとなる（Farrall et al. 2014）。また、生きづらさを解消しようとして薬物やアルコールに依存してしまうケース（上岡・ダルク女性ハウス二〇一二）等に対して、そもそもの「生きづらさ」にアプローチしていくことを考えずに、「再犯リスク」の低減のみを課題として保護観察処遇を行うのでは、ただ対象者を追い詰めるだけの処遇となってしまう。保護観察処遇の限界とは、本文で述べた内容のほかに、そういう内容も含意している。

▼加藤倫子▲

第6章　更生保護施設における処遇の専門性

薬物処遇重点実施更生保護施設で勤務する薬物処遇専門職員へのインタビュー調査を通じて

1　はじめに

本章では、更生保護施設における処遇の専門性について社会学的に検討する[1]。更生保護施設は犯罪者ならびに非行少年に対する社会内処遇において、重要な存在とされる。犯罪および非行からの離脱に対する社会的関心が高まるなかで、更生保護施設への注目も高まっている。また、更生保護施設において専門的処遇を行うためのさまざまな方策が近年整えられている。しかし、更生保護施設における処遇のリアリティをもとに、その専門性について検討した研究はあまり多くはない。そこで、まず更生保護施設の概要について述べる。次に更生保護施設に関する先行研究を整理し、更生保護施設における処遇の専門性について問う意義について記述する。その後、筆者が行った薬物処遇重点実施更生保護施設に関する調査から得られたデータから、その処遇の特徴について分析する。最後に、更生保護施設の処遇の専門性について考察する。

2　更生保護施設とは

更生保護施設の概要

更生保護施設は更生保護事業法に基づき、法務大臣によって認可された民間団体である更生保護法人がおもに設置する施設である。ほかにも一般社団法人、社会福祉法人、NPO法人が運営する施設もある。二〇二一年一月時点で全国に一〇三カ所存在する（図6-1）。男子専用の施設がほとんどであるが、女子専用の施設や男女共用の施設もある。受け入れ定員の幅も一〇名から一〇〇名とさまざまだが、多くの施設が定員二〇名から四〇名の間に収まっている。

施設入所対象者のほとんどは保護観察や更生緊急保護の対象者であり、保護観察所の委託をもって施設に入所する（保護観察制度については第5章を参照）。また、多くの対象者が頼ることができる親族や知り合いがいない状況にいる。[2]

更生保護施設をめぐる状況の変化

近年、更生保護施設をめぐる状況はめまぐるしく変化している。[3] たとえば、二〇〇〇年に実施された「更生保護施設の処遇機能の充実化のための基本計画――二一世紀の新しい更生保護施設を目指すトータルプラン」（以降、トータルプラン）では、刑事政策的機能を高めるために処遇の充実化が図られた（今福 二〇〇五）。このトータルプランの重点的な目標として「①法制度面の整備、②予算・整備

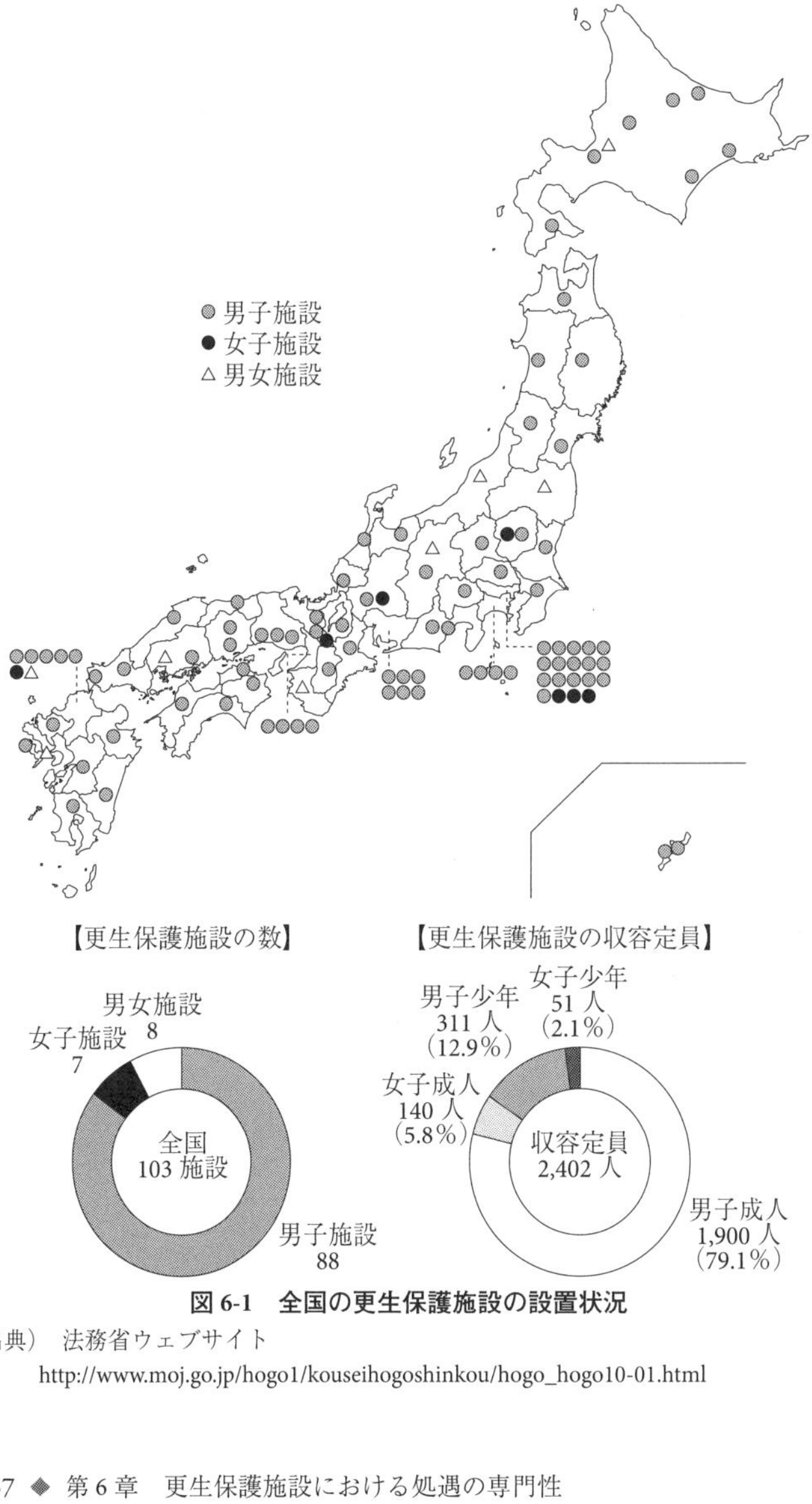

図 6-1　全国の更生保護施設の設置状況

（出典）　法務省ウェブサイト
http://www.moj.go.jp/hogo1/kouseihogoshinkou/hogo_hogo10-01.html

面での充実、③施設職員の養成、④処遇プログラムの開発・導入、⑤地域の更生保護ボランティアセンターとしての機能の充実化」（今福 二〇〇五：四九）が挙げられた。実際に各更生保護施設が、それぞれに取り組むべき課題や目標を抽出し、それらに向き合った。また、トータルプランの一環として、二〇〇二年に更生保護事業法や犯罪者予防更生法の一部改正が行われ、更生保護施設で、宿泊や食事の提供に加えて、ソーシャルスキルトレーニング（SST：Social Skills Training）などの集団処遇を中心とした在所者に対する教育的な処遇を行うことができるようになり、更生保護施設が社会内処遇の専門施設として位置づけられた。加えて、更生保護施設の処遇プログラムの開発や専門性の向上のための職員養成もトータルプランの一環として行われていた。そして、二〇〇八年には更生保護法が施行され、更生保護施設が社会内処遇の専門施設としてより明確に定められた。なお、二〇〇八年から更生保護施設に在所する福祉的ニーズをもつ入所者に対する社会生活の場の調整のために社会福祉士が多くの施設に配置されている（二〇一九年時点で七一カ所）。また、二〇一三年から薬物依存をもつ在所者に対する特別プログラムを実施する薬物処遇重点実施更生保護施設（以下、重点処遇施設）として、これまでに二五カ所がその指定を受けている。重点処遇施設では臨床心理士、精神保健福祉士または看護師等が薬物処遇専門職員として配置されている。加えて、二〇一六年一二月に再犯防止推進法が施行され、更生保護施設の役割が重要視されている。

3　更生保護施設における処遇の専門性

このように更生保護施設は約二〇年前から社会内処遇の専門施設として位置づけられてきた。その中で、更生保護施設のあり方について検討する研究が、その数は多いとはいえないが、行われつつある。その研究は、①更生保護施設がもつべき機能の検討、②更生保護施設における専門的処遇のあり方、③更生保護施設の処遇のリアリティの記述、以上の三つに分けることができる。

更生保護施設がもつべき機能の検討

更生保護施設には、すべてにおける責任者である施設長、施設内での処遇の責任者である補導主任、処遇を行う補導員、提供する食事を準備する調理員等が配置されている。また、施設内には二四時間体制で職員が配置されている。施設長と補導主任に関しては、幹部職員として配置が義務づけられており国の認可の対象となっている。また先述のように社会福祉や臨床心理などの専門性について学んだ職員も配置されつつある。

処遇の基本的な内容は以下のようになる。施設入所前には、矯正施設で受刑中の入所希望者との面談などから、さまざまな情報をもとに、処遇計画を作成する。その処遇計画をもとに、入所者の離脱に向けた処遇を行う。その内容は宿泊場所や食事の給付、生活態度に関する指導、金銭管理に関する指導、就労指導、SSTなど多岐にわたる[4]。

なお、今福（二〇〇二）によると更生保護施設における処遇機能として六つ挙げられている。まず、基本的生活援助機能である。これは在所者に対して、衣食住などの支援を行い、基本的な生活を送らせるためのものである。第二に、社会復帰援助機能である。これは就労支援、医療や福祉機関への橋渡し、退所後の生活相談などの支援をもって、離脱を維持させるものである。第三に、教育的機能である。これは重点処遇施設で行われているようなアルコール依存や薬物依存に対する回復支援プログラム、またSSTなどを通じて、在所者自身が犯罪および非行につながった問題について取り組むことを促すものである。第四に、集中的指導機能である。これは個別に、きめ細やかに、そして集中的に在所者と関わることで、離脱を維持させようとするものである。第五に、保護環境調整機能である。これは不適切な家族関係や不良な交友関係から在所者を遠ざけることをもって、離脱を維持させようとするものである。第六に、ネットワーク機能である。これはさまざまな機関や団体、地域住民などとの連携をもって、処遇の充実を図るものである。

また、これらの機能を踏まえつつ、金澤（二〇〇七）は、更生保護施設について、「入所者の自立更生、即ち円滑で効果的な社会復帰を指導・援助するという意味での専門性が期待されるというべきであろう」（金澤二〇〇七：一四）と述べる。また、金澤は更生保護施設在所者の多くが矯正施設入所経験者であり、そのような人々は国によって社会から隔離されているのであり、それゆえに国の責任によって社会復帰を支える必要があると述べる。その上で、更生保護施設は地域性や民間性を基底とする場所であり、そのような場の中で、自立した社会生活を送る準備を行うことが必要であると述べる[5]。

このように更生保護施設は社会内において在所者の離脱を支えるという意味において、他の施設とは異なる性質をもつ専門的な施設とされる。また、とくに在所者が自立した社会生活を送ることを目標にしているため、就労支援に力を入れている施設は多い。更生保護施設における就労支援は、犯罪や非行の前歴がある者を雇用することで改善更生に協力する協力雇用主への紹介、「刑務所出所者等総合的就労支援対策」の一環として行われている公共職業安定所（ハローワーク）での職業相談や職業紹介、人材派遣業者の斡旋などを中心にして展開することが多い[6]。しかし、在所者の能力に見合った就労支援のシステムが少ないという指摘もある（小長井二〇〇九：一〇九）。

他方で、高齢や障害を抱える人々など福祉的ニーズを抱える在所者もいる。先述の通り、更生保護施設に社会福祉士が配属されているが、そのような人々への処遇にはまだ不十分な状況であることも明らかになっている（一般社団法人よりそいネットおおさか二〇一四）。たとえば、そのような在所者に対して、退所後の継続的なケアも必要となるが、そのための社会資源が不足していること、社会福祉機関との連携についても不十分な状況であることも指摘されている。

更生保護施設における専門的処遇のあり方

上記のように更生保護施設がもつべき機能について、不十分な点が指摘されつつも、さまざまな角度から検討されている。それらの共通項としてあるのは、在所者が再び非行および犯罪をすることなく、社会生活を送り続けることを目指す点であり、それが更生保護施設の専門性とも称されるといえる。そして、施設職員は、処遇を行ううえでの制度的・組織的な限界、在所者と関わり合うなかでのストレス、処遇を行ううえでの行き詰まりなどの困難に直面しながらも（中村二〇一八）、そのなかで専門的処遇のあり方について、とくに近年ではその教育的機能のあり方について、向き合っている。

今福（二〇〇二）では、再犯予測要因を、過去の情報や本人の属性的要素である固定的な再犯予測要因（Static Risk Factors：事件種別、刑務所入所度数、刑務所収容分類級、前回更生保護施設の退所事由など）と処遇の実施などによって変化しうる可変的な再犯予測要因（Dynamic Risk Factors：病気の有無、学歴、知能、婚姻の状況、家族との接触及び通信状況など）の二種類に分けて検討し、更生保護施設においても可変的な再犯予測要因に焦点を絞った処遇を行うことが効果的であると述べる。

そのような在所者のもつ可変的な再犯予測要因を焦点にして行われる処遇はリスク・ニード・応答

性モデル（ＲＮＲモデル）が理論的な背景にある（Bonta and Andrews 2017 = 2018）。ＲＮＲモデルでは可変的な再犯予測要因に焦点をおき、処遇が行われる。そして、ＲＮＲモデルは認知行動療法を背景にしていた処遇理論でもある。ＳＳＴも同じく認知行動療法を背景にした支援技術であり、先述の通り更生保護施設でも導入されてきた。八木原（二〇一四）や八木原・久保（二〇一四）によると、ＳＳＴに関しては導入に際して職員の負担が大きい、ＳＳＴを行ううえでのノウハウの蓄積が足りないなどの改善点が挙げられているが、ＳＳＴを行うことの意義については職員や在所者の両者から言及されているとする。

また、岡本（二〇一六）は重点処遇施設に対して、その実践の状況を把握するための調査を行った。この重点処遇施設では、覚せい剤取締法違反者などの薬物依存をもつ在所者について、専門的な処遇をもって、薬物依存からの回復を図ることが目指されている。重点処遇施設では、①薬物依存からの回復に向けた認知行動療法に基づくプログラム（後述するＳＭＡＲＰＰなど）、②薬物依存者による回復に向けたグループミーティングの実施、③対象者の退所後の適切な住居および就労の確保に向けた支援、④対象者にとって必要な保健医療福祉サービスを受けるための調整などによる特別処遇が行われている（岡本二〇一六：三三）。そのような処遇を中心的に行うのが精神保健福祉士や臨床心理士および看護師等の資格をもつ薬物処遇専門職員であり、その実践に向けて日々工夫や葛藤を重ねている。重点処遇施設における処遇に関してもいまだ課題があるとされているが、更生保護施設における処遇の専門性について、とくに教育的機能について検討するうえでは重要な場所である。

このように更生保護施設がもつべき機能やそれを十全に実施するための更生保護施設の専門的処遇に関する研究についての蓄積はある。とくに近年においては、根拠に基づいたうえで、認知行動療法を背景として、在所者の再犯リスク要因に働きかけるための処遇が試みることに対する言及が強まっているといえる。他方で、おもに社会学者を中心にして、更生保護施設の処遇のリアリティを記述する試みもなされている（第7章に関しても、その一つとして捉えることができる）。

相良（二〇一三a）では、成人男性対象の更生保護施設および少年対象の更生保護施設における参与観察調査およびインタビュー調査を通じて、更生保護施設のリアリティを記述することを試みている。その中で更生保護施設では、在所者の離脱を支えるうえでのさまざまな「問題」について整理して、それを解消するような促しがあることを浮き彫りにした。とくに在所者が抱える「問題」の解決を就労の継続に求めさせ、不安を解消させるような実践があった。そのうえで、更生保護施設は、在所者の離脱におけるさまざまな不安（今後の生活の行く末など）に対する防波堤として存在し、在所者が離脱を試みることに集中させていたことについて言及した。

また、更生保護施設が在所者にとって、離脱を図るうえでの防波堤になるだけでなく、離脱に向けた促しがあることも研究されている。松嶋（二〇〇五）では、少年対象の更生保護施設の在所者が施設でのSSTなどのプログラムや生活を通じて、犯罪や非行につながる問題をもった主体として自身を見なしていくことを検証している。つまり、在所者が離脱の主体として自身を見なしていく働きかけがあるとする。また、仲野（二〇一七）では、少年院における教育によってもたらされた少年の「変容」が、更生保護施設においてどのように変化するのかについて検討されている。その結果、少年院での「変容」を忘れること（消去）、その「変容」を維持すること（維持）、「変容」に対して社会生活の中から経験を付加すること（付加）、社会生活の中から得た経験から「変容」に改訂すること（改訂）、以上を通して、離脱に向けて社会適応を促すことを明らかにしている。それに加えて、仲野（二〇一八）ではナラティヴ・アプローチの観点から、在所者が少年院で構成してきた離脱に向けた「変容の物語」に対して、職員がその聴き手となり、社会内においても「変容の物語」を紡ぎ続けられるように改訂や調整を支えていることを言及している。また、知念（二〇一三）では少年対象の更生保護施設における男性性（masculinity）を援用した離脱に向けた介入のあり方について浮き彫りにしている。

上記のように更生保護施設の処遇のリアリティを記述する研究からは、特定の処遇場面だけでなく、施設における日常生活のさまざまな場面において、在所者の離脱に向けた促しがあることを示している。ただし、更生保護施設における処遇はたしかに在所者の離脱に対して一定の効果があるとされているが（今福 二〇〇二）、すべての在所者が離脱に至るわけではない。また、時として更生保護施設で過ごすことが在所者の離脱に向けた障壁になりうることを示唆する研究もある。相良（二〇一七）では、更生保護施設での生活を通じて、在所者がみずからの貧困状態を自身が起こした犯罪に起因する問題として見なす可能性を指摘している。在所者の多くは、退所後の生活設計において経済的に厳しい暮らしを強いられる。就労しようにも派遣業などの不安定就労に吸い寄せられていくことが多い。そのような貧困ともいえる状況もみずからが起こした犯罪によるものと理解する様子を記述している。そして、都島（二〇一七）では更生保護施設が地域社会において集合的なスティグマの対象と見なされ、それが在所者の社会生活に影響を及ぼしていることが記述されている。つまり、「更生保護施設で生活する人」として見なされることによって、職場などにおいてルーズな人などというレッテル貼りがされやすくなり、そのようなスティグマへの対処実践を行わなければならないことが描かれている。

更生保護施設に特別な処遇プログラムが導入されることによる影響

以上のように、更生保護施設に関する研究は徐々に蓄積されつつある。「更生保護施設がもつべき機能」に関する研究においては、更生保護施設だからこそできる機能、つまり更生保護施設の専門性について言及されている。そこで期待されている専門性とは、在所者の社会内における離脱を支える、ということに集約される。そこでは、とくに近年では就労支援のあり方や福祉的ニーズをもった在所者への関わり、そして教育的な関わりについて言及されている。そして、「更生保護施設における専門的処遇のあり方」に関する研究においては、とくに在所者のもつ可変的な再犯予測要因に焦点を合わせた教育的な関わりについて言及されている。それらの関わりはとくに認知行動療法を背景としたプログラムとして行われている。そして、「更生保護施設の処遇のリアリティの記述」では、更生保護施設が在所者の離脱を支えるうえでの防波堤になりながら、特定のプログラムだけではなく、日常生活の中で離脱促進への介入が行われていることを明らかにしている。他方で、時に更生保護施設の生活が、在所者の離脱の障壁になるさまについて描き出している研究もある。

近年において、更生保護施設がもつべき処遇機能を兼ね備えるために、エビデンスに基づいた再犯および再非行を防止する専門的な処遇が求められ、それゆえに認知行動療法を背景とした特別な処遇プログラムが導入されたともいえる。だが、更生保護施設の処遇のリアリティをつかむうえでは特定のプログラム場面だけでなく、普段の生活を含めたうえで考察する必要があろう。そのため更生保護施設において特別処遇の導入が更生保護施設の処遇に与える影響について検討することは、更生保護施設の今後について考察するうえでも意義があろう。そこで以降では、その影響を俯瞰して捉えられるだろう重点処遇施設の薬物処遇専門職員に対するインタビュー調査から得られたデータをもとに、重点処遇施設のプログラム実践のリアリティの一側面について記述し、それをもとに更生保護施設における処遇の専門性について社会学的な観点から考察する。

4 薬物処遇重点実施更生保護施設のリアリティ

筆者は二〇一七年三月から二〇一九年一〇月に至るまで重点処遇施設八施設（現時点で全国二五カ所）で、薬物処遇専門職員を含む職員一一名および在所者七名に対するインタビュー調査を行った。調査を行うにあたって、その内容や公表方法などに関する事前説明を行い、同意書を取り交わしたうえで調査を実施するなどの倫理的配慮を行っている[7]。本章では施設Wの女性職員Aさんへのインタビューデータをもとに論じていきたい。とくにAさんがプログラムを行ううえで重視していることや配慮していることに焦点をあてて検証していく。

薬物依存の経験について安全に語ることができる場所の提供

施設Wは中規模の成人男性対象の更生保護施設であり、薬物依存への処遇プログラムの対象となる在所者も常時一〇名以上いる。Aさんは施設Wの薬物処遇専門職員として、中心的にそのプログラムを回している。ほかの重点処遇施設と同様に、認知行動療法を背景としたプログラムであるS

ＭＡＲＰＰ[8]（Serigaya Methamphetamine Relapse Prevention Program）を活かした集団処遇、ＮＡ[9]（Narcotics Anonymous）などのセルフヘルプグループの協力を得たうえでのグループミーティング（この点については第8章も参照）、個別対応、精神科クリニックなどの社会資源との連携などを通じて、対象者が薬物依存から回復するための支援を試みている。

施設Ｗが重点処遇施設に指定された当初、在所者の中で薬物事犯者はなぜか「最低な人間」として見なされていたとＡさんは語る。そのため、当時施設Ｗでは他の在所者に知られないようにひっそりと個別に一対一のプログラムを行っていた。しかし、刑務所における特別改善指導として薬物依存離脱指導を受けた人、施設Ｗ職員による入所前面接においてプログラムの説明を事前に受けた人などが施設Ｗに入所するようになり、施設Ｗのプログラムにもなじみがある在所者が多くなった。それゆえか、プログラム対象となる在所者への偏見も徐々になくなり、それからはオープンにプログラムを実施できるようなったとする。

Ａ：（略）薬物（事犯）の人に対して、薬使うなんて最低な人間やみたいな、なぜか、×年度はそういう雰囲気があったんですね。
相良：ああ。
Ａ：なので、肩身が狭い、薬物（事犯）の方は、すごく肩身が狭い思いをしながらだったので、プログラムも個別でした。隠れるようにこそこそと来て、本当にこそこそっと帰るみたいな感じだったんですけど。それが、何か×年度ぐらいから、うちの職員が面接に、施設面接に行くときに、「うちプログラムやってるよ」っていう話を始めて、×年度以降、そういう方が帰ってきます（注：施設Wに帰住する）ので、その人たちは、プログラムが当たり前っていうことで帰ってきているので、そのあたりから、けっこうオープンになるようになったのと。あとたぶん、刑務所での教育もあったと思うんですけれども。

ＡさんはＳＭＡＲＰＰによるプログラムも欠かさずに行い、その内容も充実させようと試みている。だが、Ａさんがプログラムにおいて目指すのは、その対象者が自分の薬物依存の経験に関して安全に話せる場の構築である。

Ａ：（略）この中（注：施設Ｗの中）では安全、ここはいま安全な場所だよっていうところは、やっぱり言っていかないといけないかなって。

Ａさんは施設Ｗのプログラム対象者の共通事項として、刑務所に行かないと依存薬物の使用が止められないと考えていると認識している。また、自分の薬物使用にまつわることについて話せる人がいないのではないかとも語る。

Ａ：（自分の薬物使用にまつわることについて話せる人が）いないんですね。だからその薬を使ったこととか、薬使いたいなと思ったこととかを、やっぱり、口にして話せる、話してみる。うちでは、とりあえず話して、練習するみたいなところだと思うんで。それができれば、うちを出た後も、何とか話せると思うので。まず、話す。自分の使ったことを話したりとか、使いたいなと思ったこととかを話す訓練は、うちだと思います。

そして、Aさんは施設Wでのプログラムを通して、自分の薬物依存について、誰かに話せるようになることが望ましいとする。とくに依存薬物に対する使用欲求が高まり、実際に使用してしまった後などにより状況が悪くならないように、そして回復の契機にできるように、誰かに話せるようになることがよいと考えている。また、施設W退所後においてもNA等の薬物依存について話をできる場につながることが重要とする。

薬物依存の経験を話し合うことの意義

① 個別プログラムとグループミーティング

Aさんは個別でプログラムとグループミーティングを行うことも重要であると考えている。個別でプログラムを行うことは、対象者が自身の薬物依存に関する問題を整理するうえでは重要であり、また対象者との関係性を深められるからである。この点については、他施設の職員や施設Wの在所者へのインタビューからも垣間見える。

他方で、Aさんはグループミーティングの中で語り合うことによる、ポジティブな可能性についても下記のように言及している。

A：(略) ただ、やっぱグループ始めて、すごいなあと思ったのは、やっぱりみなさん、同じ問題抱えているので、意識が、このグループをしてる間っていうのは、本当に薬物のことだけ考えますので、これは本当にグループの力って大きいなと思いますし。あと、出席簿見て、何回とか、やっぱり、自分が（出席回数が）少ないんだけど、みんな出てる人がいるんだっていうところで（思うところがあるみたいで）。まあ、すごいですねとかって、そういう、やっぱり、私だけでは、本当に個別（でのプログラム）では得られなかったもので。

薬物依存の経験について、正直に語り合うことはプログラム参加者にとって有意義なことにつながる。施設Wのグループミーティングは強制的に参加させるものではなく、任意にしている。だが、頻繁に出席している在所者などに触発されて、出席回数を増やそうとする在所者もいるとAさんは捉えている。また、施設Wでのグループミーティングにおいては薬物に関わる問題やその後の人生の送り方について集中的に考える場になりつつあるとする。たとえば、施設Wの在所中に依存薬物の再使用で逮捕された人を再度引き受け、グループミーティングにも参加してもらったことがあった。Aさんはその人が施設Wでの過去の経験について話してくれることは、正直に言えば他の在所者に聞かれたくない内容もあったが、参加者にとって意義があったとも語る。

Ａ：うちで捕まって、で、刑務所出所して、うちに相談に来て、で、また受け入れてくれたっていう人が一人いるので、何か、それそれ、ああもう（注：施設Wでの逮捕経験を）言わないでほしいと思うんですけど、でもそれを聞いて、やっぱり、「自分はここで、こんな思いをした」と。「しんどくって（薬物を）使ったんだ」っていうことを、すごい話をしてくれることは、ああこれ（参加者への意義が）大きいなと思って。

また、「薬物を使わない生き方」について、ともに考え合うことの重要性についてもAさんは以下のように言及する。

A：なので、薬を使うから人と話せるとかっていう人は、薬をやめてしまうと、何話していいのかわかんないっていうところが、ありますよね。

相良：うんうん、本当そうですよね。

A：うん。そういう人に、薬はやめたほうがいいとは思うんですけど、そこで引きこもってしまってってなると、それは困るし。

相良：うん。

A：じゃあ、どうするの、人と話すコミュニケーションとるためにはどうしたらいいのっていうところを、とりあえず、誰かに話すとか言ったって、みんなできないと思うので。じゃあ、それは、何かこういうグループの中で、気づいてもらうしかないかなとは思いますね。

在所者の多くは、さまざまな理由で依存薬物を使いながら生きてきた。時に自身が傷つくことがあり、それを感じなくするために依存薬物を使用した人もいた。それゆえに、在所者の中には「薬物を使わない生き方」についてはわからない人が多いとAさんは語る。たとえば、ある参加者が「薬物を使わなければ、辛さがゆえに自殺してしまうのではないか」という問題提起をしたミーティングもあった。その中で、参加者は真剣に自分たちの生き方について探っていたとも語る。

② グループミーティングの阻害要因としての「男らしさ」

他方で、いわゆる「男らしさ」が、グループミーティングなどのプログラムを実施するうえで阻害要因になることも示唆する。

A：そうです。男らしさ、そうそう。またやっぱり、意志、意志と根性で、僕は大丈夫、俺はいけるっていうのは、みなさんの中にはあります。

プログラムの対象者の多くは依存薬物を止めて生活することに不安を覚えている。仕事のこと、家族のこと、人間関係のこと、さまざまなことに不安を覚えている。その不安に対して、「男だから」として強がり、我慢しているとAさんは述べる。在所者の多くは矯正施設で同様のプログラムも経験しており、更生保護施設でもプログラムはスムーズに行える状況にある。しかし、プログラムを終えてからしばらく経つと、依存薬物の使用を止めるためには意志と根性が必要と述べるようになってしまうとAさんは語る。Aさんはそのような「男らしさ」から解放されるために、NA等に通うことが必要だと考えている。意志や根性だけでは依存薬物の使用を止めることが難しいことを在所中に（再）認識してもらいたいとする。

「男らしさ」が薬物依存からの回復にどのように影響するかについて、施設Wにおけるプログラムを行ううえで配慮する必要があるとAさんは考えていた。在所者の多くは刑務所などの矯正施設の入所経験がある。そこでは、長期間同性の人との共同生活となる。それゆえに、「男らしさ」を意識しやすくなってしまう可能性があるとAさんは考えている。そのような「男らしさ」は正直に自身の経験や感情を話せないという点からも、薬物依存からの回復の上で阻害要因になりえる。重点処遇施設におけるプログラムを展開するうえで、知念（二〇一二）でも指摘されたように、「男らしさ」をどのように扱うかは重要な論点になりえる。

プログラムを展開するうえでの配慮

① 職員間の意思の共有

このように施設Wのプログラムは、薬物依存の経験を安全に話し合う場所を提供することを目標の一つとして展開されている。その上で、Aさんはそれを達成する条件として、まずは職員間の意思の共有が重要であるとする。

A：施設Wにね、ここ仕事に（はじめて）来たときに、ここの施設長の考え方であったりとか、職員の方っていうのを見てて、最初はやはり、薬（を止めるに）は意志と根性だっていうのがね、けっこう昔はあったんですけど。私が入ったことで、職員の方もすごく理解しようとしてくださってる。すごく協力してくれているので、声をかけてくれたりとか、何かあって、ほめてほしいなっていうか、お願いすると、必ず、先生（注：他の職員のこと）はやってくれるので。

施設Wにおいても、過去は薬物依存を意志や根性で止められると職員間で考えられていたとAさんは語る。しかし、重点処遇施設として指定されたことを通じて、その考えをシフトさせ、いまではAさんが仕事をしやすいように他の職員が協力する状況にあるとする。とくにプログラム対象者にとって、自身の薬物依存の経験について安全に話すことができる場が必要ということについての理解がある。Aさんだけが張り切るのではなく、すべての職員の協力体制があることが大事だと語る。

また、Aさんは女性であるが、他の職員は男性である。それゆえに「男らしさ」をうまく扱いながら、他の職員は在所者が回復に向かうように関わっているとAさんは下記のように語る。

A：頑張ってるねっていう一言でいいので、先生が面接してくれたので、やっぱり頑張りたいっていう思いを、すごくもってるなっていうのは、思いましたので。そこは、やっぱり、担当の、男性職員と私との役割分担はあると思います。同性にほめられるっていうのは、認められるっていうのは、うちのみなさんにとっては、すごい自信につながると思いますね。

施設Wは担当制として、職員一人あたり複数名の在所者を担当し、個別に相談に応じている。Aさんとはプログラムにおいて関わるが、それ以外については他の職員が相談に応じる在所者もいる。その中で、同性からの意見をもらえることはその在所者にとって意義があることではないかとAさんは語る。

② 在所者の回復のための社会資源との連携

また、Aさんは自身の処遇能力の向上を図るために更生保護関係、依存症関係などのさまざまな研修やイベントに顔を出している。また、知識や技術を学ぶだけではなく、さまざまな人々とつながりをもとうとしている。もちろん、他の重点処遇施設の職員とのつながりも重視しており、そこでさまざまな情報交換を行おうとしている。
そのような試みは、退所後にもプログラム対象者が安全に自身の薬物依存の経験について正直に話をする場を確保するためでもある。そのような場に退所後にもつながることは、プログラム対象者が「薬物を使わない生活」を送り続けるうえで重要であるとAさんは考えている。

Ａ：この六カ月のプログラムって、本当に何か、微々たるものだと思います。うん、だから、プログラムを通じて、みなさんとのいろんな関係つくったりとか。あと、グループのよさって、退所してからもつながれる部分がありますよね。

施設Wでのプログラムは最長でも六カ月である。その中で達成できることは微々たるものであるとAさんは語る。しかし、退所後も対象者がグループにつながり続けることができればいいとする。そのグループは、施設W内で行うグループでも、NAでもよい。また、精神科クリニックなどもその一つだとAさんは考えている。とにかくAさんは対象者が退所後にも通うことのできる社会資源とのつながりをもとうと試みている。

③　施設Wの状況に応じたプログラムの展開

施設Wは重点処遇施設に指定されているが、プログラムの対象者にも就労自立を促してもいる。つまり、就労をしながらも、その帰りにNA等に通うような生活パターンを形成することも処遇の目的の一つとなる。ただ、就労をしつつ、施設内でプログラムを行おうとすると、どうしても時間調整が難しい。多くの人を集めて行うためには、どうしても二〇時以降から、時間も短縮して行うといった工夫をしている。

また、NAにも施設Wのプログラムに協力してもらっているが、施設Wの状況に応じて、ミーティングの進め方も少し変化を加えている。

A：やっぱり何か、それ（注：ミーティング参加者の発言に対するフィードバック）欲しくて、なのでちょっとそこをお願いしたんですね。うん。うちでは、できたら、みなさんが、話したことに対して、何かちょっと一言言ってもらえないですかっていうことを、ちょっとお願いして、で、その辺りから、少しずつ変わってきたっていうのもありますし。

NAでは「言いっぱなし、聞きっぱなし」という前提のもとで、それぞれのメンバーは経験を語る。つまり、その経験に耳を傾けるだけで、その場では意見をせず、それぞれが今後の生き方について探っていく（第8章参照）。しかし、施設Wの対象者は、NAの協力者からミーティング内の発言に対するフィードバックが欲しいと考えていた。そのために、施設Wでのミーティングの際には、何かしらのコメントをもらうようにしていた[10]。

Aさんは安全に自分の薬物依存の経験について語り合う場を構築するために、さまざまな方法をもってその目標を達成しようとしていた。そのためには従来通りのやり方を遵守するのではなく、その状況に応じて処遇の方法を変えるように心がけていた。Aさんは、SMARPPはそのようなグループの力を生み出すための一つの手段だと考えており、テキストをこなすだけでは意味がないとも考えている。また、エンカウンターグループ[11]やアサーション・トレーニング[12]などの方法を用いることも考えている。そして、そのときの施設の状況に応じて、必要なプログラムが変わるだろうとも考えている。Aさんがさまざまな手段を通じて、在所者に気づいてほしいのは、薬物を使ってからも人生は続くことである。

A：うん、だから、やっぱNAの人たちのような、使ったら終わりじゃないよって、いくらでもやり直せるっていうことを、やり直すときに、自分が変わってることに、気づいて、まず気づきはね、もってもらわないと。いくらSMARPPやっても、テキストやるだけでは、意味がないかなとは思いますね。

ただし、Aさんは自身に薬物使用の経験がないことも考慮したうえで、グループミーティングなどのプログラムを進める必要があった。

A：先生らは普通の生活できるだろって。僕らは、普通の生活がわからんって。

Aさんにとって、薬物に依存しないで生きることは「普通」のことである。しかし、多くの在所者にとっては依存薬物を使わないで生きることは「普通」ではなくなっている。そのような在所者との違いを前提にプログラムに関わる必要があった。その上で、Aさんはできるだけプログラムにおいて在所者に考えてもらうように仕向け、またAさん自身もプログラムから学ぶように心がけている。

5

おわりに――「薬物依存の経験について安全に語る場」・「犯罪および非行からの離脱の過程を守る場」

第3節では重点処遇施設である施設Wの薬物処遇専門職員Aさんへのインタビュー調査をもとに、重点処遇施設における処遇のリアリティの一側面について記述してきた。まず、Aさんは施設Wにおけるプログラムを行ううえで、在所者が自身の薬物依存の経験について安全に語ることができる場所の提供を重要視していた。そして、そのような環境の中で行われる個別対応やグループミーティングのポジティブな影響について語っていた。とくに在所者が「薬物を使わない生き方」について話し合う場をつくり上げることを重視していた。他方で、プログラムを行ううえで、在所者がもつ「男らしさ」という価値観とのつき合い方に配慮が必要であることを示唆していた。また、プログラムを実践していくうえで、職員が意思を共有してプログラムを展開すること、在所者の回復のために必要な社会資源との連携を図ること、施設Wの状況に応じてプログラムを展開すること、などの配慮があった。

つまり、あくまで施設Wという文脈、そしてAさんのインタビューからの考察であるが、重点処遇施設における処遇の専門性には、さまざまなもの駆使して「薬物依存の経験について安全に語る場をつくり出す」という点が根底にあるといえるだろう。SMARPPなどの認知行動療法を背景としたエビデンスに基づいた処遇は、更生保護施設における特別処遇の一つとして扱われていくのであろう。そのような処遇をうまく展開するために、職員は研鑽を積む必要があろう。しかし、その土台として、やはり在所者にとって「安全な場」として存在することが必要となるのではないだろうか。そして、そのような「安全な場」での語り合いの中で、在所者が「薬物を使わない生き方」を創造していけるのではないだろうか。

このように、第三者からもつべき機能として期待されていることを果たす以外に、その土台となるものに対する着目が必要なのではないだろうか。また、薬物依存者に限らないが、在所者が自身の「これまでの人生について安全に話せるような場」を創造することが更生保護施設の専門性ともいえるのではないだろうか。つまり、相良（二〇一三a）においても指摘したように、「犯罪および非行からの離脱の過程を守る場」が必要なのである。そのために職員はさまざまな配慮や工夫をこらしているということが本章から指摘できるだろう。

ただし、更生保護施設による働きかけが、必ずしも在所者に対してポジティブなことばかりをもたらすわけではないともいえる。時に職員からの働きかけで、在所者が傷つくことも考えられる。施設による働きかけが在所者に対して与える影響とその功罪を分ける条件については、より深い考察が必要であろう。また、Aさんは退所したプログラム対象者とのつながりを重視しており、実際に約三割の退所者とのつながりがあると語るが、それは大切なことである。しかし、約七割とは連絡がとれない状況ともいえる。なぜそのような状況が生まれているのかについての考察も必要となろう。それに社会内処遇の専門施設だからとしても、更生保護施設だけにそのアフターケアを任せるのではなく、社会全体で「犯罪および非行からの離脱の過程を守る場」をつくり上げる動きが必要であり、そのための社会的条件について考察する必要があろう。

また、本章では在所者のインタビューのデータをもとに分析および考察をしていない。重点処遇施設において、そのグループミーティングの力を重視していた。しかし、時に在所者同士でヒエラルキーが生まれてしまい、回復を阻害する関係性になることもある。また、職員と在所者との関係性の多層性についても言及する必要があろう。そして、グループミーティングが在所者の離脱にうまく作用するためには何らかの条件は必要となろう。第8章で言及する薬物依存当事者によって運営されるリハビリテーション施設であるダルク（DARC：Drug Addiction Rehabilitation Center）においても、そのメンバー同士が相互扶助関係になるために必要な条件がある（相良・伊藤二〇一六）。更生保護施設は当事者組織ではないため、「犯罪および非行からの離脱の過程を守る場」を構築していくうえでは、ダルクのような当事者組織とは違った条件が考えられ、それについてさらに言及が必要であろう。

本章での検討はあくまで限定的なものであろうが、今後の更生保護施設の運営において、また今後の更生保護のあり方において重要な示唆を与えることができたであろう。

注

［1］ 本研究は、科学研究費基金若手研究（B）（課題番号 16K17265）による研究成果の一部である。Aさんをはじめとする調査に協力をいただいた方々に感謝を申し上げたい。なお、本論は Western Society of Criminology 46th Annual Conference におけるポスター発表をベースにして記述した。

［2］『平成30年版犯罪白書』から二〇一七年の刑事施設出所者の帰住先（図6-2）を見てみると、仮釈放者のうち約三割が更生保護施設に帰住している。犯罪および非行からの離脱において、その対象者との社会内における適切な関わりが必要とされている点から鑑みても、更生保護施設が刑事政策上において重要な役割を担っていることがうかがえる。

［3］ なお、更生保護施設の起源は江戸時代に存在した石川島人足寄場といわれる。この施設は、当時（一七九〇年）の老中である松平定信が設けたものであり、犯罪者や無宿者（路上生活者）に対して、大工や農業などの仕事を覚えさせ、改心したものを釈放した。その際には就職先や耕地などを探して、釈放された者の自立生活を支

えたとされる。また、現在の更生保護施設の原型になったと言われるのは、金原明善と川村橋一郎らによって一八八八年に設立された「出獄人保護会社」（現在の静岡県勧善会）である。この施設は、ある釈放者が社会のどこにも受け入れられず自殺をした事件をきっかけとし、改心した元犯罪者を受け入れる環境が必要であるという理念のもとに始められた事業である。その内容としては、出獄した者を収容して、その身分を保証し、就職を斡旋するものであった。

［4］　一般的な成人男子対象の更生保護施設における入所から退所までのおおまかな処遇の流れを記述すると以下のようになる（以下、相良二〇一三bを参照）。入所初期において重要とされているのは住民票の異動である。在所者を施設の住所に異動させない限り、国民健康保険や年金など受けられない社会的サービスが多いため、速やかに行う必要がある。その後に行われるの

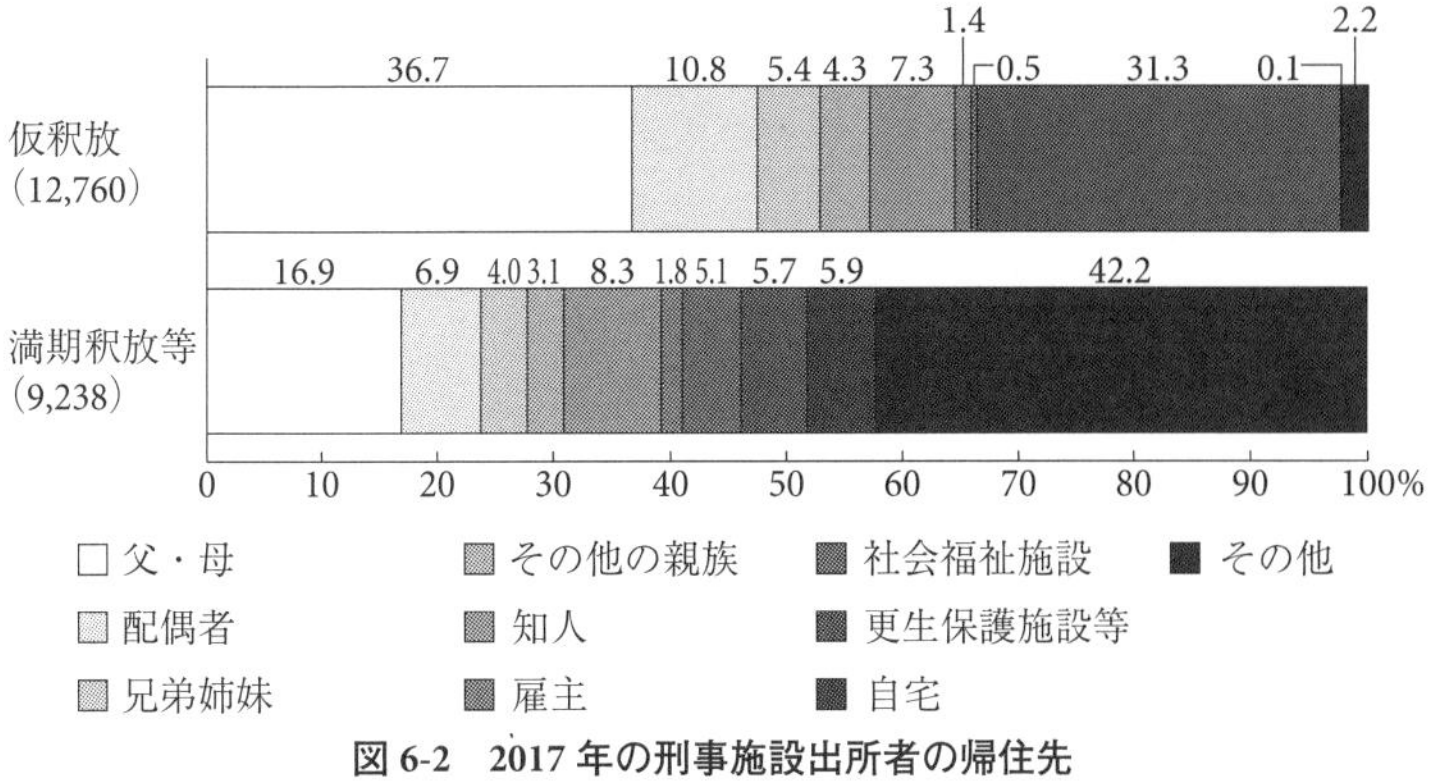

図 6-2　2017 年の刑事施設出所者の帰住先

（注）1　矯正統計年報による。

2「帰住先」は，刑事施設出所後に住む場所である。

3「更生保護施設等」は，更生保護施設，就業支援センター，自立更生促進センター，自立準備ホームである。

4「自宅」は，帰住先が父・母，配偶者等以外であり，かつ自宅に帰住する場合である。

5「その他」は，帰住先が不明，暴力団関係者，刑終了後引き続き被告人として勾留，入国管理局への身柄引き渡し等である。

6（　）内は，実人員である。

（出典）法務省法務総合研究所編（2018）。

は就労指導である。本文でも記述したが、協力雇用主や公共職業安定所での職業相談や職業紹介などを利用しながら、行われることが多い。また、退所後に住むと想定される住居の一カ月分の家賃と光熱費程度は毎月貯蓄することを促されることが多い。生活の基盤が安定すると、犯罪および非行につながった問題に対して、取り組むための処遇がなされる。在所期間にすべての問題を解決することではなく、退所後においても引き続いて、その問題に取り組んでいくために行われる。その例として、アルコール、薬物、ギャンブル、性など依存（症）を抱える在所者への処遇が挙げられる。たとえば、精神科クリニックやセルフヘルプグループなどの協力を得て、ミーティングなどの形式による処遇がなされることがある。またそれ以外にもSSTや自炊の方法を学習するための料理教室なども行われている。そして、退所後の生活の場の確保のための処遇が行われる。在所者はいずれ施設を退所することになり、その後の生活先を決めていかなくてはならない。ただし平均的に三カ月ほどの在所期間で自立に向けた資金を貯めることは難しいうえに、資金があったとしても保証人などの問題でスムーズに地域生活に移行できない場合がある。それらの問題に対して、状況に応じた処遇を行う。また、就労自立が困難な在所者へは福祉施設等へつなげることも必要となる。

[5] 起訴猶予者などに対する再犯防止のためのいわゆる「入口支援」にも、更生保護施設が関わることも言及されている（朴二〇一七a）。

[6] 更生保護施設と社会的企業との連携による就労支援の充実についても言及されている（朴二〇一七b）。

[7] 本調査は、埼玉県立大学倫理委員会の承認を得て実施した（通知番号：28008）。

[8] SMARPPとは神奈川県立精神医療センターのせりがや病院で開発された治療プログラムである（松本二〇一六）。そのベースとなっているのがアメリカの覚せい剤依存症外来治療プログラム Matrix Model である。ワークブックをもとに、グループでプログラムが展開されるのが特徴である。

[9] NAとは、薬物依存から回復を目指す人々によって形成されるセルフヘルプグループである。一九四七年にニューヨーク市で最初の組織が設立された。日本全国各地に存在し、一二ステップに基づき、ミーティングを開催している。

[10] 二〇一九年三月に施設Wで行われミーティングの参与観察を行ったが、従来のNAミーティングとはやや異

なり、NAメンバーの体験談の後に、施設Wの参加者から質問や薬物使用にまつわる悩みに関する相談も行われていた。

［11］　エンカウンターグループとは、集団心理療法の一つである。参加者のうちの一名が話題を提供し、ファシリテーターの指示に従いながら、他のメンバーはその話題について受容と共感を前提に話題提供者に関わっていく。そのような交流を通して、参加者は自身の生活をより豊かにすることを目指す。

［12］　アサーション・トレーニングとは、相互行為場面において、相手を尊重しつつも、自分の感情について適切に表出するスキルを得るためのトレーニングである。それを通じて、対人関係をよりスムーズに築けるようにすることを目指す。

▼相良　翔▲

第7章 「問題者」を越える実践としての家族の記述

更生保護施設入所女性に着目して

1 はじめに

「非行」という現象を私たちが見る際、固定概念に縛られて特定の状況を（無意識のうちにでも）想定してはいないだろうか。これが、本章を貫く問題意識である。宮内ほか（二〇一四）は貧困研究における、「結果として貧困を作り出している当の条件やイデオロギーを追認している」（宮内ほか二〇一四：二〇二、傍点は引用箇所のまま）著作について、「問題者発見レンズ」を通した研究であると呼ぶ。たとえば貧困家庭の情報を記述する際に、「『女遊び』、『妻の浪費』、『酒乱』、『アルコール』」（宮内ほか二〇一四：二〇二）といった情報を提示することで「問題を持った人々」に関する社会問題として貧困研究を記述すると指摘する。その結果、読者に対して貧困層を「問題を持った人々」として印象づけてしまうと問題提起している。

非行少年を記述する非行研究においても、宮内ほかが指摘する「問題者発見レンズ」を通した研究はとくに原因論において多く蓄積されている。たとえば少年の家族や交友関係が問題であるために非行に至るという論だ。こうした研究に対し本章では、少年院出院後に更生保護施設に入所した若年女性に行った追跡インタビューをもとに、「問題者発見レンズ」を越えて彼女たちの語りを記述することを試みる。とりわけ本章では彼女たちが自身の問題行動の原因をどのように捉え、その原因をどのように乗り越えようとしているのかを記述する。こうした記述を通し、本章は「問題者」として非行歴のある若年女性を静的に捉えるのではなく、問題をみずからの手でしたたかに乗り越えようとする動的な主体として捉えることを目指す。

2 非行研究における家族関係

犯罪学では、非行・犯罪の原因解明に関する研究が膨大に蓄積されてきた。たとえば非行仲間との関わりによって非行を行うといった分化接触理論（Sutherland and Cressey 1963 = 1964）や、家族や学校の先生との愛着関係が結べていないことで非行に至るといった絆理論（Hirschi 1969 = 1995）がある。

では、非行少年自身は、みずからの非行の原因をどのように考えているのだろうか。図7－1のデータは、全国の少年院で行われた質問紙調査によって得られたものである。[1] ここでは田中ほか（二〇一三）による調査の中で「親との関係」の部分に注目したい。親との関係は「自分の幼いころの親との関係」「小学校のころの親との関係」「中学校以降の親との関係」のように三つの時期に区分して示されている。他の項目に比べ、時系列で質問が設定されている点で特殊な項目であるといえる。また、とくに女子においてどの項目も多く選択されていることがわかる。なかでも「中学校以降の親との関

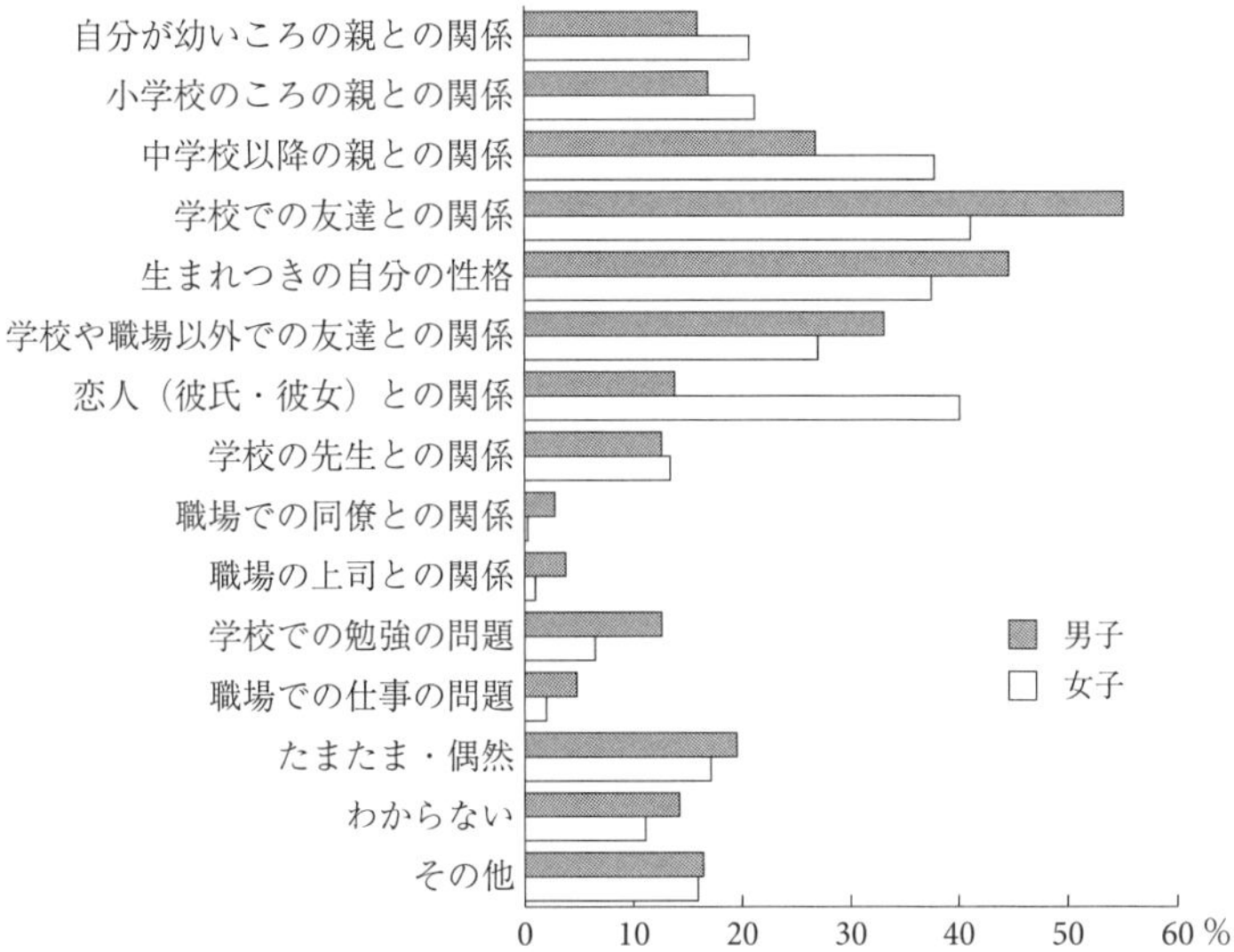

図 7-1　少年院在院少年が抱いている非行の原因観（3 つまで選択）

（出典）　田中ほか（2013）に加筆。

係」は三七・八パーセントと高い割合を占めている。

「非行に関する実証的な研究や教科書、そして理論はそのほとんどが……母親の就業の有無、家庭崩壊、家族の人数等々をその素材として組み立てられている」（Hirschi 1969 = 1995 : 123）と述べられるように、実際に犯罪学の分野でも少年非行の背景要因として家族が触れられることは多い。このような指摘は現代日本にも当てはまるといえるだろう（たとえば岡邊二〇一三）。そこで以下では家族と非行問題に関する研究を整理する。

さて、非行少年と家族の関係に注目する際に、「原因としての家族」（望月一九八九）という見方がある。この立場では非行現象を「個人単位に起こる出来事ではあるが家族関係と深く関わりのあると考える逸脱行動」（大橋一九八三：二四）として見なす。貧困家庭や、ひとり親家庭といった形態の「結果現象」として非行・犯罪を見なし、これらの家族形態を機能不全家族として表象する。つまり、非行少年の家族を「問題者」として発見するレンズが採用されているといえる。他方で、「更生の場としての家族」（望月一九八九）という見方もある。たとえば生島（二〇一六）が提案するように、家族を「治療」や「支援」が必要な介入対象とし、子どもの再社会化の場として位置づけるといった主張である。ただし、専門家等による家族への介入を通すことで「更生の場としての家族」が成立するという生島の主張は、結局のところ家族メンバーが「問題者」であるという視点に変わりはない。

藤間（二〇一二）は、前述のような非行少年の家族について言及する研究を整理したうえで、研究者を含めた専門家の間において「あるべき家族の姿」が想定されているという。というのも、少年の家族が「問題」であり介入の対象であるとする場合は、その背後には「正常で健全な」家族の像が想定されているからである。藤間は、こうした「あるべき家族の姿」を再構成していくためには、二つの観点が必要であるという。それは、「規範的家族像を相対化する視点」と「家族のあり方に対する社会の評価軸を問題とする視点」の二つである。前者については、これまで家族規範を構築する立場に加担してきた研究者の立場を反省し、子どもの社会化の責任を親が担うべきだという規範を相対化する必要性を述べている。後者に関しては特定の家族を不利に追いやる社会の評価軸を問題化する必要性を述べている。非行と家族について論じる研究に対して、家族規範それ自体を問題の俎上に載せたという点で非常に示唆に富んでいるといえるだろう。

藤間の指摘を言い換えると、「アルコール問題を抱える家族や貧困状態の家族が原因で子どもが非行をした。それは、〝ふつうでない家族〟による帰結である」というエピソードを無批判に受け入れ、強調することは規範的家族像を受容することである。そうではなく、非行少年を論じる際にそもそも、どのような家族が「問題者」とされ、なぜそのような家族の在り方を「問題」として「発見」してしまうのかに注目することが重要であるといえる。「問題者発見レンズ」以外の方法で対象を記述する姿勢が、「あるべき家族の姿」を再構成していくプロセスに重要であるといえるだろう。

ではアルコール問題や貧困といった状態を生きる家族を「問題」とするような規範的家族像になるべく「参加」しない研究者の立場はいかに可能であろうか。本章はその方法として、知念（二〇一四）や志田（二〇一五）の研究を参照したい。知念や志田は家族研究の分野において、子どもたち本人が自身の家族経験をどのように意味づけているのかを見出している。志田はひとり親家庭の研究において子どもの視点から理論構築を目指す視点が欠如していることを指摘し、子どもたちへの丹念な聞き取り調査を整理している。知念は貧困家庭といった一見「問題」と表象される家族経験をもつ子どもたちであっても、家族をみずからの資源や基盤として記述し、位置づけ、その中で新しいアイデンティティを獲得しようとする実践を見出している。このように、「問題」を生きる本人の声を聞き取ることで、別の見え方や、別の問題が浮かび上がってくる可能性が見えてくるといえるだろう。

上記の論点を踏まえ、本章では非行経験のある若年女性に焦点を当てる。彼女たちによる、みずからの家族との関係についての語りを通して、非行やその離脱、そして家族とどのように向き合っているのかを明らかにする。そして、非行臨床におけるこれまでの家族と非行少年に対するまなざしの問題点を捉え直し、新たな支援の在り方を検討していくことが本章のねらいである。

3　更生保護施設入所者の特徴

本章は、更生保護施設に入所経験をもち、かつ少年院出院者でもある女性当事者に行った調査に基づく。そこで、調査対象でもある更生保護施設と、少年院出院者の一般的な特性について簡単に触れる。

まず少年院に入院する少年であるが、圧倒的に男子が多い。二〇二〇（令和二）年版『犯罪白書』によると、入院者は男子が一五九四人、女子が一三三人であった。比率でいえば、少年院入院者の九割以上が男子ということになる。したがって、男女を区分しないで少年院について取り上げた調査は、ほとんど男子に関する調査であると見なすことができるだろう。一方で、大多数の男子に女子の実態が隠されてしまっているという現状も見えてくる。入院者が圧倒的に少ない女子を対象とした離脱の調査もまた、困難をきわめるということが見えてくるだろう。

こうした現状に対して、本章では女子に注目し、彼女たちの少年院出院以後の現状を明らかにすることを目指している。

図7－2は、少年院出院者の引受人の状況を示している。左図が女子の状況で、右図が男子の状況である。図7－2を踏まえると、まず、実母と暮らすことになっている少年の割合が男女ともに約三八パーセントと最も高いのがわかる。ついで、実父母が占める。実父母および実母と養父といった状況も含めれば、六〇パーセント以上もの少年たちが「母親」を頼りにしていることがわかる。こうした状況を踏まえれば女子少年院出院者は、実の母親と出院後に関係性を再びもつ必要が出てくるとい

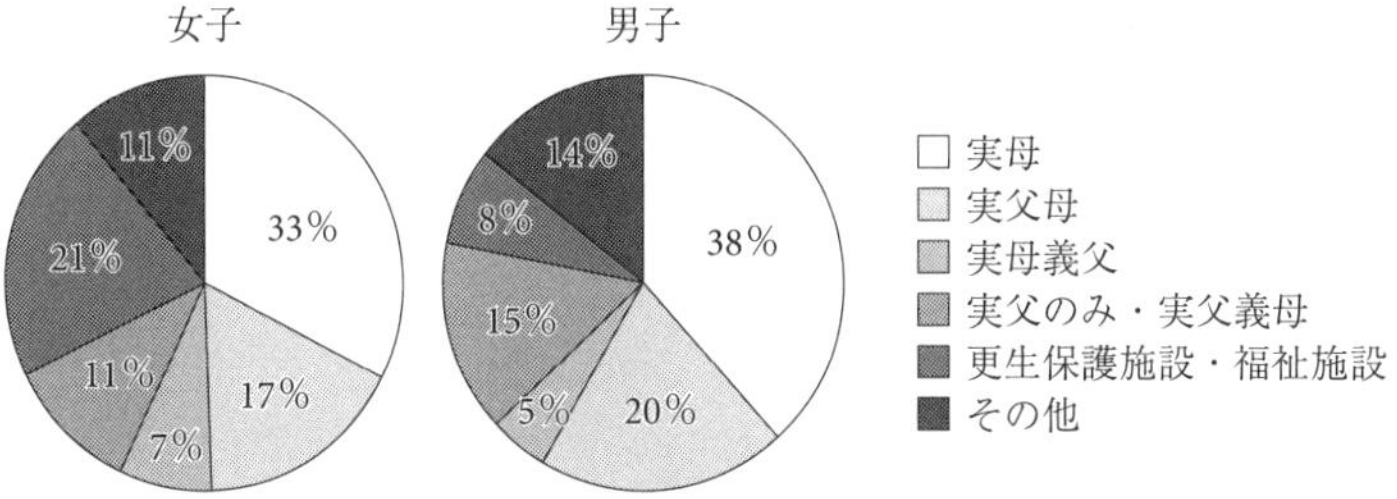

図 7-2　少年院出院者の引受人の状況（2020 年度）

（出典）　法務省矯正統計年報（少年院）より。

える。また、今回対象とする更生保護施設等を帰住先とする女子少年の割合は一七パーセントである。では、更生保護施設にはどのような特徴をもつ少年が暮らすのだろうか。

更生保護施設には、「頼ることのできる人がいなかったり、生活環境に恵まれなかったり、あるいは、本人に社会生活上の問題があるなどの理由で、すぐに自立更生ができない人」（法務省 二〇二二）が入所している。そこでは、衣・食・住といった「生活基盤の提供」、日常の生活指導などを指す「円滑な社会復帰のための指導や援助」、就労指導や金銭管理を指す「自立に向けた指導や援助」などといった「入所者の問題特性に応じた専門的な処遇」が行われている（都島 二〇一七、本書第6章も参照）。

松嶋（二〇〇五）によれば、とりわけ未成年が入所する施設については、家族との「問題」を抱えているケースが多いと言われている。たとえばそこでは、スタッフが少年の出身家庭に養育上の問題を認識している場合があると指摘されている。つまり更生保護施設に入所する少年は、非行の背景として論じられるような「問題のある」家族経験をもつ可能性が示されているのである。

ここで留意しておきたいのは、筆者らは家族に対して、非行の原因だ、あるいは非行からの離脱の資源となるべきだという立場には立っていないという点である。藤間（二〇一一）も指摘するように、「非行少年の家族＝問題あり」という家族規範から距離化を図らなければならないというのが基本的なスタンスである。

本章では、非行経験者本人が非行の原因をどのように捉えているのか、を出発点に「問題」を生きる人々の語りを取り上げる。この営みは、けっして非行の原因および非行からの離脱の過程を本質化することが目的ではない。これまで無批判に「問題あり」と評価されてきた家族を生きる個人がいかにみずからおよび家族を位置づけ、解釈しているのかを個人の視点から具体的に描き出すことを目指している。家族ないし非行少年自身に背負わせてきた非行からの離脱の機能の外部化をサポートとして提案できるような展望を描くことが本章のねらいである。

なお、本章において「離脱」について研究者が定義づけることはしない。後述する研究参加者である当事者女性二名の語りをもとに、彼女たちが考える「離脱」の在り方を本章では定義として採用する。

4　調査の概要

調査は「『立ち直り』に関する研究会」（研究代表：京都大学　岡邊健）の調査の一環として更生保護施設Aで行った。[2] 筆者らはこれまで二〇一六年春以降追跡調査を女性二名に対して行い、それぞれ一時間～二時間程度のインタビューを複数回実施している。おおむね三カ月に一度のペースで調査を行い、二〇一六年から継続しているユウヒさん（仮名）と、二〇一七年から継続しているハルさん（仮名）を対象に調査を継続している。

ユウヒさんは二〇一八年七月現在、更生保護施設A近隣のアパートで一人暮らしを始めている。通常の更生保護施設では、施設での共同生活を通して就労および就学しながら生活のリズムを獲得する。更生保護施設Aにおいては、一定期間施設での共同生活を通して一日の生活リズムを獲得した後、施設Aが管理する近隣アパートで一人暮らしを始める。これは、施設Aの若者の多くが、退所後に一人暮らしを始めるからであり、施設Aでは一人暮らしの準備を見守ることも支援の一つとされている。ユウヒさんは更生保護施設Aでの共同生活時代から現在に至るまで、近隣で接客業のパートタイム労働をしている。

他方でハルさんは、更生保護施設Aでは共同生活をしてすごし、半年ほどで保護観察解除となったため、退所した。施設Aの退所後しばらくは、近隣都市で土木建設作業の住み込み就労を行った。住み込み就労先は、施設Aとも関わりがあり、保護観察所へ協力雇用主登録を行っている事業所だった。しかしハルさんは職場での人間関係の悩みをきっかけに職場を無断で辞めた。二〇一八年七月現在は施設から三〇〇キロメートル以上離れた土地で別の更生保護支援事業に従事する支援者から支援を受けながら、何とか一人暮らしを始めている。

なお、通常ハルさんのように保護観察期間が切れた若者は、更生保護支援事業を行う支援者による支援の義務は発生しない。しかし、更生保護支援事業に携わる支援者はしばしば、善意と厚意によって、無償で若者を受け入れることがある。こうした受け入れはもちろん制度化されていないために、施設退所後に支援を受けられるかどうかは完全な偶然に依っている。ただし、更生保護施設A自体も善意と厚意によって無償で若者を受け入れる性質をもっており、保護観察期間が切れた若者も積極的に受け入れている。とはいえ、施設Aによる無償の若者受け入れ事業も本来異例である。したがってハルさんが現在、上記の支援者による支援を受けていることはかなり偶発的であり、異例のケースであるということは最初に述べておきたい。

5 非行の原因としての家族語り

ここでは、ユウヒさん、ハルさんの定位家族についての語りをもとに、彼女たちがみずからの家族について、「非行の原因」として語っている部分について検討する。

ユウヒ：やっぱ自分がこうなったのは親のせい、みたいに最初は思うんですよね。ずっとママが夜の仕事していて、私はずっと家で一人だった。しかも、父親も居ないしみたいな。

ユウヒさんは、母親とのひとり親家庭としての生活を経験している。インタビュー開始当初は、小学生の頃を振り返り、当時は母親が夜の仕事をしていたことが語られた。さらに、「話したいけど話せない」状況であったことが嫌だったと語っていた。上記の語りは、子どもの頃の自身について振り返り、語っている部分である。

一方でユウヒさんは、上記の語りと同じ頃の小学校の体験を以下のように語っている。

ユウヒ：ちっちゃいときは「なんで私だけお父さんおらんの」みたいな感じやったけど、小学校のときに、授業でお母さんに手紙を渡すみたいなのがあって、そのときにママから返事が来たときに、「これからも友だちみたいな家族でいようね」みたいなこと言われて、そこから普通に姉妹みたいな感じで普通に仲いいかな。

自身と母親との関係は「姉妹みたい」であると語り、ユウヒさんはひとり親家庭を生きる自身の家族を「友達みたいな家族」と理解することで父親不在の家族の在り方を納得しようとしているようにもうかがえる。加えてユウヒさんの語りには「普通に」という言葉が二度も使用されている。このことを踏まえれば「姉妹みたいに仲の良い家族」が彼女にとっての「正常な」家族規範であるともいえるだろう。ユウヒさんの語りで注目すべきは、彼女にとって母親は非行の原因として解釈可能であるものの「姉妹のような家族」の構成員であるということである。

一方、ハルさんは少年院送致の理由の一つとして放火を挙げており、その中で家族について言及している。以下は放火に至った経緯を尋ねた部分のインタビューデータである。

ハル：最初、自分、家に一人でおってテレビ見てても、母親が帰ってきたら、プチって消して、しーん、みたいな。本、読んでますよ、みたいなふりしたりとか。それするぐらい、気、休まんなくて。気まずくて。でもう、追い出してやろうって考えて、いろいろ悪さしたりとかして。(中略)放火っていうのも、母親、追い出そうっていうのがあって。おっきいことの方が出てくだろうな、みたいな、思って。で、まあ、いままで火遊びとかしてるから、だいたい真っ先に、(放火っていう発想が)出てくる。

ハルさんは、生まれてすぐ施設に預けられ、三歳で「新しい母親」ができ、その母親と父親の間に妹が生まれている。その母親とも小学生の頃離別し、その後すぐに父親に「内縁の妻」ができたという背景がある。上記の語りの「母親」はその「内縁の妻」を指している。彼女は「内縁の妻」との関係が築けず、語りのように母親を「追い出す」ために「いろいろ悪さ」するようになり、そして、放火に至っている。

ハル：小学校の五年生で家にいたときは、妹の母親の方が厳しくて。父親はほとんど仕事ばっかりだったから、ほとんど家にいなくて。で、もう母親が。苦手でしたね。
調査者：あまり合わない人。
ハル：そう。妹の方がかわいいから、みたいな。で、何もしてないけど、殴られるとか。
調査者：あ、お母さんも殴るんですね。
ハル：そうですね。そのぶん、父親はまだ。めちゃくちゃ殴られるけど、理由があって殴るから、まあいいか、みたいな。

彼女は実の父親については繰り返し「怖い」と語り、口ごたえしても叩かれるという。したがって「怖くて、もう言うのすらめんどくさくなるし。いや、しかもだってさ、理由とか聞いといて、言ったら、『そんなん言い訳や』とかって言われるんっすよ。聞くなよって言いたくなりません？　だって言い訳っていうかさ」のように、父親との会話は避けたいと考えている様子だった。

なお、そういった怖い父親像はけっして幼少期からあったわけではなく、妹の母親との関係の中でも変化してきているということがわかる。妹の母親と暮らしていたときには父親よりも母親の方が厳しく、「妹の方がかわいい」という理由で理不尽に殴られることもあったという。このように関係を築くことが難しかった妹の母親を追い出すために放火するという手段をとり、それ以降ハルさんは非行を繰り返すようになっていったと語っていた。

本節ではハルさんとユウヒさんの特徴として「問題を抱えた家族を生きていること」を取り上げた。ハルさんのような複雑な家族関係や、ユウヒさんのような「夜の仕事」をする母親との家族生活を生きている彼女たちも漏れなく「問題を抱えた家族」を生きていると見なすこともできるだろう。現に更生保護施設Aのスタッフから、少年たちの問題行動の背景として親子関係ないし家族関係が語られることはあった。

彼女たちの語りを理解するうえで、彼女たちが経験した家族関係へと着目する必要があるものの、ここでその問題性をクローズアップして言及することは控えたい。むしろ、彼女たちが非行の原因として語りを紡ぎ出す際に「家族」に言及するという特徴があるということを踏まえたうえで、なぜそのような特徴が見られるのかを検討する必要があるだろう。その理由の一つとして本章では非行臨床における支配的な語りを挙げておきたい。彼女たちの非行の原因に関する語りは家族を問題行動の原因とする語りに支えられて構成されている。それは、すでに本章でも触れてきたように研究者や専門家によって語り継がれてきた支配的な語りの方法でもある。彼女たちは、非行の原因を語る際の資源として自身の家族の「問題性」を活用しているが、それは支配的な語りに親和的な方法であると捉えられる。しかしそのことは、彼女たちが自身の家族を「問題者」として捉えていることを意味しない。現にユウヒさんは母親とみずからの関係を振り返って非行の原因を語ってはいたものの、自身と母親の関係は「普通に仲の良い家族」であるとも言及していた。ジェイバー・グブリアムとジェームズ・ホルスタインが述べるように、ユウヒさんもまた、「悩んだり興味をもったりすることに意味を付与」（Gubrium and Holstein 1990 = 1997：71）するために、正常者としての家族関係と、問題者としての家族関係の両方を能動的に使い、自身の状況について理解しようとしているのだといえる。

ところで彼女たちは、非行の原因を語る際にのみ家族関係を活用するのではなく、非行からの離脱について語る際にも家族関係を活用している。次節では「更生の場」として家族関係を語る部分について見ていきたい。

6　更生の場としての家族語り

これまで見てきたように、彼女たちはみずからの非行の原因を語る際に家族関係を挙げている。しかしながらそれは、ユウヒさんに見られたように自身の家族を「問題者」として捉えていることを示すような実践ではない。他方で、彼女たちは「更生の場」として家族を認識しているように語る場面もあった。そこで「更生の場」としての家族語りに関するハルさんとユウヒさんの語りを提示する。なお以下の語りでも引用されている通り、彼女たちの「更生の場」としての家族語りは、おもに少年院での教育やプログラムを通して獲得されていることがわかる。

ユウヒ：ママもそれなりにきつい思いして女手一つで育ててきたのに、やっぱり自分が生んだ娘がね、こう、変な方向に行かれると嫌だから、ママも言葉で、何て言うんですかね、守ろうとするわけじゃないですか。なおさら帰ってきてほしいみたいに言われても、私は帰りたくないからみたいな（傍線は筆者による強調。以下同様）。

ユウヒさんは、少年院での教育やプログラムを通して、母親について考えるきっかけができたという、上記のように母親の当時の心境などを推察するようになったという。また、祖母からも少年院在院中に、「いつでも戸を開けとくからね、（中略）いつでも帰っておいで」と言われたことをきっかけとして、「家族ってこんな大きいんだ」と気づき、そこから「変わりたい」と思ったと述べている。さらにユウヒさんは、少年院でのアンガーマネジメントや内省といったプログラム[3]を通して、母親と自身との関係性を見直すきっかけになったと語る。

ユウヒさんは少年院在院中の母親との関係について「少年院入る前も、留置所から少年院までずっとママが面会来てくれたんですよ、だいたい月一ぐらいで。でも、少年院、やっぱ月一か二回しか会えないから」と語っている。身柄が拘束されて以来の母親との関係は、毎月面会に来てくれる関係性になったと語られた。

他方でハルさんは、母親については少年院を経て以下のように考えるようになったという。

ハル：何か、少年院入って話してくうちに、まあ、和解、みたいな。何か、気持ち的にすれ違ってるところが多くて。ま、そこがわかり合えるようになって、ま、母親として認めてる、みたいな感じ。（中略）他の人と話すときは母親って言ったりとか、言ってます。

ハルさんは、先述したように少年院入院以前に起こした非行について語っていたときは、父親の内縁の妻である「母親」の存在を、非行の原因として語っていた。しかしながら上記の語りのように少年院での経験を経て彼女は母親に対する認識が変わったと語る。なお、インタビューの別の箇所では、少年院には彼女の父親が面会に来ていたことや、法務教官との面接や出された課題でいろいろと考えるようになったことが語られた。少年院での経験を経て、父親との関係性も次に引用するように変化したと語った。

ハル：まあ、前よりかはおとんと話せるようにはなったけど。
調査者：そうなんだ。で、何かきっかけがあるんですか、変わる。
ハル：やっぱ少年院入って。親とちゃんと話すようになってからってのはありますよ。（中略）やっぱり今まですれ違ってた部分とか。やっぱりお互いに理解し合えるようになったって。お互い気持ち話して。あ、そうだったんだ、みたいな。（中略）ま、そりゃだって、先生と、面接とかでいろいろ考えたり、課題とか出されて考えたりとかするから。やっぱりその、面会のときも先生が隣っていうか（中略）そのぶん、二人とも落ち着いて話せるし。

ハルさんは少年院に入ることによって、与えられた課題を通じて考える機会ができたという。また、父親との面会の際に少年院のスタッフが同じ空間にいることによって「二人とも落ち着いて話せる」環境が確保されていたことから、父親との関係が変わったとハルさんは考えている。少年院での経験を通して父親との関係が再構築されることによって、「やっぱ父親のこと好きだから」と語るようになる。この父親との関係の変化はあくまで少年院への入院という物理的な距離、そして話し合いに「先生」という他者が入ることによってはじめて可能になったものである。当たり前ではあるが、家族メンバーはあくまで「他人」である。家族メンバーでない「他人」であれば、ハルさんの言うすれ違いはすれ違いのまま通り過ぎることができる。しかし、ここでそれは許されず、面会し、話し合いを続けることが求められる。家族であるがゆえにその人間関係から逃げ出すことは許されず、そのために物理的な距離や他者の介入によってわざわざ成立させ続ける必要があるのである。そうした家族規範のうえに成り立つ少年院でのプログラムを通じて、ここでのハルさんの家族の語りが生み出されているといえる。

彼女たちの語りにおいて注目すべきは、少年院での教育プログラムや、親との面会を経て家族関係の捉え方が「変わった」と述べている点である。ハルさんとユウヒさんが、家族に対して原因以外の別の見方を獲得することもまた、少年院教育の一つの成果であるといえるだろう。ユウヒさんが「変わりたい」と考えるようになったというように、少年院において家族と切り離された環境におかれたことで、彼女たちは家族への認識を変容させ、別の関係性をつくり直すために自身が変容する必要があると捉えるようになった。それにより彼女たちは、非行の原因として家族を語るのではなく、「更生の場」として家族を語る術を身につけるようになったと考えられる。

ただし本章では、「更生の場」として家族を捉え、彼女たちが関係性をつくり直そうとする営みを実態視することは避けたい。なぜなら、更生の実態的な資源として家族を見なしてしまうため、その成否を家族ないし自己の責任へと追いやってしまう側面があるからである。つまり、家族との関係性の中で自己を位置づけ、語ろうとすることにより、その関係性のつくり直しを行うが、それがうまくいかなくなったときに、再び自己や家族を「問題者」として発見することになってしまうのである。問題や課題は個人ないし家族で向き合うことになり、その失敗の責任をすべて少年およびその家族によって引き受けなければならなくなる。

むしろここでは、少年院教育という文脈に即して家族を捉える際には、家族は更生の場として理解され資源化されることが支配的な語りの形式であることを押さえておきたい。そのうえで、彼女たちはそのストーリーに合致する家族関係を引用し、語りを形成しているのだと理解することが妥当である。では、少年院とは別の文脈をもつ更生保護施設では、彼女たちはどのように家族関係を引用し、語りを形成するのだろうか。次節では、更生保護施設での生活をめぐる彼女たちの語りに注目し、少年院出院以後の状況について取り上げていく。

7　文脈に応じて変化する家族の語り

「問題のない家族」としての語りの実践

これまでの整理では、彼女たちが少年院生活を通して、家族を非行の原因としてだけではなく、「更生」を支える存在として理解する枠組みを得ていることを整理した。では、少年院で家族への認識を変容させた彼女たちは、出院後、更生保護施設での生活を通してどのような解釈を獲得しているだろうか。そこでここでは、更生保護施設での生活を続けるなかで語られる家族に関する語りを見ていく。

ユウヒさんは二年間更生保護施設に在所し、家族に関する語りも調査中に語っていたが、家族との関係性や当時の状況によって、語りは変化していた。

ユウヒ：毎日一緒に居るとまたけんかして、ろくでもない人生になるかもしれないから、いつもみたいに。だから、あえて離れての方がいいかな、みたいに思って。

非行の原因としても語っていたように、彼女は母親との関係性が非行に関連しているという解釈をもっている。他方で、少年院在院中は月に一回面会で母親と会うことで、関係性が「変わった」という解釈ももっていた。そのためか、彼女は更生保護施設退所後には、母親とは一緒に暮らさず、離れて暮らし、月に一度程度会うのがよいと考えているようである。なお、上記のインタビューを実施した頃についてユウヒさんは、母親が忙しいため、連絡をほとんどとらなかったと述べている。

次に引用するデータは、先ほどの調査の後に行ったインタビューデータである。前述の調査の後、ユウヒさんは実家への帰省を経験している。

ユウヒ：「次いつ帰ってくるの？」とか言われたりとか。私もちょっと寂しいなと思ったら、どうでもいいことでママに電話かけたりとかするからね。ちょうどいい距離感をたぶん、自然とお互いがとってるのかなとか。私も大人になったし（中略）家族だけど、家族じゃないような。友達でおろうみたいな、そういう家族でおろうねみたいな。言ってる。いまが一番仲いいのかな。

上記の語りでは、現在の母親との関係を「いまが一番仲いい」と語り、その秘訣は「ちょうどいい距離感をお互いがとっている」ためであると述べる。

ユウヒさんが在所する更生保護施設では、施設長・スタッフの判断にもよるが、月に一度程度、実家への帰省が認められることがある。それは、施設退所後の「自立」に向けた実践の一つとして行われていることである。児童自立支援施設を題材として研究をした藤間（二〇一七）は、施設退所後の「自立」論では「家族に頼る」vs.「一切頼らない」といった二つの規範が対立しているという。施設Aの理事長は基本的には家族に頼らず自分で住む場所と仕事を見つけ生きていくという自立観をもっているが、施設Aにおいても同様に二つの規範が存在していることは間違いない。

ユウヒさんは、更生保護施設Aで生活を送りながら、実家へ帰省し、母親と生活を送る経験を重ねるなかで、母親との関係が良好になってきたと語る。また、注目すべきはユウヒさんが、「ちょうどいい距離感」をとることで良好な関係を保てると述べている点である。それは、「友達みたいな家族」というメタファーによって示されている。なお、「友達のような母親との関係性」については、冒頭にも姉妹という表現で見られたが、何度もユウヒさんからは「仲の良い家族」のメタファーとしてインタビューで語られてきたことだった。彼女にとって母子関係を「仲の良い関係」として表現することは、家族の正常性・健全性を示すことでもあるといえるだろう。ユウヒさんは母親との「ちょうどいい距離感」を強調することで、帰住先としての母親という選択を維持しながら、「問題のない家族」としてみずからの家族関係を再構成しようとしているとも考えられる。

一方でハルさんは、少年院を出院して以来、定期的に父親とやりとりをしていた。以下の引用は最近の父親とのやりとりについてうかがったときの語りである。少年院の先生から「手紙書いてね」と言われたため、少年院の先生に手紙を書き、その延長で父親にも連絡をとろうと思ったのだという。

ハル：おとうにどうしよっかなってなって。でも、面倒くせえなあとかと思って。電話にしました。そっからは、何かここ（＝更生保護施設A）が、ツイッターみたいな、ブログみたいなのやってるんですよ。で、何かそれを見とったらしくって。

調査者：へえ。

ハル：けど何か、コメントしようにもやり方がわからんみたいな感じで、一人で何か苦笑い。何か笑ってました。何かかわいいとかって思って。

調査者：（笑）。

ハル：はじめて、そういうおとう見て、かわいいなと思ったけど。普段厳格な人だから。

当時ハルさんが入っていた更生保護施設がＳＮＳを通して情報発信しており、それを父親が知ってコメントをしようとしたものの、やり方がわからず苦戦していたことをハルさんは父親との電話の中で知る。そして、これまでの父親像とは違う側面を見て「かわいいなと思った」という。この語りの背景には離れていながらもＳＮＳで情報をフォローしていることを知り、もしかしたら父親はハルさんのことを気にかけているのかもしれない、ということを感じた嬉しさもあったのかもしれない。

ハルさんはインタビューの別の箇所で、「少年院出てからは月一くらいで父親と電話をしている」と述べているが、「やっぱ、父親のこと好きやから。やっぱホームシックっていうかね、やっぱかかるし、声聞きたくなるし、会いたくなるし」と、父親との関係性の変化を語る。ハルさんのケースにおいても、幼少期から父親の暴力にさらされてきた彼女にとって、父親は「厳格な人」「怖い人」だったものの、現在では「かわいい」とそれまでとは正反対の印象を抱くようになっていた。その背景には、ハルさんと父親という二者関係ではなく、その間に更生保護施設Aが、いわば一種の緩衝材として入り込んでいることがある。家族間の人間関係でさまざまな困難を抱えてきた家族メンバーにとって、家族だけで円滑な人間関係を築くことは非常に難しい。そういった点においても更生保護施設や少年院といった家族外の機関や人物といったアクターが重要になるといえる。

ハルさんとユウヒさんに共通するのは、インタビュー場面において家族関係を修復しつつある、という語りをしたことである。それは、「ちょうどいい距離感」を見つけることで達成されるものであった。SNSを通した父親からの小さな気遣いに気づいたり、友達のような距離感を保てるようなタイミングで電話をしたりと、彼女たちはまるで薄氷を踏むようにきめ細やかな気遣いを持って家族関係を調整していることがわかる。

このように施設Aでは、家族との関係性を調整する実践が彼女たちによって行われているが、それは「問題のない家族」としての実践を重ねる営みであるともいえるだろう。この営みは二つの意味があると考えられる。一つは、退所後の帰住先の選択肢として「家族」を確保することである。もう一つは、非行の原因と結びつきのある家族関係をみずからの手で調整することで、みずから原因を管理し、非行からの離脱のプロセスを語る資源を獲得するということである。志田は「複雑な家庭経験を正当なものとして理解するために承認が必要」（志田 二〇一五：三二七）だと見出している。前述した彼女たちの「問題のない家族」実践の意味のうちの後者は「承認」にも関連していると考えられる。

だがここで、彼女たちの語り上の実践を脱して家族関係そのものを更生の資源として実態視することは避けるべきである。なぜなら、そうすることで離脱のプロセスを家族責任もしくは自己の責任に転化してしまうからである。

8　状況によって変化する家族の語り

ハルさんは二〇一八年の春に更生保護施設Aを退所しているが、ユウヒさんは二〇一八年七月時点で施設Aの支援を受けながら生活を続けている。通常更生保護施設では、退所する際に親元で暮らすのか、一人暮らしをするのかといった帰住先について、職員や保護観察官と協議のうえ、決まることになる。そこでここでは、更生保護施設退所後の帰住先に関して、彼女たちがどのように考え、確保しようとしているのかを取り上げる。結論を先取りすると、ユウヒさんに関していえば、当初は一人暮らしをするというような語りであったが、最終インタビュー時点では、実家に帰る（祖母の家で暮らす）といった語りに変わっていた。

調査者：じゃあ、ほんとにここでうまくやれれば、また一緒に暮らすかなっていう感じなんだね。
ユウヒ：んー、けど、そういう予定だったけど、でも、「もう、あんたも一八なるんだからさ、自立したらいいじゃない。一人暮らししたいって言ってたし」って言われて、結局ここに居る間で五〇万ぐらい貯めないけなくて。うーん、責任もつ大人になったら、それでいいよみたいな感じだから、そう、一人暮らしの話もずっとしてたわけだし。

このインタビューでは、母親に一人暮らしを勧められていることもあり、実家に頼らず一人で暮らすという選択を語っている。なお、こうした語りの背景には、母親が現在暮らしている住居形態が関係していることが、下記のデータから推察できる。

ユウヒ：三カ月ぐらい私ゆっくりしたいなと思って、実家で。だから、ママにもそれ言って。で、ママはちょっといま、一人暮らしみたいな感じだから、部屋ないよって言われて、じゃ、ばあちゃんち行くっつって。ばあちゃんに部屋片づけてもらってから。

ユウヒさんは、実家に帰りたいと考えることもあったが、母親からは部屋がないと言われたため、祖母の家に世話になるつもりであることを語っている。ただし、このような語りは実際に、祖母からの支援とユウヒさんの部屋を用意するだけの物理的なキャパシティがなければ成り立たないことであり、また祖母との関係性も「一緒に暮らせる」程度に良好であるという実感がなければ成り立たない。次に示すデータでは、祖母とユウヒさんの関係および、祖母の持ち家の状況について語られている。

ユウヒ：最初は帰る気とかはなかったけどやっぱ、親から言われるより、ばあちゃんとかに言われると、私ばあちゃん子だから、一番こうぐってくるっていうか。だから、帰ってあげんとねみたいな、いつ死ぬかもわからんしねみたいな感じです。とりあえずもう、半年でも早く帰って、一日でも早く帰って。貯金はあるからいっときの生活はどうにかなるし。向こうの方が家賃とかも。まあ、実家におったら払わんでいいっていうのもあるし。何か、おばあちゃんが、自分の持ち家があるんですけど、それを私にくれるみたいな言ってくれるから。何か一緒に居て楽しいみたいですよね。「一番の宝物」とか言うし。

ユウヒさんは、家賃がかからないというメリットを考慮して施設退所後は祖母の家に世話になりたいと語っている。他方で、母親のもとへと帰住する選択はとっていない。彼女の語りを踏まえれば、帰住先への判断は物理的なキャパシティが背景にあるといえるだろう。また、祖母のもとに帰ることを語るなかで、「ばあちゃん子」であることや、「一緒にいて楽しい」のように、祖母との関係性も肯定的に語っている。こうしたユウヒさんの語りを踏まえれば、帰住先に家賃がかからない身内のもとを選択する際には、双方の関係性を肯定的に語りうることと、物理的なキャパシティの二点が必要とされることがうかがえる。

他方、ユウヒさんとは異なり、ハルさんは帰住先として、親元を選択しなかった。ではなぜ彼女は親元に帰るのではなく、一人で暮らす選択をしたのだろうか。更生保護施設を出る直前のインタビューで、ハルさんは当時続けていた仕事と将来展望について次のように語っていた。

調査者：出てからも、おんなじいまの現場仕事を続けようと思ってるんですか。
ハル：そうですね。しばらくは。最低でも一年は続けますね。
調査者：それ、何で一年続けようと思ってるんですか。
ハル：うーん。まずはいままでの最高記録を塗り替えたいってのもあるし。なるべく、ころころ仕事を替えたくないし。家とかも替えたくないから、腕試し的な感じでやってみて。で、そっから、進路もう一回また考えてみて、続けるなら続けるってして。で、ま、いつか親呼んで一緒に暮らすっていう感じで。

調査者：えー。すごい。将来一緒に住みたいと思ってるのは、親御さんと三人？

ハル：父親。とりあえず、父親すかね。

ハルさんは更生保護施設を出た後も、その当時の仕事を継続し、将来は父親と一緒に住みたいと考えていた。少年院の経験を経て、父親との関係を「ちょっとは進展したかな」と留保しながらも、「何か普段は仲悪いわけじゃないけど、何か緊張してる。気抜けないみたいな感じ」と一緒にいるときの緊張状態を語っている。それでも父親に対して、「親の定年までには（一緒に住もう）っていう約束はしてます。何か早く楽さしてくれーみたいな感じで」と定年までには実現したい夢として語られていた。男手一つで育ててくれた父親の苦労を察し、楽させてあげたい、という思いがハルさんにとって立ち直りのための資源ともとれるような語りであった。

しかし、それもハルさんの妊娠と父親のパートナー関係との変化から大きな転換点を迎えることになる。ハルさんは更生保護施設退所後、一カ月半住み込みで仕事を続けていた。しかし、職場での人間関係を苦痛に感じ、無断で飛び出してしまう。その後、世話になっていた更生保護施設とは別の団体の支援を得て、安定した住まいを確保することとなった。だがそこで、ハルさんは妊娠していることが発覚し、父親との関係性も変化することになる。

調査者：たとえばその、産んでから、お父さんと暮らすってことは、こう、選択肢としてないんですか。B県（ハルさんの地元であり、父親が住んでいる地域）に戻るってのは。
ハル：おとんが生活厳しいから。で、何かいま、つき合ってる彼女がおるらしいんですよ。内縁の妻と別れたらしくって。
調査者：あ、そうなんだ。
ハル：その人とは一緒に暮らすことはできないけどっちゅう。何か子持ちらしくって。で、不倫なのかな、わかんない。
調査者：へえ。そうなんだ。
ハル：家庭があると言っとったような気がする。
調査者：ああ、そうなんだ。
ハル：わかんないけど。そういうのもあるし。一応、なるべく頼んなって、頼んなって言われてるから。
調査者：あ、言われてるんだ。
ハル：それ、自分が生活安定して、おとん引き取るって意味ではできるかもしらんけど。ま、おとんもそろそろ定年近くなってくるし。

ハルさんが妊娠したことで、父親にその報告をするも「頼んなって言われてる」と、地元に帰る選択肢はないと語る。その理由をハルさんは、「生活が厳しい」という金銭的な理由であると解釈している。現に「自分が生活安定して」父親を引き取ることができれば、一緒に暮らせると思うが、と述べている。また、ハルさんが関係を修復しつつあった父親の「内縁の妻」とも離別し、父親には新たなパートナーができており、父親の状況も変わっていた。父親との約束であった定年までには楽をさせるという約束も脳裏にはありながらも、父親との間にはまた距離ができてしまっている。なお、こうしたハルさんの家庭環境を把握している更生保護施設のスタッフは「ハルは頼るところがない。だからここを出たら、自分で生きてくしかない。それは私たちも伝えているんですけどね。まったく響いてない」と述べる。

藤間（二〇一二）が児童自立支援施設で見出した「家族に頼る」vs.「一切頼らない」といった二つの規範が更生保護施設にも通じることはすでに論じた。加えて藤間は、こうした二元論によって退所者を「孤立」させてしまいかねないという問題を提起している。そこで、上記二人のデータを藤間の指摘に照らし合わせて考えてみたい。まずユウヒさんははじめに、「最初帰る気とかはなかった」と語っていたがその背景には、たとえば母親の住まいには物理的なキャパシティがないといった、家族に頼ることのできない環境的要因があったかと考えられる。しかしながら、時を重ねるにつれ、祖母との関係性も「問題のないもの」となり、なおかつ祖母の持ち家に住むことを許可されたという経験を得た。そのことによって、「家族に頼る」ことができるようになり、家族を「一切頼らない」自立論とは別の語りを紡ぐようになったといえよう。加えて祖母の家に帰るという方法は、ユウヒさんにとって母親と「ちょうどいい距離感」を維持することが可能な方法であるという点も留意すべきである。つまり、ユウヒさんにとって祖母の家に帰ることは、安定的な帰住先を手に入れることに加えて、自身が調整した「良好な」家族関係も手に入れることを意味するのである。

他方で、ハルさんもスタッフが語るように家族に頼ることのできない環境的要因は自覚しているといえる。だからこそ、無理に父親に押しかけるような行動には至っておらず、退所間近の語りでは

「親を呼んで一緒に暮らす」とまで語るようになっていた。それ以外の語りの中でもハルさんは、父親を自分が養っていきたいと語り、そうすることができれば、一緒に暮らせると考えていた。つまりハルさんは、ユウヒさんとは異なり、家族に頼ることはできないという状態が固定化していると解釈していたため、唯一家族と暮らすことがあるとすれば、みずからが父親の分まで稼ぐことのできる労働者になる場合であると考えているのである。おそらくハルさんは父親の分まで稼ごうとすることで、家族との関係をほどよく維持することができると考えていたのだろう。

　ハルさんは上記の状況を認識し、みずからが父親の分まで稼ぐことのできる稼得者を当初は目指していた。しかしながら現実としては、職場でうまくいかず失職したり、急に妊娠したりと、意図せざるライフイベントによって、自身の希望は果たせないでいる。彼女については、たまたま施設退所後も福祉的支援につながることができたため、かろうじて「孤立」を免れてはいる。しかしながら、父親から「頼るな」と明言されている彼女に福祉的支援の介入がなかった場合、どのような末路をたどるのかは想像にたやすいだろう。

　彼女たちの変動する語りは、家族や周囲との関係性や状況が揺れ動いていることによる。更生保護施設Aでの暮らしを通して、彼女たちは家族関係を調整しながら、家族の記述を絶えず更新しているのである。知念（二〇一四）がグブリアムとホルスタイン（Gubrium and Holstein 1990 = 1997）の「記述の実践」を援用しながら指摘するように、家族の記述は「文脈に応じて流動する」（知念二〇一四：一〇九）ことが本章からもいえるだろう。さらにいうならば、上記の知念（二〇一四）の指摘は、調査の場における調査者と調査対象の関係性についての言及であったが、ここで提示したデータでは、家族と彼女たち自身の関係性そのものが「文脈に応じて流動する」ということがいえる。本章の事例でいえば、彼女たちと家族の「ちょうどいい距離感」自体が変動することで、語りが変動していると考えられる。

こうした点を踏まえるならば、非行からの「離脱」とその障壁を理解する際には、一時点の調査では不十分であるということが指摘できる。さらに文脈に応じて関係性も流動する点を踏まえれば、家族と本人との関係性に介入する支援を行う場合も、やはり一時点の語りで判断すべきではないといえる。もちろん、家族を実態視して「家族に頼る」vs.「一切頼らない」といった自立の二元論によって退所者を「孤立」させるような支援であってはならない。

9　「問題を持った家族」としての語りを越えるために

本章では、家族と非行経験者の関係性を中心として、論を進めてきた。以下では本章で得られた知見を、「非行からの離脱の自己の責任化」という問題点で捉え直したい。

彼女たちが獲得した語りのうち、非行の原因ないし更生の要因について言及した場面に注目したい。彼女たちは、自己との関係性次第で、家族が非行の原因にも、更生の資源にもなりうるという記述の実践を行っていた。すでに述べてきたように、家族と非行との関連性は立ち直り支援の現場である非行臨床レベルでも共有されてきている内容である。また、本章で取り上げたデータでも見られたように、少年院の教育においても家族との関係性は重要なトピックスとして取り上げられている。実際に教育を受けた彼女たちも、少年院での経験を経て、家族に関する記述を変化させていた。

他方で、更生保護施設Aにおける家族の現状については、文脈に応じて語りが変動する様子が見られた。家族の状況や文脈に応じて語りを変化させていたものの、彼女たちは、一貫して「ほどよい距離」を家族ととれるように関係性を調整していた。それにより彼女たちは「問題のない家族」として家族関係を語り直す実践を行っていた。

では、そもそもなぜ彼女たちは「問題のない家族」としての語り直しを更生保護施設Aで行おうとしたのだろうか。本章ではその背景と問題点を指摘しておきたい。彼女たちは、非行の原因と結びつきのある家族関係をみずからの手で調整することで、みずから原因を管理し、離脱のプロセスを語る資源を獲得していた。本章で見てきたように、彼女たちは自身の非行の原因として、家族と自身の関係性を結びつけて語ってきた。そのため、彼女たちが一貫して「ほどよい距離」を家族ととれるように関係性を調整することは、再犯の可能性が自分自身の手によってコントロール可能である、ということも意味する。ただし、そのロジックの中に、「非行からの離脱」を非行少年本人と家族との関係性の中に閉じ込めてしまう問題性が内包されている点については看過できない。非行少年の家族は、「普通でない家族」であり、「非行の原因になりうる家族」という物語を非行臨床において積み上げてきたからこそ、彼女たち自身が関係性をつくり直す必要性に迫られるのである。つまり、「問題のある」家族像という家族規範を当事者たちに再生産させてしまうような、非行臨床実践が問題なのである。

もう一つ、語りで得られる家族規範の軸とは別の軸での問題点として、社会システムの問題性が挙げられる。更生保護施設において彼女たちは、家族に頼ることのできる状況であるのか、それとも一人で自立しなければならない状況であるのか、といった二元状態において、家族に関する語りないし、将来展望に関する記述も変化させている様子が浮かび上がった。こうした観点からは、家族ないし自己にあらゆる責任と課題を押しつけてしまう、社会システムの問題性が指摘できる。非行からの離脱の語りの獲得という到達点に隠された、離脱プロセスを家族ないし、個人へと責任転嫁するロジックの問題性である。こうした問題により、家族の持ち家といった物理的なキャパシティや家族の経済状況により、一人で自立しなければならない状況を強いられるのに加え、家族との良好な関係性が築けない場合に、一人で自立しなければならない状況を二重に強いられるのである。

他方で、家族と自己の関係性に関する語りは、文脈のみならず、生活状況に応じて変化するという知見も重要である。たとえば、ユウヒさんは母親と暮らせないという状況を解釈している場合には「一人暮らしをする」のように語っていたが、祖母との関係性が良好であり、祖母に持ち家に住むことを許可されたという経験を得てからは、「おばあちゃんと暮らす」のように語る。このように、家族との関係性や状況によって語りは絶えず揺れ動くのである。

なお、上記のような知見は、本調査のように長期的な追跡調査の形態を用いたからこそ得られたものであるといえるだろう。彼女たちのように「自立」に向けて数多くのリスクを抱える若者の支援をする際には、けっして一ショットの面接ないし介入では課題・問題解決に至らないという点も本知見から見えてくるのではないだろうか。したがって、リスクを抱える若者の移行を支援する場合には、継続的な介入のもとで課題・問題解決を行う必要性があるといえる。たとえばハルさんの場合は、第3節でも述べたように偶然にも支援団体の協力を得て更生保護施設退所後も「再犯しない」生活を獲得しているが、そうした支援は支援者の厚意と善意による、無償の労働によって成り立っている。したがって、支援者による無償の労働としてではなく、支援者と若者双方にとっても、より広く、文脈と状況に応じた支援を生み出すことは重要なはずである。

10　おわりに

本章では、非行経験者と家族の関係性を中心に検討してきた。冒頭で、非行の原因として非行経験者自身が「家族との関係性」を挙げているという事実について触れた。実際に本人たちの視点を介して見ると、彼女たちは状況や文脈に応じて家族との関係をポジティブにもネガティブにも語りうる。彼女たちは自身の状況を理解したり説明したりする際の資源として、家族との関係性を用いている、ということが見えてきた。

一方で、本章で彼女たちの生活状況が日々変化しているという点も重要な知見である。彼女たちの継時的な語りを通して、施設退所後に実母や実父と暮らせる状況なのか、それとも実母や実父以外の家族と暮らせる状況なのかは時期によって異なることが明らかとなった。このことより、経済的自立や、家族形成を行う際に立ち現れる障壁をより現実的に見出すことができたといえる。こうした知見を踏まえれば彼女たちの非行からの離脱を検討する際には「再配分」も同時に検討しなければならないといえるだろう。その意味で、本章がとった追跡調査という調査手法は潜在化している離脱過程の困難や課題点をあぶり出す良法だといえる。

本章では、非行経験者を「問題者」として決めつけることなく記述することを目指してきた。その中で見出した重要な知見は、彼女たちが「問題のない家族」としての語り直しを行っているということである。これは、彼女たち自身が非行からの離脱の過程を経るに際し、自己および家族の物語に対する正当性を確保する方法でもあるといえる。ただし、だからといって彼女たち自身のみあるいは家族のみに非行からの離脱の過程をすべて押しつけるべきではない、というのが本章の主張である。リスクを抱える若者を「問題者」として記述することなく、一方で大人への移行を支援するような在り方についてさらなる検討を重ねていきたい。

注

[1] 「少年たちの意識について少年院内の生活を通して検討した全国調査は他にあまり例をみない」（田中ほか二〇一三：五〇）とあるように、大変貴重なデータである。

[2] 本章はＪＳＰＳ科研費（15K01757、18K13101）の成果の一部である。

[3] 他方少年院においても、二〇〇七年の少年院法改正により、少年院長が保護者への指導助言を積極的に行うことができるようになっている。近年、少年院においても保護者と少年との関係調整の介入が重視されていることがうかがえるだろう。なお、少年院における保護者と少年との関係調整の実践については第4章を参照されたい。

▼**都島梨紗・志田未来**▲

第8章　薬物依存からの「回復」をめぐる困難

長所基盤モデルが見落としているもの

1　はじめに

本章では、薬物依存からの「回復」を目指す人々が集う、ダルク（DARC：Drug Addiction Rehabilitation Center）という入所型の民間施設を取り上げる。[1][2] ダルクでは、覚せい剤や大麻、アルコール、市販薬などのさまざまな薬物に依存する人々に対して、みずからも薬物依存の（元）当事者であるスタッフが支援を行い、多くの人々を「回復」へとつなげてきた。その実践は、近年の犯罪者処遇の中で注目されている長所基盤モデルと多くの共通点をもつ。

しかし、筆者らがダルクで調査を行うなかで見えてきたのは、ダルクの入所者が「回復」の道のりの中で直面するさまざまな困難や、薬物を再使用することによって生じる苦しみであった。長所基盤モデルは、いままでの犯罪者処遇のモデルに比べると「よいもの」に見えるかもしれない。しかし私たちは、その理念の心地のよさに安住するのではなく、長所基盤モデルの中でも生じる人々の苦悩や、その苦悩を解消していくために社会がどうあるべきかといったことに、思いをめぐらせるべきではないだろうか。

以下では、あるダルクの利用者へのインタビュー記録をもとに、彼が直面した困難や薬物の再使用に伴う苦悩、それでもダルクにとどまり続ける理由などを確認していく。そして、ダルクの実践と多くの点で共通する長所基盤モデルがどのような課題を抱えているのか、その課題を踏まえて社会に何が必要とされているのかについて考察する。

2　ダルクの実践をもとに長所基盤モデルを問い直す

長所基盤モデルとリカバリー

第1章でも見てきたように、近年では犯罪者処遇のモデルも変化しつつある。津富宏はそうした犯罪者処遇のモデルの推移を、「ネガティブ」→「中立?」→「ポジティブ」の三つに区分して示している（津富二〇一一、二〇一七、図8－1）。

現在、犯罪者処遇の中心にあるのは、認知行動療法をはじめとしたリスク管理モデルである（津富二〇一七）。しかし、近年ではリスク管理モデルの一歩先にあるものとして長所基盤モデルを支持し、それを推進しようとする論者も出てきている（Maruna and LeBel 2009 = 2011、津富二〇一一、二〇一七、河野二〇一七、Ward 2012 = 2012など）。長所基盤モデルでは、その焦点が「元受刑者をコントロールしたり助けたりすることよりも、社会に貢献する才能と能力を有する個人として彼らを取り扱うことに向けられる」（Maruna and LeBel 2009 = 2011 : 103）。つまり、長所基盤モデルでは犯罪を行った人々

ネガティブ		中立？		ポジティブ
治療モデル・制裁モデル		リスク管理モデル		長所基盤モデル（リカバリー・パラダイム）
犯罪を行った者を処遇の客体と見なし，治療・制裁の対象とする	→	犯罪を行った者の自己管理能力を認め，処遇側は認知行動療法などを通じて，犯罪を行った者が認知を客体化しリスク管理を行う主体となることを促す	→	犯罪を行った者を相互支援の主体として認め，犯罪を行った者の相互扶助の仕掛け（いわゆる自助グループ）を処遇の担い手として想定する

図 8-1　犯罪者処遇のモデルの推移

（出典）津富（2011：64-65, 2017：260-261）をもとに作成。

のネガティブな側面ではなく、その人々がもっているポジティブな側面に注目し、彼ら／彼女らを相互扶助などによって社会に貢献できる存在だと見なす。犯罪を行った人々の存在を尊重するそうした考え方によって、多くの人々が長所基盤モデルへと惹きつけられているのだろう。

こうした長所基盤モデルの考え方は、精神保健や依存症の分野で発展してきた「リカバリー」（recovery）の概念に強く影響を受けてきた。

津富の説明に基づけば、リカバリー概念の特徴は以下の三つにまとめられる。第一に、リカバリーは病気の治癒ではなく、その当事者が幸福に生きられているかどうかに焦点をおく概念である。第二に、リカバリーは「結果としての状態」ではなく、「過程」を示す概念である。さらにいえば、リカバリーはスムーズな過程ではなく、試行錯誤に満ちた過程だと考えられている。第三に、リカバリーは周囲の人々ではなく、あくまで本人にとっての人生の意味や価値の転換を示す概念である（以上、津富二〇一七：二五八－二五九）。

この特徴を犯罪・非行からの離脱に読み替えるならば、リカバリーとは、再犯をしないことではなく、犯罪・非行を行った本人が幸福で意義ある人生を送ることである。つまり、「再犯をしていてもリカバリーにつながることもあり、再犯していなくてもリカバリーしていないこともある」（津富二〇一七：二五九）。また、リカバリーは試行錯誤に満ちた過程であり、本人の人生の意味や価値の転換を伴うものである。津富は、こうしたリカバリーの考え方が長所基盤モデルに導入されていることをもって、犯罪者処遇の長所基盤モデルへの移行は「リカバリー・パラダイム」に相当すると述べている（津富二〇一七：二六二）。

ダルクと長所基盤モデルの共通点

津富（二〇一七）でも述べられているように、本章で取り上げるダルクをはじめとした依存症分野の自助グループやリハビリ施設は、長所基盤モデルに基づく実践の担い手の一つであるといえる。ダルクでは、長所基盤モデルという言葉が注目を集める前から、その特徴と重なる実践を行ってきたためだ。

ダルクは、一九八五年に東京・日暮里に第一号の施設が開設され、現在全国に約六〇カ所の運営団体、一二〇カ所の施設が存在する、薬物依存者を対象とした民間のリハビリテーション施設である。覚せい剤や大麻、危険ドラッグ、有機溶剤（シンナーなど）、アルコール、市販薬（咳止め薬や睡眠薬）など、さまざまな薬物への依存者を同時に受け入れ、支援を行ってきた。利用者の多くはダルクに入所しており（通所も可能）、他の利用者たちと共同生活を行いながら、一日三回のミーティング[3]やスポーツ、ボランティアなどのプログラムに日々取り組んでいる。

ダルクでは、薬物依存者の自助グループであるNA[4]（Narcotics Anonymous）の一二ステップ[5]を指針として、たんに薬物に依存しなくなることを回復と見なすのではない独自の「回復」概念をつくり上げてきた。そして、その「回復」の考え方は、先ほど述べたリカバリー概念と重なるものである。まず、ダルクにおける「回復」は、以下の引用に見られるように、薬物を使用しなくなることではなく、本人の生き方そのものの転換を目指すものである。

薬物依存症からの「回復」というのは、クスリをやめることがゴールなのではありません。それは回復していくためのスタートなのです。「回復」の状態とは、人生の問題がなくなることではなく、人生の問題に正面から向き合うことができるようになることです。（東京ダルク支援センター編二〇一〇：七）

また、ダルクの人々は「回復」を静的な状態ではなく、一日ずつ「回復」を積み重ねていくような、「回復しつづけること」（上岡・大嶋二〇一〇：六一）としてイメージしている。こうした「回復」の考え方は、リカバリー概念の三つの特徴と合致していると考えてよいだろう。

ダルクと長所基盤モデルの共通点はそれだけではない。ダルクでは、薬物依存者は「回復」に向けた相互支援の主体であるといえる。ダルクの利用者たちは、みずからと同じ境遇にいる他の利用者たち（ダルクでは「仲間」と呼ぶ）と長期の共同生活を送るなかで、生活上のアドバイスをしたり、一緒に気晴らしをしたり、薬物を使いたい欲求に襲われている仲間に寄り添ったりと、さまざまな形で相互支援を行っている。また、スタッフもそのほとんどが薬物依存の（元）当事者であり、利用者とスタッフの間でも、スタッフが利用者の「回復」を支援し、それによってスタッフ自身も「回復」の道のりを歩むことができているという、相互支援の関係が成り立っている。

長所基盤モデルにおける困難

そうした中で本章では、ダルクの事例を通して、長所基盤モデルの中で犯罪・非行からの離脱を目指す人々が抱えうる困難について見ていきたい。これまでの日本国内の研究では、長所基盤モデルを推奨する声はあっても、その中で生じる困難については注目されてこなかった。しかし、人々の存在を尊重するという長所基盤モデルの理念の「よさ」に隠されて見落とされかねない困難を理解しておかなければ、長所基盤モデルはある一定の人々には救いを与えない形のまま、無批判のうちに社会に広がっていってしまうかもしれない。そして、その理念の「よさ」によって多くの賛同者を得た長所基盤モデルが、犯罪者処遇のパラダイムを全面的に握ったとき、長所基盤モデルでは解消しきれない困難に直面し犯罪・非行からの離脱やリカバリーを成し遂げられない人々の生は、自己責任のもとに抑圧され続けてしまうかもしれない。

海外の研究では、犯罪・非行からの離脱を目指す人々がさまざまな困難に直面することが指摘されている。たとえば、そもそも犯罪・非行からの離脱を達成することやその維持が難しいこと、それが困難になるときに適切な支援が受けられないことなど、離脱が一筋縄ではいかないことが示されてきた（Halsey et al. 2017）。また、犯罪・非行から離脱しようとする人々が、その過程で、悩みを分かち合う人がいないなどの「孤独による傷」（pains of isolation）、離脱に向けて設定した「目標を達成できなかったことによる傷」（pains of goal failure）、離脱への「希望がなくなることによる傷」（pains of hopelessness）などによって、精神的に傷つけられる可能性も指摘されてきた（Nugent and Schinkel 2016）。

ダルクにおいても、利用者たちが「回復」を目指す過程でさまざまな困難に直面していることが明らかになってきた。筆者らが参加する「ダルク研究会」では、二〇一一年四月から現在にわたり、首都圏の二つのダルク（以下、「Xダルク」「Yダルク」）でインタビューや参与観察などの調査を行ってきた。そのインタビュー結果をもとに二冊のライフヒストリー集を出版してきたが（ダルク研究会編二〇一三、南ほか編二〇一八）、一冊目に登場した一四名の利用者のうち九名が、その後の五年間で薬物の再使用に至っている（南ほか編二〇一八）。そうした薬物の再使用は、多くの場合、他の利用者からの薬物使用の誘いや、人間関係上のトラブル、仕事を見つける／続けるうえでの苦痛さなど、本人が抱えたさまざまな困難が引き金となっていた。また、薬物を再使用した後の本人の苦悩も、インタビューの中でたびたび聞き取ることとなった。

ダルクの事例からは、長所基盤モデルをただ「よいもの」として見ることの危うさが見えてくる。また同時に、長所基盤モデルのパッケージに収まりきらないダルクの特徴が、薬物依存からの離脱に向けてたびたび困難に直面する人々の生を支えている様子も見出せる。本章では、あるダルクの利用者への長期的なインタビュー調査の記録をもとに、それらの一端を明らかにしていく。そして、犯罪・非行からの離脱を目指す人々の生を支えるために、社会に何が必要とされているのかということについて考察していく。

3　Aさんのライフヒストリー

Zダルクに入所するまで

以下では、筆者らが参加するダルク研究会が二〇一一年五月から継続的にインタビューを行ってきた、Aさん（仮名）のライフヒストリーを取り上げる。[6] 以下ではAさん・森（二〇一三）をもとに、A

さんのライフヒストリーについて簡潔に述べたい。

Aさんは、覚せい剤と咳止め薬（ブロン）への依存がある四〇代の男性である。Aさんがダルクに入所することになったきっかけは、二二歳のときに咳止め薬を購入するために起こした窃盗事件であった。それから二〇年以上の間、Aさんは最初に入所したXダルクをはじめ、いくつものダルクに移り住むことになった。というのも、一年ほど薬物使用が止まると、再び薬物を使用してしまい、別のダルクへと移り住むことになるということがたびたびあったためである。なお、Aさんはその間に、刑務所での受刑生活も計五回経験している。

ダルク研究会がAさんにはじめてインタビューを行ったのは、Aさんが再びXダルクに入所していた二〇一一年五月のことであった。それから一年八カ月の間、Xダルクで定期的にインタビューを行ったが、Aさんはその間に二回、覚せい剤を再使用している。二回の再使用は、いずれも一年ほど薬物使用が止まっていて、仕事も始め、Xダルクの退所と自立生活が見えつつあったときのことであった。そうした中でAさんは、二〇一三年のはじめに覚せい剤取締法違反で逮捕され、懲役刑となった。刑務所から仮釈放された後は、しばらく更生保護施設[7]で生活していたが、最終的にはXダルクとは別の地域にあるZダルクに入所することになった。以下で紹介するのは、おもにAさんがZダルクに入所してからのよりくわしいライフストーリーである（二〇一六年三月および二〇一八年六月にインタビューを行い、それを聞き取っている）。

Zダルク入所から一度目の再使用まで

Aさんは刑務所から仮釈放される際に、いままでとはパターンを変えようと思い、ダルクではなく更生保護施設で就労自立を目指すことにした。しかし、職場の同僚にNAの仲間や自分の生き方を侮辱され、ケンカになったことがきっかけで、仕事を辞め、覚せい剤を再使用してしまった。また、更生保護施設の中での人間関係もうまくいかなくなり、古くからの知り合いであったZダルクの施設長に連絡をとり、出身地からは遠く離れたZダルクへと入所することになった。

Zダルクに入所した当初のAさんの生活は、比較的安定していた。とくに、他の利用者との関係については、Xダルクのときよりも居心地のよいものだった。はじめはZダルクの他の利用者の方が自分よりも「回復」していると感じ、劣等感を抱くこともあったが、そうした思いもしだいに消えていった。

しかし、AさんはZダルクに来て三カ月が経った頃、携帯電話を購入したことが引き金となり、覚せい剤を再使用してしまう。

> Zに着きました。Z来て、ちゃんとやってたんですね。そうするとやっぱりね、ホームシックにかかるんですよ。で、俺（薬物を）使って（Zに）来てるから、すごい欲求も入るんですよ。欲求も入るし、自由じゃないですか。Xダルクみたいなものなのでここ。なんか（規則に）強制で縛られたりとか（はなく）、（生活寮の）鍵持たされたりね、ちゃんと。Xダルクもそうじゃないですか。だから自由なんですよ。で、三カ月経ったら携帯電話が来て、携帯電話をもったとたんにスリップ（再使用）[8]しました。携帯電話をもって、携帯電話のとこから調べて、Zっていうのは覚せい剤のルートないんです。ないんだけど、××地域にあって、郵送でここに送ってきてもらって、それでスリップしたのを告白しましたけど。告白して、それから止まってるから、いま三カ月くらい止まっ

てます。（二〇一六年三月一日インタビュー、傍線は筆者による強調。以下同様）

ダルクは施設ごとに規則の厳しさが異なるが、Zダルクは他のダルクに比べて規則が緩く、自由な環境であり、一日のすごし方も本人に委ねられる部分が多い。携帯電話の所持が禁止されているダルクもあるが、AさんはZダルクの方針もあり、入所から三カ月で携帯電話の購入が認められた。しかし、薬物依存からの「回復」において、携帯電話とのつき合い方はとても重要になる（南二〇一二）。というのも、携帯電話によって覚せい剤の密売人と連絡することができるようになり、その結果再使用につながることがあるためである。Aさんも、そうした携帯電話とのつき合い方の難しさに直面させられることとなった。

覚せい剤を再使用する直前、Aさんは風邪をひいていたという。そのとき、「（クスリを）一発やったらすぐに治るのにな」と思いついてしまい、携帯電話からインターネットに接続したところ、すぐに覚せい剤が購入できるサイトにつなぐことができた。そして郵送で簡単に覚せい剤を手に入れることができた。

覚せい剤を再使用したのは、Zダルクの近くにある繁華街のインターネットカフェだった。Aさんは夜中にそこに出かけたため、朝に所在が不明であることがわかり、ZダルクのスタッフからAさん宛にメールが届いた。Aさんはそこで正直に再使用を告白し、Zダルクに戻った。そのときにZダルクの利用者たちが「死ななくてよかった」と心配してくれて、自分を受け入れてくれたことを、Aさんは感謝しているという。

インタビューを行ったのはその再使用から三カ月が経った頃だったが、Aさんは当時、Zダルクで生活を続けることに葛藤を抱えていた。ダルクでの生活には飽きたし、しんどい思いをすることもある。実際にZダルクを飛び出した仲間を何人も知っている。また、Zダルクは社会復帰から遠い場所であるということも感じている。自分でお金を稼いで、自立した生活を送りたいという思いもある。また、いつかは結婚もしたいし、家族も欲しい。しかし、Zダルクがある地域は賃金も安く、仕事もなかなか見つからない。また、結婚したくても異性との出会いがない。

しかしAさんは、三カ月前の覚せい剤の再使用を振り返り、ダルク以外で生きていくことは考えられないと話していた。Zダルクでの生活は比較的落ち着いているし、「変な話、ミーティングさえ受けていればいいんだから」、それなら何とかなるという気持ちもある。Aさんは葛藤を抱えながらも、Zダルクで生活を続け、今度は一年二カ月の間、薬物を使わない生活が続いた。

二回目の再使用と落胆

しかしその間に、Aさんは、今度はギャンブル（パチスロ）の問題を抱えてしまった。Aさんに限らず、ダルクの利用者やスタッフの中には、「セカンド・アディクション」としてギャンブルに依存する人も多い（相良二〇一七）。Aさんも以前からギャンブルへの依存の問題を抱えていたのだが、Zダルクで生活を送るなかで、その問題がどんどん大きくなっていってしまった。ギャンブルへの依存については、一部の仲間には話していたが、ミーティングでそのことを正直に話すことはできなかった。一時期、バイクの免許をとるという目標をもち、パチスロへの欲求を抑えられていた時期もある。しかし、免許を取り終わった後、目標がなくなってしまったAさんは、またパチスロを再開してしまった。

そして、パチスロで勝ち、ある程度のまとまったお金が手に入ってしまったことが引き金となり、覚せい剤を使いたいという欲求が起きてしまう。Aさんはそのまま覚せい剤を手に入れることができる地域まで新幹線で移動し、再使用に至った。このとき、覚せい剤を最初に使用したときには面白く感じたものの、二回目以降はその感覚が得られず、むしろ警察から追われる妄想に襲われるなど、つらい思いをするばかりだったという。覚せい剤を使い切った後、AさんはZダルクに電話して再使用のことを正直に告白し、Zダルクに戻った。

Aさんにとって、一年二カ月も薬物を使わずにいたのは、ダルクにつながってから（受刑中を除けば）はじめてのことだった。そのため、今回の再使用では落胆したし、ダルクのプログラムは自分には何も意味がないのではないかと考えた。しかし、ダルクを出て働こうと思っても、その元気もわかなかった。また、夜になると覚せい剤を使いたくなる欲求にもたびたび襲われていた。再使用してからの三カ月間は、とてもつらいものだったという。

このプログラムやっても、俺効果ないんだなって思ったんすよ。一年二カ月もあって、クスリ止めてね、やってたけどスリップしちゃうってことは、みんなとはね、みんなは効くかもしれないけど、俺はこういう一二ステップ、やっても意味がないって思っちゃったんすよ。毎日夜になると、疲れ足らないから、欲求入ってくるし、またやりたいなって、その連続だったんですよ。で、もう出て働いちゃおうかなとも思ったんですよ。で、その勇気も出てこないっすよ、もう元気も。そんな状態になっちゃって。もう疲れたなみたいな。このダルク生活も。で、そんな元気もないし、その、三カ月くらいずっとキツかったんですよ。その思いはしたくないなっていうのはありますね。

（二〇一八年六月二五日インタビュー）

将来が見えない不安、それでもダルクにいる理由

そうしたつらい三カ月間が過ぎ、薬物を使いたいという欲求がAさんに直接襲ってくることは少なくなった。しかしAさんは、いまはその欲求が別の感情に姿を変えて襲ってきているのだと感じている。たとえばそれは、怒りだったり、寂しさだったり、自分を揺さぶるような感情である。そして現在は、薬物への欲求が将来に対する不安に姿を変えて、自分を誘惑しているのだという。

相良：クスリの欲求も同じぐらいふとした瞬間に入ったりするんですかね？　ギャンブルの欲求とともに。

A：いや、それは形が変わってるから、わかんないんですよ。薬物（の欲求）は入ってないって感じるんだけど。最近思ったのは、俺薬物使いたいなって思ったのは、不安に思ってるんですよ、この生活が。（二〇一八年六月二五日インタビュー）

Aさんは、すぐに仕事をしたいと思っているわけではない。しかし、将来がどうなるかが見えないことを不安に思っている。仕事を始めたとしても、自分の年齢を考えると、すぐに自立できるような収入は得られないのではないか。そうした不安を抱くなかで、スタッフには将来に向けたアドバイスをしてほしいとも思っている。しかし、それは結局スタッフに自分の将来に対する責任をとらせようとする「病気的な考え」だと思ってしまい、アドバイスが欲しいと言い出せないでいる。

また、ギャンブルの誘惑も相変わらずAさんを悩ませ続けている。Zダルクに入所している期間は、これまでに入所していたどのダルクよりも長くなった。仲間との関係も良好であった。しかし、将来の目標が見えないなかで、日々の生活での刺激が少なかった。Aさんの場合、ギャンブルのお金を賭けるリスクや、パチスロのキラキラと輝く光の刺激などに、ついついハマってしまうのだという。ただ、二〇一八年六月のインタビューの際には、一カ月後に行われるNAのワールドコンベンション（世界大会）[9]に行くという目標があるため、ギャンブルをしたいという欲求を抑えられていると語っていた。

Aさんは将来が見えない不安に悩まされ、日々の生活に飽きを覚えながらも、Zダルクでの生活を続けている。それは、いままでのパターンを考えると、ダルクでの生活をやめてしまったらまた覚せい剤を使ってしまい、逮捕されてしまうと考えているからであった。Zダルクでやっていくしかないと思ったとき、少し気持ちが楽になったそうである。

（Zダルクに入所してから、二回目のスリップについて）デカかったですね。もう嫌だったなあ、ほんと。嫌んなっちゃったすよ。でもね、その中で三カ月ぐらい経って、やっぱやっていくしかないんだなみたいな。行くところも帰るところもないし。仕事する元気もないし。そんときちょっとね、やるしかないなって思ったんすよ。そのときにちょっと楽になったんすよ。やっぱここでなんやかんや文句言いながらも、やっていくしかないんだなって思ったんすよ。そのときに少し楽になって。

（二〇一八年六月二五日インタビュー）

仕事をして自立し、結婚するという目標も捨ててはいない。しかし、Aさんは自分が安心して安全に生活を送るために、はじめてダルクでスタッフになることも考えはじめたという。その裏には、同じ薬物依存からの「回復」を目指す仲間との関わりがあるからこそ、薬物使用をやめ続けられ、「回復」できるという考えがある。

ただ、スタッフになるためには、薬物をやめ続けたうえで成長していくことが必要だと考えている。とくに、仲間へのサポートをもっとうまくできるようになりたいと話していた。

4 長所基盤モデルに乗りきれない人々の生を支えるために

ダルクで「回復」を目指すうえでの三つの困難

Aさんのライフヒストリーについて振り返ると、AさんはZダルクでも、「回復」を目標としながらも薬物を再使用してしまう日々を送っていた。一回目の再使用の引き金は携帯電話を入手したことであったが、その背景には、Zダルクが利用者に、ダルクの外の社会に近いような自由を与えているということがあった。二回目の再使用の引き金はギャンブルでまとまったお金が手に入ったことであったが、ギャンブルにハマってしまう背景には、先述したZダルクの自由さと同時に、将来の目標をもちにくく、日々の生活に刺激がないということもあった。そして二回目の再使用は、Aさんにとって、大きな落胆につながるものであった。

こうしたAさんのライフヒストリーからは、ダルクで「回復」を目指す人々が直面する三つの困難が見えてくる。そして以下の困難は、筆者らがダルクで調査を続けるなかで、Aさん以外の人々も直面していた困難であった。

一点目は、ダルクでの生活が外の社会での生活に近づくほど、薬物の再使用の引き金となる出来事に接する機会は増えるということである。たしかに携帯電話・インターネットの使用やギャンブルを禁止するなど、再使用の引き金となる出来事から離れられる環境をつくれば、その間薬物の使用は止まるかもしれない。しかし、いつかは引き金だらけの社会に戻り、引き金となりうる出来事とのつき合い方を試行錯誤しなければならない[10]。

二点目は、本人が願う将来の目標があっても、年齢や居住地域、経歴などによって、それが困難になる場合があるということである。Aさんの場合、本人が願う就労自立や結婚、家族形成は、Zダルクがある地域では難しい状況にあった。そうした状況が、目標のためにギャンブルをやめ続けるという動機をもちにくいものにさせていた。

三点目は、薬物の再使用は、さまざまなネガティブな感情につながりうるということである。Aさんにとって、二回目の再使用は、ダルクでプログラムを続けていくことの無意味さを感じさせるとともに、次の行動に出るための元気や勇気をも奪い取る経験であった。

ダルクでは、薬物の再使用にネガティブな意味を付与していない。むしろ、ダルクには「回復的再使用」（therapeutic slip; Assenheimer 1991 = 1991 → 1997 : 22）という言葉があり、薬物の再使用は「回復」に向けた重要な過程の一つと見なされる（近藤 一九九七、相良 二〇一五）。しかしそうしたダルクの理念は、各利用者にスムーズに受け入れられるとは限らない。ダルクの利用者たちは、多くの場合、薬物使用をやめたいと願うからこそダルクにやってくるし、そこに居続ける。Aさんのように再使用を繰り返している場合、度重なる再使用を「回復的再使用」としてポジティブに読み替え続けるのは、とても難しいことなのではないだろうか。

これらの三つの困難をもとに、長所基盤モデルへの示唆を述べるとしたら、以下の三点になるだろう。まず第一に、犯罪・非行からの離脱の失敗につながるような引き金は、社会の至るところにあり、それらを完全に回避して生きることは困難だということである。第二に、「本人が意義ある人生を送る」というリカバリーの目標は、本人の年齢や居住地域、経歴などによって達成が困難になるかもしれず、そのことが犯罪・非行からの離脱の失敗につながるかもしれないということである。第三に、たとえ支援者たちが犯罪・非行からの離脱をリカバリーのおもな目標に据えていなかったとしても、また、リカバリーの過程が試行錯誤であることを認めていたとしても、離脱の失敗が本人にネガティブな感情を呼び起こさないとは限らないということである。

犯罪・非行からの離脱においても、リカバリーにおいても、社会の中にはその達成を難しくするような仕掛けが数多く存在している。そして、一方のつまずきはもう一方のつまずきへと波及しうる。長所基盤モデルに隠されているこうした困難を踏まえ、その支援が目標とする道のりにうまく乗りきれない人々の生を支える仕組みについて、考えていく必要があるだろう。

「承認」と「保障」の重要性

ここで、そうした考察の足がかりとして、Aさんがなぜダルクに居続けたのかということについてあらためて確認していきたい。Aさんの語りに基づけば、Zダルクに入所して以降、薬物の再使用がありながらもこれまで社会の中で生活が続けられてきたのは、ダルクに居続けたということが大きいと考えられるためである。

Aさんが一回目の再使用の後、ダルクにとどまり続けたのは、Zダルクでの生活が比較的落ち着いていて、ミーティングにさえ参加していれば日々の生活が成り立つからであった。一方で、二回目の再使用の後にダルクにとどまり続けたのは、ダルクを離れると再び覚せい剤を使用してしまい、逮捕されてしまうという過去の経験を思い返したからであった。またAさんは、ダルクに居続ければ仲間との関わりの中で薬物使用をやめ続けられ、「回復」できるという考えももっていた。

これらのAさんの語りからは、長所基盤モデルのパッケージにおいては十分に論じられていない、ダルクの重要な要素が見えてくる。それは、「承認」と「保障」である。

平井秀幸は、草創期のダルクが、薬物依存者が安全な環境で「回復」を目指すことができる「承認」の空間と、それを下支えする経済面・生活面でのさまざまな「保障」の機能をあわせもっていたことを指摘している（平井 二〇一三）。そして、そうした「承認」と「保障」の機能は、現在のダルクにも残り続けている。たとえば、筆者らのこれまでの研究では、ダルクは薬物の再使用やこれまでの犯罪経験にかかわらず、人々を無条件に受容する「承認」の場であるというイメージが、利用者やスタッフに共有されていることを明らかにしてきた（相良・伊藤 二〇一六、伊藤 二〇一八、相良 二〇一九）。また、平井（二〇一三）で示されている、衣食住を担保する経済面での「保障」や、洗い物・トイレ掃除から入退院の送迎、社会復帰の見守り、禁断症状の管理に至るまでの生活面のさまざまな「保障」は、現在のダルクでも引き続き行われている。

Aさんが一回目の再使用の後に、ダルクに居続けるという選択ができたのは、まず、再使用に至ってもダルクが経済面・生活面を「保障」し続けていたからであった。また、仲間との関わりの中で薬物使用をやめ続けられ「回復」できるというイメージは、ダルクの「承認」機能によってもたらされるものである。なぜなら、ダルクの利用者たちは、仲間たちからみずからや他の仲間に無条件の「承認」が与えられていると感じることではじめて、みずからも他の仲間を信頼できるようになるためである（相良・伊藤二〇一六）。

そうした「承認」の機能は、Ｚダルクにも備わっているだろう。Ａさんが一回目の再使用の後、他の利用者たちから「死ななくてよかった」と心配され、受け入れられたというエピソードは、そのことを示す証拠の一つである。加えて、エピソードをもう一つ紹介したい。以下は、筆者らがＺダルクを訪問した際に、インタビューを待つＡさんのいる施設までスタッフのＰさんに車で送ってもらう際に交わした会話のやりとりである。

車中、スタッフのＰさんともＡさんについていろいろと話をした。Ｐさんは Ｚダルクの元入所者であり、Ａさんと同じところで生活していた。Ｐさんは、自分はスタッフになったが、Ａさんのことを尊敬していると話す。Ａさんから多くのことを教わっており、自分にとっては先行く仲間だと思っているそうである。また、Ａさんと話すとホッとする、Ａさんの状況について確認する仲間は多いけれども、悪口をいう仲間は少ない、とも話していた。（二〇一八年六月二五日フィールドノーツ）

たとえＡさんが薬物の再使用を繰り返しても、自分はスタッフになってＡさんは利用者のままでも、ＰさんはＡさんから学ぶ点が多いと考え、またＡさんを尊敬すべき「先行く仲間」と捉えている。「仲間へのサポートをもっとうまくできるようになりたい」という本人の主観とは裏腹に、Ａさんはさまざまなプラスの影響を与える存在であると捉えられている。薬物の再使用の経験にとらわれず、その人の存在自体を「承認」する価値観が、Zダルクにも広がっているといえるだろう。

これらの「承認」と「保障」は、長所基盤モデルの中では、「相互支援」「相互扶助」という言葉で示される行為の中に含まれるのかもしれない。しかし、「相互支援」「相互扶助」という用語からはすぐにはイメージできない、存在の無条件の「承認」と、「あらゆるレベルで生起する『面倒』をみる／引き受ける」（平井二〇一三：一〇八）ことによる経済面・生活面の「保障」という、二点の重要性を押さえておく必要がある。なぜならそれは、長所基盤モデルによる支援の中で困難を抱え、その支援が目標とする道のりにうまく乗りきれない人々の生を支えるうえで、欠かせない条件であるかもしれないからである。

5 おわりに

本章では、ダルクで薬物の再使用を繰り返しながらも「回復」を目指すAさんのライフストーリーをもとに、長所基盤モデルによる支援の中で人々が直面しうる三つの困難（①再犯への引き金を回避することの困難、②「意義ある人生」を達成することの困難、③再犯によるネガティブな感情の生起）について考察してきた。また、長所基盤モデルによる支援が目標とする道のりにうまく乗りきれない人々の生を支えるために必要な条件（「承認」と「保障」）についても考察も行った。

最後に今後の課題を二点述べたい。一点目は、本章の知見と、薬物使用の非犯罪化やダイバージョン（処罰モデルではない介入）との関係性についての検討である。

近年、日本ではハームリダクションが注目を集め始めている（松本ほか編二〇一七）。ハームリダクションは、薬物使用による健康被害や生命への危険を減らすための試みであり、薬物使用の非犯罪化によるダイバージョンの一つと見なされている（くわしくは第9章）。こうした薬物使用の非犯罪化やそれに基づくハームリダクションは、薬物依存後の多様な生き方を「承認」し「保障」するための重要なきっかけとなりうる。

しかし、諸外国のハームリダクション政策を比較検討した平井は、薬物依存者自身がハームリダクションに携わっていくことが「望ましい」とされる風潮があることを指摘している（平井二〇一八）。そのため、薬物使用の非犯罪化やハームリダクションが導入されても、特定の「望ましい」生き方をする人々のみが「承認」され「保障」されるのみにとどまってしまうかもしれない。本章の知見は、そうした薬物政策の展開とも結びつけて考えていく必要がある。

二点目は、薬物事犯以外の犯罪において、「承認」と「保障」はどのように認められるべきかについての検討である。「被害者なき犯罪」である薬物事犯とは異なり、被害者が存在する犯罪では、加害者の「承認」と「保障」について社会の理解を得ることはより難しくなる。そのため、すべての犯罪で薬物事犯と同様の取り組みができるわけではなく、場合によっては、加害者の生き方に一定の制限を残し続けなければならないかもしれない。それをどのようなラインに設定するかについては非常に難しい問題ではあるが、今後検討していかなければならない課題であるだろう。

注

［1］本研究は、科学研究費補助金基盤研究（C）17K04154の助成を受けた研究成果の一部である。ご協力いただいたAさんやダルク関係者のみなさまに深く感謝申し上げたい。

[2] 回復ではなく、「回復」と表記しているのは、ダルクで用いられる意味での「回復」を念頭においているためである。

[3] ダルクにおけるミーティングでは、参加者たちが一人ひとり、薬物依存に関するテーマに沿って、みずからの抱える問題や体験について自由に語っていく。その際、「言いっぱなし、聞きっぱなし」というルールがあり、聞き手が他の参加者の語りに批判やコメントをしたり、ミーティング以外の場で話題にしたりすることは原則として禁止されている。

[4] NAに関しては第6章の注9を参照。

[5] NAの一二ステップは、薬物依存からの「回復」に向けた生き方の指針を一二の段階に分けて示したものである。ダルクのプログラムもそれをもとに構成されている。

[6] Aさんへのインタビューは、当初は筆者ら以外の研究会メンバーが行っていたが、Zダルクに入所後の二〇一六年三月、二〇一八年六月のインタビューは筆者らが行った。

[7] 更生保護施設に関しては第6章、第7章を参照。

[8] ダルクでは薬物の再使用のことを「スリップ」と呼ぶことが多い。

[9] 世界中のNAメンバーが、毎年一度、一堂に会するイベントである。ワールドコンベンションではミーティングやワークショップ、アクティビティなどが行われている。

[10] 社会の中で薬物使用の引き金を回避し続けることがいかに困難であるのかについては、薬物依存を抱えるある女性受刑者のインタビューデータから分析を行った平井（二〇一五）の第7章にくわしく記述されている。

▼相良　翔・伊藤秀樹▲

第3部

「犯罪・非行からの離脱」を問い直す視座

第9章 「離脱」研究における規範的定義論の不在を問題化する

ハームリダクション批判を通した覇権政治と境界政治の可視化

1 はじめに――問題関心

犯罪からの離脱という主題に関する研究は、ここ数十年で飛躍的な拡大を遂げた。つい二〇年前までは、離脱というタームを耳にする人はほとんどいなかったし、この概念を創り出した犯罪学者でさえ、この単語をどう綴るのか覚束ないといったありさまだった。それから一〇年が過ぎ、離脱は学術界のみならずシンガポールからスコットランドに至るいくつかの刑事司法システムを横断して、刑事司法をめぐる議論のほとんどどこにでも登場する概念となったように思われる（Maruna 2017：5）。

「離脱」研究の主流化

ここ二〇年近くにわたって犯罪学における「離脱」研究を牽引してきたシャッド・マルナが右で誇

らしげに述べているように、犯罪・非行からの「離脱」（desistance）をめぐる研究は、近年の犯罪学においても揺るぎない王道テーマの一つになったと考えられる。

現代日本においても、長所基盤モデル（津富二〇一一）、対話モデル（津富二〇一七）、ナラティヴ犯罪学（平井二〇一九）といったキーワードを掲げる学術的研究が登場しつつあるし、政策・実践面においても、「再犯防止に向けた総合対策」（二〇一二）や「宣言：犯罪に戻らない・戻さない〜立ち直りをみんなで支える明るい社会へ〜」（犯罪対策閣僚会議二〇一四）を嚆矢として、「再犯の防止等の推進に関する法律」（二〇一六）および「再犯防止推進計画」（二〇一七）に至る近年の再犯防止施策をきっかけに、「離脱」をめぐる議論が本格化しつつある。

このように多方面からのアプローチを含む「離脱」言説であるが、それを包括的に整理・分類することはできないだろうか。拙見によれば、「離脱」をめぐる議論、ないし学術的意味での「離脱」研究は、その分析視角の違いに応じて「原因論」「過程論」「定義論」「統制論」の四つにタイプ化することができると思われる。

四つの分析視角

「離脱」研究をタイプ化する際に参考になるのが、平井秀幸による「立ち直り」研究の分類（「原因論」「過程論」「統制論」）と（平井二〇二〇）、宝月誠による「逸脱」研究の分類（「定義論」「原因論」「コントロール論」）である（宝月二〇〇四）。「逸脱」研究は、論理的に考えて、〝人が逸脱に至る〟過程ばかりでなく〝人が逸脱から離脱する〟過程をも研究射程に包含しているはずであるから、両者の分類は「離脱」研究の分析視角として統合可能と考えられよう。だとすれば、広義の「離脱」研究は、

表 9-1 「離脱」研究の分析視角

作用論 「離脱」の action 研究	原因論	①「人が『離脱』する原因は何か？」 ②「人が『離脱」する原因は何であるべきか？」
	過程論	③「人はどのように『離脱』するのか？」 ④「人はどのように『離脱』するべきか？」
反作用論 「離脱」の reaction 研究	定義論	⑤「『離脱』はいかにまなざされているか？」 ⑥「『離脱』はいかにまなざされるべきか？」
	統制論	⑦「『離脱』はいかに介入されているか？」 ⑧「『離脱』はいかに介入されるべきか？」

「原因論」「過程論」「定義論」「統制論」の四つに整理できることになる（表9－1）。

原因論と過程論は、文字通り「離脱」の原因（〝なぜ〟）と過程（〝どのように〟）を取り上げて論じる研究である。両者は、諸個人の「離脱」行為という action についての研究である点で重なるが、違いもある。「逸脱」研究においても、量的研究を中心に蓄積された原因論に対して、〝ではそうした原因を背景にもつ個人の中で、なぜ逸脱行動に至る者とそうでない者が分かれるのか？〟といった問いを携えた質的研究がより詳細な逸脱過程分析に踏み込んでいく、という学説史的展開が存在した（Matza 1964＝1986）。「離脱」研究においても、原因論と過程論は研究上の問いを異にすると理解した方がよいだろう。

定義論と統制論は、一見すると無関係のように映るかもしれないが、「離脱」の reaction 研究という点で接点をもつ。構築主義的な意味での「クレイム申し立て活動」はまさにその一例だが、「離脱を定義づける」という活動は明らかに「離脱」現象（action）に対する一つの反作用（reaction）であるといえよう。われわれ（「離脱」に react する側）の「離脱」を意味づける〝まなざし〟について研究するのが定義論であり、われわれが「離脱」現象に対して行う具体的介入を対象とした研究が統制論である。

「離脱」研究の四つの分析視角は、それぞれ経験的問いと規範的問いの両方を含んでいるという点に注意すべきだが、この区別を本質的なものと捉えるべきではない。経験的研究であることを自称する研究に対しても、その背後仮説やインプリケーションとして規範的問い（とそれへの解答）を読み込むことは十分可能である。たとえば、マルナによる「贖罪の脚本」（redemption script）をめぐる議論は、経験的な問いに基づく過程論（表9－1の③）であるといえるが、「贖罪の脚本」は「自己変容を経験しつつある人々に対する支援サービスの提供を改善するのにどのように役立ちうるかに関する示唆」（Maruna 2001 = 2013：18）を期待されてもいるため、規範的統制論（⑧）の性質もあわせもつ。また、⑧を経由することで特定の「離脱」過程（「贖罪の脚本」を語ることができ、それを継続できるような「離脱」）に価値をおくため、④の規範的過程論に答える研究と見なすこともできる。それに対してロバート・サンプソンとジョン・ラウブによる元犯罪者のライフコース研究は、経験的原因論（①）を探求するなかで、背後仮説として規範的原因論（②）への解答を想定し、インプリケーションとして規範的統制論（⑧）を語るものであったといえる（Sampson and Laub 1993）。そこでは、〝「離脱」の原因として（心理学が言うような個人的な変数ではなく）社会的な変数が重要である〟という社会学的な背後仮説（②）のもとで、「雇用」や「結婚」といった変数の効果が経験的に導出され（①）、雇用や社会資本の充実という規範的統制論（⑧）が示唆されたと解釈可能だろう。ある特定の研究が経験的「離脱」研究なのか規範的「離脱」研究なのか（あるいはその両方なのか）は、当該研究者が決定できるものでも、何らかの客観的な指標によって決定されるものでもない。

規範的定義論の不在

「離脱」研究の分析視角のうち、最も基底的なのは規範的定義論であろう。なぜなら、すべての「離脱」研究は、論理的な前提として規範的定義論を含む（当該研究が採用する「離脱」定義とその正当性の明示を含む）ものでなければならないからである。「離脱」の原因・過程・統制のあり方を語るためには、当該研究がいかなる「離脱」定義を正当なものとして採用するのかが明示されていることが必要条件となる。

しかし、「離脱」研究の展開をレヴューした平井によれば、従来の「離脱」研究では、「離脱」の規範的定義論への言及が迂回される形で「離脱」の原因・過程・統制に関する経験的研究が蓄積されるという、奇妙な状況が生起していたことが指摘されている。従来の「離脱」研究において、「離脱」は多くの場合、「犯罪・非行の停止」として定義されてきた。しかし、よく考えれば「犯罪・非行とは何か？（行為の発生なのか？　逮捕なのか？　起訴なのか？　収監なのか？）」や「停止とは何か？（一年の停止でよいのか？　三年、五年なのか？　死ぬまで停止しなければ「離脱」ではないのか？）」等の論点は必ずしも明確ではない。にもかかわらず、どうすれば人は「離脱」したといえるのか、「離脱」の最終ゴールは何なのか、といった「離脱」の望ましい〝状態〟に関する規範的議論がなされぬまま、人が「離脱」に向かう〝プロセス〟が研究されることになったというのである（平井二〇一六a：七一－七三）。

こうした研究プランは、「離脱」の定義をめぐる曖昧さにとらわれることなく経験的研究に邁進できるという点で、経験的な「離脱」研究者にとっては便利なものでもあった。「私は『離脱』とは何か（状態）に関しては明言しない。研究対象である元犯罪者が『離脱』しているのかそうでないのかは不明だが、それは問題ではない。なぜなら私が見ているのは、（いつかその人が到達するかもしれないし、しないかもしれない）『離脱』状態に向かう途中経過としての元犯罪者の生活（プロセス）であるから」と言いながら、それを「離脱」研究としてアウトプットすることができたからである。

ただし、こうした「離脱」研究において「離脱」の定義がなされていないわけではない——というより、個々の「離脱」研究において暗黙裡のうちにさまざまに異なる「離脱」定義が採用されていたことには十分注意が必要だろう（平井二〇一六a：七三）。「矯正施設出所後五年間再犯がないこと」をもって「離脱」と考えたものから、「向社会的アイデンティティを獲得すること」「社会運動に専心すること」を「離脱」とするものまで、じつに多様な研究の広がりが存在した（Maruna 2017）。重ねて、「定義」なき「離脱」研究は不可能であり、ゆえに個々の経験的研究の中で望ましい「離脱」定義は語られないだけで想定はされていたといえる。こうした〝研究の中で想定される「離脱」定義の正当性をめぐる明示的議論がなされぬまま、「離脱」の経験的原因論・過程論・統制論が量産されていく〟学的状況を指して、「規範的定義論の不在」と呼ぶことにしよう。

規範的定義論の不在の問題点

規範的定義論の不在が「離脱」研究にもたらす問題点は大きく二つあると考えられる。第一に、規範的定義論（表9-1の⑥）の不在ゆえに先行研究が有する前提価値への批判的議論が困難となること、であり、第二に、規範的定義論の不在が経験的定義論（⑤）の不活性化と呼応するがゆえに経験的研究相互の比較検討ができなくなること、である。それぞれ詳解しよう。

まず、研究者間で異なる複数の「離脱」定義がその正当性を議論し合う規範的定義論が不在であるならば、現状においてヘゲモニーを有する多数派の「離脱」定義（たとえば、「犯罪・非行の停止」）が自明視されるままに問われず、それへの批判的検討や新たな「離脱」定義の提唱が困難となってしまうだろう。このことは、定義論以外の原因論・過程論・統制論における規範的議論（②、④、⑧）ばかりでなく、従来とは異なる新たな「離脱」定義に基づく経験的議論（①、③、⑦）をも困難にする。多数派の「離脱」定義に基づく統制モデルや社会像に対する批判的検討はやせ細っていくだろうし、少数派の「離脱」定義を採用する「離脱」の経験的研究は構想困難になるだろう。結果として、「離脱」研究は多数派の「離脱」定義に暗黙裡に依拠する経験的原因論、過程論、統制論へと閉塞することとなる。

さらに、規範的定義論の不在は経験的定義論をも不活性化するように作用するだろう。前項で述べた多数派の「離脱」定義それ自体の曖昧さや多様性を経験的に記述（暴露）するような経験的定義論は、多数派の「離脱」定義に基づく経験的原因論、過程論、統制論を量産するに際して好ましい存在ではないからだ。しかし、「離脱」定義の曖昧さが問われぬまま経験的研究の知見（たとえば、「離脱」支援の〝効果〟を明らかにしようとする研究など）がいくら蓄積されたところで、それら相互を比較すること（どの「離脱」支援が最も効果があるのか？などを問うこと）は厳密には不可能である。「矯正施設出所後五年間逮捕がないこと」に対して効果を発揮する支援Aと、「逮捕後一年間違法行為がないこと」に対して効果を発揮する支援Bのどちらが「離脱」効果を有するのかを定義論抜きに議論することはできないはずだし、支援Aが「向社会的アイデンティティを獲得すること」に対しては効果を発揮しなかった場合に、支援Aに「離脱」効果があるといえるか否かを評価することも定義論に向き合うことなくしては困難であろう。「離脱」の経験的研究がもたらす「エビデンス」への希求が高まっているのとは対照的に、規範的定義論の不在は、経験的定義論を不活性化させるなかで「離脱」の経験的原因論、過程論、統制論同士の比較という学問的交流の基盤を掘り崩してしまうのである。

「離脱」定義のリニューアルとハームリダクション

近年、こうした規範的定義論の不在を問い直し、「離脱」研究を再活性化させようとする動きが現れはじめている。それが「離脱」対象を「犯罪」（crime）から「ハーム」（harm：有害性）へ移行させようとする動向である。研究上の関心が「犯罪」から「ハーム」に変化すれば、「離脱」の定義は（ごく単純に考えても、たとえば）「犯罪の停止」から「ハームの停止」へと大きく変化することになる。そうした試みは必ずしも多くはないが、ソーシャルハーム・アプローチ（平井二〇一六a）、ナラティヴ犯罪学（平井二〇一九）といった複数の領域で実際に生起してもいる。本章では、そのなかでもハームリダクション（harm reduction：HR）と呼ばれる薬物統制の新たな潮流に注目したい[1]。

HRの詳細については後述するが、「離脱」研究の文脈に引きつければ、そこではおおよそ「（薬物使用に由来する）ハームをもたらすリスクの予防」によるハーム低減という公衆衛生的統制が目指されるなかで、「犯罪・非行（薬物使用）の停止（断薬）」という従来の「離脱」定義が問いに付され、結果として新たな「離脱」定義（リスクレスな薬物使用〔「リスキーな薬物使用の停止」〕）が提案されているといえる。だとすれば、多数派の「離脱」定義に対する批判を含むHRは、論理必然的に「離脱」の規範的定義論（表9－1の⑥）内部での闘争――「『離脱』というときに、それは何からの『離脱』であるべきか。そこでの『離脱』にはどのような意義や価値が想定されているのか」といった論点をめぐる闘争――を可視化させる役割を果たすはずだ。

とはいえ、本章はたんにHRに潜在する（新たな）「離脱」定義の検討を目的としているわけではない。本章が目的としているのは、あくまで規範的定義論の不在を乗り越える「離脱」研究のあり方に関する考察である。そこで、以下ではとくに、HRにおける「離脱」の統制実践を〝批判的〟に検討する研究群（「HR批判」）を取り上げることにしたい。（HRを支持する議論ではなく）HR批判を取り上げる理由は、〝HRという（既存の「離脱」定義や統制に挑戦する）批判的実践に対して、さらなる批判的態度を対置する〟ような再帰性を帯びた研究群においてこそ、「離脱」の規範的定義論が最も活性化すると考えられるからである。われわれは、HR批判を「離脱」の規範的定義論として観察することで、将来の「離脱」研究が位置づくべき議論アリーナのイメージをつかむことができるのではないか。

2　ハームリダクションとは何か

HRの概要

国際NGOであるハームリダクション・インターナショナル（Harm Reduction International）によれば、HRとは「合法・違法にかかわらず精神作用性のある薬物について、必ずしもその使用量は減ることがなくとも、その使用により生じる健康・社会・経済上の悪影響を減少させることを主たる目的とする政策・プログラム・実践[2]」であると定義されている。「必ずしもその使用量は減ることがなくとも」とあるように、HRは薬物使用の根絶や、薬物使用者における断薬を第一義的な目的としない薬物統制戦略である。薬物を取り締まればかえってブラック・マーケットが発達し、汚職、犯罪、事故の危険性が高まるかもしれないし、薬物使用者を犯罪者として処遇すれば彼らに対する差別・スティグマ化・社会的排除を強化してしまうだろう。そのように考えるHRでは、薬物の禁断・断薬はそれ自体がハームフルなものと見なされるのである。

「（薬物）使用により生じる健康・社会・経済上の悪影響」であるハームの内実は多様でありうるが、現代のHR実践は多くが公衆衛生上のハーム（HIV／AIDSやC型肝炎の拡大）を低減することに焦点化している。それゆえに、代表的なHR実践としては、「注射器（針）交換プログラム」（needle and syringe program：NSP）、「薬物注射施設」（supervised injection sites：SIS）、「オピオイド置換療法」（opioid substitution therapy：OST）といった公衆衛生上の措置が挙げられる（公衆衛生教育、カウンセリング、コンドーム配布、就労相談なども含まれる場合がある）。上記ハームリダクション・インターナショナルが発行しているThe Global State of Harm Reduction 2018によれば、NSPとOSTがそれぞれ八六カ国において公式に実施・運営されているほか、国家レベルの政策文書でHRへの明確な支持が表明されている国は八五カ国に上るという[3]。「ダメ。ゼッタイ。」の標語のもとで禁断・断薬を旨とする厳罰政策が採られている日本ではさほど知られていないが、HRはすでに広範な広がりをもつ薬物統制戦略となりつつある。

薬物統治の三つのディスコースとHRにおける「離脱」定義

HRを理解するにあたって、統治上の概念の差異によって分類された（HRモデルを含む）薬物統治の三つのディスコースを参照しよう（平井二〇一八）。表9-2に要約されるように、HRにおいて薬物「使用」それ自体は合法・非合法にかかわらずノーマライズされ、上述のような薬物使用に由来す

表 9-2　3 つのディスコースの諸特徴

	「乱用」（drug abuse）【犯罪モデル】	「嗜癖」（drug addiction）【医療モデル】	「使用」（drug use）【HR モデル】
統治上の概念	犯罪	病気	薬物使用
行為の意味づけ	意志に基づく逸脱行為	コントロール喪失による逸脱行為	ノーマルな非逸脱行為
行為への対応	事後的な非難と処罰	事後的な治療と支援	事前的なリスク予防
統治上の標的（と中心目標）	薬物使用（の根絶・断薬）	薬物使用（の根絶・断薬）	ハームをもたらすリスク（の予防によるハーム低減）
「法的なもの」の位置づけ	「法的なもの」の重視	「法的なもの」の迂回	「法的なもの」の迂回
行為責任	（薬物使用の）責任要請	（薬物使用の）責任免除	（リスク予防の）責任要請
「離脱」定義	**薬物使用の停止**	**薬物使用の停止**	**リスクレスな薬物使用**

るハーム、より正確にはそのリスクとなりうるような特定の薬物使用（たとえば、「薬物使用下での性交渉」「注射針の共有」「薬物使用に関連した犯罪行為」等）を行う使用者が、事前的な予防・管理の対象となる。換言すれば、HRではリスキーな薬物使用は逸脱化、スティグマ化されるが、リスクレスな薬物使用は許容されるのである。本章の文脈でとくに重要なのは、HRにおける統治上の中心目標は「ハームをもたらすリスク」の予防によるハーム低減におかれており、それゆえに「離脱」定義もそれ以外の二つのディスコースとはラディカルに異なる「リスクレスな薬物使用」（「リスキーな薬物使用の停止」）として設定される点であろう。

他者統治と自己統治

前述のように、国際的な広がりとは対照的に日本でのその知名度はけっして高くないHRであるが、近年ではそのエビデンスや進歩性を捉えて、主流派である厳罰主義に抗するリベラル派を中心に期待と支持が徐々に高まりつつある（松本ほか編 二〇一七）。しかし他方で、（HR

支持派ですらごく少数である日本の状況では想像することも困難かもしれないが）ＨＲとその諸実践に対して、厳罰主義とは正反対の方向から根本的な批判を差し向ける学究が存在することも事実である。次節と次々節においては、そうしたＨＲ批判を詳細に検討するために「他者統治」と「自己統治」の対概念に注目する。

他者統治と自己統治は、ミシェル・フーコーによって素描された「統治性」(governmentality）論[4]の主要概念であるが、「他者統治」は〝他者による自己の統治〟、すなわち自分以外の他者による自分自身への統治を、「自己統治」は〝自己による自己の統治〟、すなわち自分自身による自分自身への統治を意味している。ＨＲでいえば、他者統治は「薬物使用者以外の他者による薬物使用者の統治」であり、自己統治は「薬物使用者による自分自身の統治」に該当するだろう。フーコーも述べているように、他者統治と自己統治は、〝特定の統治実践が有する合理性〟としての統治性を理解するために相互に関連づけられる必要がある。たとえば学校教育のように教員から生徒に向けて行われる他者統治は、必ずや生徒自身による何らかの（他者統治に対する）「受け止め」（「学習」かもしれないし「学習放棄」かもしれない）としての自己統治を伴う。ＨＲ批判は、他者統治としてのＨＲ実践と、それを受け止める薬物使用当事者たちの自己統治との動態的な関係性に注目するなかで、ＨＲの問題性を浮き上がらせようとする試みといえるかもしれない。次節では「自己統治のための他者統治」としてのＨＲの側面を、次々節では「他者統治のための自己統治」としてのＨＲの側面を、それぞれＨＲ批判を展開する諸研究を紐解きながら明らかにする。

3　ハームリダクションの批判的分析①——他者統治から自己統治へ

SISとそこでの具体的介入

本節で取り上げるHR批判は、HRの諸実践の中でもとくにSISに関するものである。前節でも少し触れたが、SISとは、衛生的な注射器具が提供されたうえで、薬物使用者がみずから持参した、ないし処方された薬物を、医師等の監視のもとに安全な環境下で使用するための薬物注射施設のことである。注射器の共有などのHIV感染リスクの低減、薬物依存治療へのアクセスの向上、オーバードーズのリスク減少など、さまざまなエビデンスが報告され、効果あるHRのテクニックの一つとして評価されている。ドラッグ・ポリシー・アライアンス（The Drug Policy Alliance）のウェブサイトでは、現在一一カ国において約一二〇ものSISがオープンしているという[5]。

各国におけるHRとそこでのSIS実践を取り上げながら、SISにおける具体的介入のあり方を詳細に検討したベネディクト・フィッシャーたちによれば、SISには注射室のほか、待合室、医療専門職の控え室など複数のスペースがあり、施設利用の際は、待合室にいる間にもリスクレスな薬物使用に関する知識（適切な注射のやり方や、吸引使用時のアルミホイルの使い方などの情報）や資源（清潔な水やコットン、注射器など）が提供され、注射時にはスタッフによる遠隔監視のもとでリスキーな薬物使用の有無がチェックされるという。さらに、施設内に複数存在する注射室は、椅子やカウンター、大型の鏡などを配備した小部屋になっており、中央のモニタリング・ルームで監視を行うスタッフに見えやすいよう、パノプティコン状に配置されている。そこでの注射時間は限定されており、注射が終わった薬物使用者は、待合室に留まり、スタッフの監視のもとで状態が安定するまで待機しなければならない（Fischer et al. 2004：361）。

また、SISは、そのアクセスのしやすさから「低閾」アプローチと呼ばれているのだが、実際にアクセスを済ませた薬物使用者はSISに「登録」され、基礎的ID情報に加えて健康状態、薬物使用歴等が把握されることで〝クライアント〟としてSISの「管理」下におかれることになる。SISのクライアントは、〝適切な振る舞い方〟に関連するさまざまな知識・情報（注射薬物使用〔者〕の歴史、使用薬物についての知識、健康衛生問題に関する知識、注射針の共有に関する知識、セイファー・セックスについての情報、住居・食料・失業手当に関する社会福祉的関心をもち「アポイントメント・スケジュール管理・摂生」等をわきまえた自助的使用者としてのモラル……）の教授を受けたうえで、みずからの責任の下でリスクレスな薬物使用を行うことが求められる。つまり、SISのスタッフによる薬物使用実践の直接的サポートは忌避され、「自己信頼」や「エンパワメント」の名のもとに薬物使用者はリスク回避の自律的主体として責任化されるのである。また、SISのクライアントは、〝知識・情報の提供を受けたのだから適切に振る舞えるはずだ〟と想定され、結果として施設利用時間外においても上記の〝適切な振る舞い方〟に沿ったライフスタイルの維持・継続を期待されていくという（Fischer et al. 2004：361）。

HR実践の二つの機能――「規律」的テクニックとしてのSIS

フィッシャーたちによるSISの観察からは、HR実践が有する二つの機能が浮かび上がってくる。第一に、リスク回避的ライフスタイルの自己コントロールをみずからの責任のもとで実践しよう

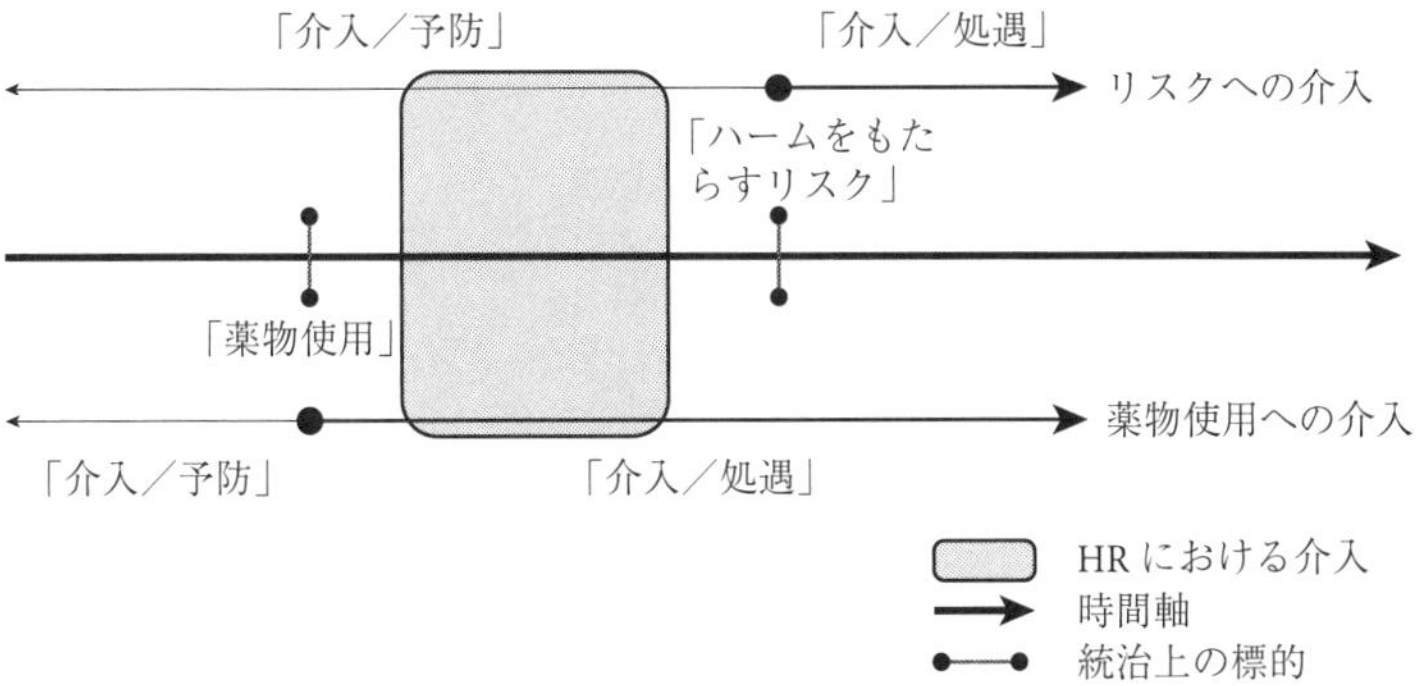

図9-1　HRにおける事前的予防と事後的処遇の二重化

とする自律的主体の形成である。注意すべきは、HRにおける「ハームをもたらすリスクの予防」としてのリスクへの事前的介入は、実際には「薬物使用者に対する処遇」としての薬物使用への事後的介入として顕現するということだろう。つまり、SIS（をはじめとするHR実践）は、ハームをもたらすリスクを未然に防ぐための「予防」実践ではあるのだが、同時に（薬物使用に対する）事後的介入、より具体的には薬物をすでに使用している個人をターゲットにした「処遇」の形をとるのである（図9-1）。

フィッシャーたちは、こうしたSISを「規律（discipline）」的テクニックと表現している。フィッシャーたちから見たSISは、都市公共空間からのリスク層の排除を正当化する新自由主義的なジェントリフィケーション戦略の中に組み込まれた、リスク回避の責任を積極的に引き受けるような主体へとクライアントを規律するためのパノプティコン的装置に他ならない。SISは、「リスクレスな薬物使用」という「離脱」に関連した善き／正しい知識・情報を薬物使用者に伝達（事後的処遇）することで、SIS内外においてリスク回避的ライフスタイルをみずからの責任のもとでコントロールし続けていく自律的主体へと彼らを仕立て上げ、それによってハームをもたらすリスクを最小化（事前的予防）しようとしているのである（Fischer et al. 2004：363）。

平井が指摘するように、規律は個人を介入単位とした「規範化」（善き／正しい知識・情報の伝達）に加えて、（知識・情報を受け止める者とそうでない者を選別し後者を排除する）「序列化」というもう一つの作用を有するが、HR実践の第二の特徴は後者の「序列化」作用と密接に関係する。SISに登録された薬物使用者は、〝責任ある、自省的で、安全な〟薬物使用に向けた知識・情報を手に入れているはずであり、にもかかわらずハームをもたらすリスク行為に走る者は、リスク回避的ライフスタイルを放棄した〝無責任で、浅はかで、危険な〟存在――それゆえに「離脱」に向かう努力を放棄した者――として選別・排除されてしまう（平井二〇一五）。

台湾のHR実践を取り上げたジャ・シン・チェンは、SISによるリスク回避的ライフスタイルの規範化を慎み深く受け止める薬物使用者を「シティズン・アディクト」（Chen 2011：186）と呼び、そのシティズンシップがHRでは権利というより義務となっていることを指摘している。また、ロビン・バントンは、HRが期待するような役割を遂行できない薬物使用者（たとえば、SISに登録しているにもかかわらず注射針の共有等の行為を止めようとしない者）は、HRの統治上の中心目標である「ハームをもたらすリスクの予防によるハーム低減」を阻害する「リスクテイカー」として同定されることに注意を促している（Bunton 1998：210）。SISにおいても、「シティズン・アディクト」が包摂される一方で、「リスクテイカー」は自己責任の名のもとに処罰的な介入を受けたり、コミュニティからの排除の対象として設定される、ないしはまったくの無支援状況におかれるのである。

むろん、SISの役割は「監視下での安全な薬物使用環境の提供」であり、「序列化」実践を直接に担うわけではない。しかし、そのための（「リスクテイカー」の）ラベリングに正統性を与える役割を果たしていくことは指摘されるべきだろう。フィッシャーたちは、ＳＩＳの設置と並行してコミュニティの警察力が強化されていったバンクーバーのダウンタウン・イーストサイド（ＤＥＳ）の事例を報告している。その意味でＳＩＳにおいては、「まったくの処罰的な実践／合理性と、規律的な実践／合理性とのますますの癒合（coalescence）」（Fischer et al. 2004：363）が生じているといえよう。

自己統治のための他者統治

平井は、ＨＲ実践に見られる、リスク回避的ライフスタイルを自己コントロールしつつリスクレスな薬物使用を継続する（そして、その挫折や失敗の帰結を自己責任として受け止める）自律的主体像と、市場的環境のもとでのインフォームド・チョイス（知識・情報を提供されたうえでの自己責任に基づく合理的選択行使）を本懐とする新自由主義的合理性との親近性を指摘しながら、こうした主体形成を志向した規律を「新自由主義的規律」と呼んでいる（平井 二〇一五、二〇一八）。フィッシャーたちが看破したＳＩＳにおける規律も、こうした意味での新自由主義的規律であるといえるだろう。

これまで見てきたような（ＳＩＳに代表されるような）ＨＲ実践の新自由主義的規律は、「薬物使用者以外の他者による薬物使用者の統治」である点で「他者統治」の実践に他ならない。しかしそれは同時に、リスク回避的ライフスタイルの自己コントロールという「自己統治」を薬物使用者に規範化していくような「他者統治」でもあった。こうしたＨＲ実践の統治形態は、新自由主義的規律（他者統治）を通した自律的主体（自己統治）の構成でもある、という意味で「自己統治のための他者統治」と記述することができるだろう。

4　ハームリダクションの批判的分析②——自己統治から他者統治へ

当事者参加にフォーカスするコミュニティ・ベースの連携的支援

ところで、フィッシャーたちも注目していたバンクーバーのダウンタウン・イーストサイド（DES）におけるHRでは、クライアントである薬物使用者自身がHR実践のネットワークに支援者として参加する（他の使用者に対して健康教育を行ったり、注射キットを配布したり、働き口を紹介したりする）ことが、DESコミュニティ内の薬物使用者のHIV等の感染リスクを引き下げるとされ、積極的に推進されていることが報告されている（Jozaghi et al. 2016）。これは、カナダ・バンクーバー以外の国・地域におけるHRに関しても例外ではない。薬物使用当事者が「コミュニティ」（community）の支援主体によって構築される「連携」（partnership）体制の一翼を担う「当事者参加」（peer participation）が、HR実践の中で称揚されつつある。

本節では、こうした〝当事者参加にフォーカスするコミュニティ・ベースの連携的支援〟（Community-based Partnership Focusing on Peer Participation：CPPP）というべきHRの一つの特徴に注目し、それを批判的に分析する試みを詳細に検討する。そこには、前節で見たのとちょうど逆方向の、「他者統治のための自己統治」ともいえるベクトルが見出されるだろう。

「リスク回避のための連携」プロジェクト

まず注目したいのは、マーガレット・ウィークスたちによるアメリカ・コネチカット州ハンフォードにおけるHR実践についての一連の研究である（Weeks et al. 2006, 2009a, 2009b）。そこで取り上げられるヘロインおよびコカイン／クラック使用当事者によって主導された「リスク回避のための連携」（Risk Avoidance Partnership：RAP）プロジェクトは、上記のCPPPのエッセンスをつかむうえで格好の素材となる。

RAPは、薬物使用者を、「ピア・ヘルス・アドボケイト」（Peer Health Advocate：PHA）——仲間の当事者もしくはその他のリーチするのが困難な当事者に対して、HIV、肝炎、性感染症予防のための介入モジュールを提供する者——として訓練するためのプロジェクトである。エイサン・ジョザギ（Jozaghi et al. 2016）において描写されたDESのHR実践と同様に、RAPのトレーニングやPHAによる当事者活動においても、それがコミュニティにおける公衆衛生リスクを低減し、HRの効果を促進することが指摘されている。また、それに加えてよく訓練されたPHAは、リスキーな薬物使用が行われている場面において、たとえプロジェクト・スタッフのサポートがない場面であっても成功裡にピア主導の介入を行うようになるという。要するに、PHAはHRにただたんに貢献するだけでなく、その効果を（PHAの不在時と比較して）よりいっそう高める役割を果たすというのである。

DESの当事者参加や、ハンフォードのRAPにおいて見出されるのは、HR実践において新自由主義的規律の「客体」となり、みずからのリスク回避的ライフスタイルの自己コントロールを行うに至った（前節で確認したような）薬物使用者は、それと同時に、そこで得た知識・情報、そして当事者ならではの経験を活かしてCPPPに支援者として参加すること、すなわち、コミュニティにおいて公的セクターを含む他機関と連携しながらHR実践そのものに関わるサービス提供の「主体」となることが期待されている、という側面である。つまり薬物使用当事者（client / user）は、そこにおいて専門家（expert / profession）やサービス提供者（peer worker / service provider）の役割をも同時に引き受けることになるのである。

「善きシティズンシップ」に向けた規律――「ピア・エデュケーター」「第二の実務家」「専門家患者」

ＨＲ実践において、薬物使用当事者が支援の対象であると同時に担い手ともなるような状況は、ＤＥＳやハンフォード以外のさまざまな国や地域のＨＲ実践においても共通して観察・報告されている。キャサリン・マクリーンは、アメリカ合衆国におけるＮＳＰにおいて、当事者が「安全な注射」の重要性や「リスキーな薬物使用」の危険性を当事者仲間やコミュニティにメッセージしてまわる「ピア・エデュケーター」の役割を期待され、実際に担っていることを指摘している（McLean 2011）。また、マーガレット・キャスリン・デックマンは、カナダのＮＳＰにおいてエビデンスに裏づけられながら同様の役割を担う当事者を「第二の実務家」と呼びつつ、彼らが結果として医師や保健師といった（第一の）実務家の役割をはるかに超えるコミュニティでの裏役割（たとえば、オーバードーズの初期対応、薬物検査の実施、処方薬の保管と使用者への譲渡、ピア・カウンセリングの提供等）までをも引き受けていることを明らかにしている（Dechman 2015）。さらにジョン・ジベルは、ＨＲ実践の中での薬物使用者は、「専門家患者」（expert patient）として、すなわち被支援者でありながら同時にみずからの薬物使用に対して最も高度な知識をもつ「自己のアントレプレナー」として在ることを規範化されていくと述べる。こうしたアントレプレナーシップは、ＣＰＰＰに一支援者として加わり、当事者自身のもつ専門的知識をＨＲ実践や政策立案過程へと積極的に反映していくことを通して、実現されるべきだと考えられているという（Zibbell 2004：60）。

「ピア・エデュケーター」「第二の実務家」「専門家患者」といった形で薬物使用当事者をサービス提供主体へと仕立て上げようとするこうしたＨＲ実践は、前節で論じたような意味での「規律」に他ならないだろう。ただし、ここでの規律は、前節で見たリスク回避的ライフスタイルの自己コントロールを規範化する規律とは異なるタイプの規律であるように思える。なぜなら、ＣＰＰＰにおいては、リスク行動の予防（ネガティヴなリスクの回避：「～しないこと」）を超えて、道徳的な生の達成（ポジティヴな善の実現：「～すること」）までもが要請されているからである。前節で取り上げたフィッシャーたちの調査においても、ＳＩＳにおけるＨＲ実践は、薬物使用者に「善きシティズンシップ」を規律するための「道徳的起業」（moral enterprise）でもあると指摘されていた（Fischer et al. 2004 : 362）。サービス提供主体となった当事者は常にすでにリスク行動の予防に余念のない自己コントロールの主体でもあるのだが、ここでの規律において規範化されているのは、それに加えて要請される「当事者参加を通したコミュニティやＨＲ実践・政策への貢献」といった道徳性なのである。

もちろん、こうした「善きシティズンシップ」に向けた規律も、新自由主義に適合的な主体を形成する機能を有する新自由主義的規律の一つであることは間違いないだろう（平井二〇一六b）。フィッシャーたちは、「善きシティズンシップ」を身につけたＳＩＳのクライアントが、コミュニティの安全と安心を向上させ、その場所を新自由主義的な「アントレプレナー的都市」（entrepreneurial city; Fischer et al. 2004 : 359）へと変容させていくための重要なメンバーになることを期待されていると指摘している。ＨＲ実践における薬物使用者は、リスク回避的ライフスタイルの自己コントロールの主体へと規範化されると同時に、みずからの経験と知識を活かして善きコミュニティの形成に貢献する道徳的自己への規範化の対象ともなるのである。

道徳性／倫理性に応じた序列化

前節でも述べた通り、規律が求める規範化に従わない／従えない当事者に対しては、序列化に基づく選別と排除が行われることになる。このことは「善きシティズンシップ」に向けた規律においても同様だろう。フィッシャーたちが述べるように、「アントレプレナー的都市」は、「その消費のアジェンダにとって有益な人間や行動を包摂する一方で、周縁部や境界部に向かって『他者』的な要素の隔離・隠蔽をますます促進するような、社会‐空間的秩序のマッピングによって特徴づけられる」(Fischer et al. 2004：359)。〝リスク回避的ライフスタイルの自己コントロールに専心しているかどうか〟に加えて、〝CPPPに参加し、HRの目標達成に向けた貢献をしているかどうか〟によっても当事者は序列化され、選別・排除を受けていく。

なぜ、HR実践は、薬物使用者にリスク回避を超えた道徳性までをも求めるのだろうか。ウィークスたちが論じたRAPプロジェクトにおいて、その〝効果〟として、PHAとして活動する当事者自身のポジティヴな役割変容や有意のHIV感染リスク低減が報告されていたことに注意したい(Weeks et al. 2009b)。当事者参加は、コミュニティや他の当事者といった他者に対する「離脱」促進効果だけでなく、薬物使用者自身に対する「離脱」促進効果をも有するとされているのである。そうだとすれば当事者参加へのコミットメントの有無は、前節で見た「シティズン・アディクト」と「リスクテイカー」の区別にぴったりと重なることになる。当事者参加を拒絶することは、(コミュニティや他の当事者のハーム低減への貢献を拒絶する好ましからぬ振る舞いである以上に、何よりも)自身の「離脱」をないがしろにするリスクテイキング行為に他ならないのである。

「善きシティズンシップ」への道徳的規律が、倫理的参加の装いをとって現れるのはそのためである。通常、当事者参加は自己内発的なものであることが望ましいと理解され、当事者自身によってもそのように語られることが多い（「コミュニティに『貢献』できて嬉しい」）。しかし、〝「リスクテイカー」とのラベルを貼られ、選別・排除されるのではないか〟という恐怖は、とりわけＣＰＰへの参加をためらう当事者たちにとって喉下に突きつけられたナイフのように機能するに違いない。倫理的な生の構築という「自己統治」的実践が「他者統治」的な道徳的規範化を通して実現されていくという二重性もまた、前節で論じた「自己統治のための他者統治」という新自由主義的規律のエッセンスに重なる。

他者統治のための自己統治

しかし、こうしたことに加えて指摘しておかなければならないのは、ＣＰＰにおいては、そこにコミットした当事者たちが新自由主義的規律それ自体の担い手となり、結果として「シティズン・アディクト」と「リスクテイカー」を選別する「他者統治」の先兵として機能していく危険性があることである（平井二〇一八）。

薬物使用当事者がＨＲ実践の中で「専門家患者」としての役割を期待されていくことを指摘していたジベルは、当事者を含むＨＲ関係者が会するカンファレンス（まさにこの場自体がＣＰＰの場であった）での参与観察の中で、粗野で少しばかり騒がしい振る舞いをした当事者に対して、（政府の役人、非当事者の実務家、カンファレンスの司会のいずれでもない）別の当事者（「専門家患者」）が「かれらは私たちを悪く見せる」と厳しく叱責する様子を書き留めている（Zibbell 2004：62）。また、クリストファー・スミスは、ＤＥＳにおいて開催された類似のＨＲカンファレンスにおいて、若く、教養のある、中産階級の白人で、ヒップスター・ファッションを身にまとい、HRのフロントラインで〝厳罰化に抗し、公衆衛生的HRの重要性を叫んでいる〟ような都会風の支援者が聴衆の大部分であったことを指摘し、彼らの過剰なまでの対外的自己表出を捉えて「ハームリダクション・ヒップスター」と呼んでいる（Smith 2016：221-223）。スミスはHRにおけるヒップスターダムを、薬物使用当事者のHR実践からの排除と結びつけて論じているが、ここで重要なのは〝当事者のヒップスター化〟の危険性の方だろう。当事者参加を企てるアントレプレナー的な「自己統治」主体となった当事者は、みずからの倫理性を対外的に証明するために、他の当事者に対する「他者統治」（シティズン・アディクトの規範化とリスクテイカーの序列化からなる新自由主義的規律）に周囲からの期待を上まわる強度でコミットしてしまう。前節で指摘した「自己統治のための他者統治」と対比させていえば、それはあたかも「他者統治のための自己統治」と形容できるような事態ではないだろうか。

HR実践のツイン・エンジン

小括すれば、CPPPを重視するHR実践は、以下の三つの機能を有していると考えられる。

第一に、HR実践それ自体に積極的に参加し、コミュニティに貢献する倫理的生を奉じるアントレプレナー的主体の規範化である。それは前節で見たリスク回避的ライフスタイルの自己コントロール主体の規範化とは位相を異にするが、別角度からの新自由主義的規律であるといえる。

第二に、上記のアントレプレナー的主体足りえない／足ろうとしない主体の序列化である。HR実践に参加する薬物使用当事者は、自身のリスク予防を超えてコミュニティに貢献する倫理的な生を達成できなければ、HR実践（サービス）からの排除やコミュニティにおけるスティグマ化（近隣／仲間関係からの疎外）を招く恐れがある。ＣＰＰＰを重視するＨＲ実践では、〝当事者参加を厭うとすればそれは、自身の『離脱』に向けて真摯に取り組んでいない証拠である〟という規範的前提があるため、ＨＲ実践に組み込まれた当事者は自発的であるはずの当事者参加を自発的に拒むことが困難な状況下におかれることになる。

　第三に、当事者参加の称揚に伴う「他者統治のための自己統治」の加速化である。ＰＨＡ、「ピア・エデュケーター」「第二の実務家」「専門家患者」等としてＣＰＰＰに参加し、ＨＲ実践の目標達成にみずから進んで邁進する倫理的な「自己統治」主体となった当事者は、その真正性を疑いのないものとするために、他の薬物使用者に対する新自由主義的規律（「他者統治」）に図らずも貢献してしまうのである。

「自己統治のための他者統治」と「他者統治のための自己統治」は、同じＨＲ実践のツイン・エンジンとして、相互に強化し合うように機能するだろう。「他者統治」としての新自由主義的規律が、「シティズン・アディクト」としてみずからを「自己統治」するような薬物使用当事者を生み出す。そうした当事者は、リスク回避的ライフスタイルを超えて、ＣＰＰＰに積極的に参与する倫理性／道徳性までも要請されることになる。そして、みずからの「離脱」のためにそうした「自己統治」に励み続けるかれらは、ＨＲ実践における新自由主義的規律（「他者統治」）を支える重要な支援主体として、ＨＲ実践の中に組み込まれていくのである。

5　「離脱」研究をめぐる二つの政治――メタ「離脱」研究の試み

「離脱」の規範的定義論としてのHR批判

本章では、「自己統治のための他者統治」と「他者統治のための自己統治」という一見相反するが実際には相互補完的であるような二つの特徴に注目しながら、現代における新たな薬物統制戦略として存在感を高めているHRに対する批判的議論（HR批判）の内容を検討してきた。とはいえ、冒頭の問題関心に戻れば、われわれには「離脱」研究における規範的定義論の活性化に向けて、HR批判からインプリケーションを引き出す作業が残されている。

繰り返しになるが、本章の問題関心に照らした際のHRの興味深さは、統治上の中心目標を従来の「薬物使用の根絶・断薬」から「ハームをもたらすリスクの予防によるハーム低減」へと移動させ、その結果として「離脱」定義を「薬物使用の停止」から「リスクレスな薬物使用」（「リスキーな薬物使用の停止」）へとドラスティックに転換した点にある。その意味において、HRはたんに新たな薬物統制戦略であるばかりでなく、「離脱」の規範的定義論における一つの指し手（望ましい「離脱」のあり方に関するクレイム申し立て活動）であるといえるだろう。

しかし、本章で見たHR批判は、それとは異なる以下の三つの論点を含んでいたと考えられる。第一に、HRにおける「離脱」定義には実際のところ「リスクレスな薬物使用」以上の内容が含まれており、薬物使用者はリスク回避的ライフスタイルの自己コントロールを不断に実践する自律的主体として、そして、当事者参加を通してコミュニティに貢献する倫理的生を奉じるアントレプレナー的主体として、それぞれ積極的にHR実践に関与することが求められているという点である。第二に、そうした新自由主義的な自己像の規律（「新自由主義的規律」）の中で「離脱」定義が善きものとして薬物使用者個人に規範化されていくと同時に、自律的主体とアントレプレナー的主体という「離脱」像を生きることができない／生きようとしない薬物使用者に対する序列化の機制が働いてしまうという点である。そして第三に、なかでもアントレプレナー的主体への新自由主義的規律に際しては、自己への配慮を超えた他者への配慮ともいうべき事態――アントレプレナー的主体としてのみずからの真正性を証明するために、他の当事者に対する新自由主義的規律に加担してしまう――が生じる恐れがあるという点である。すなわちHR批判は、たんにHRの実践・政策上の問題点を指摘し、それを批判する議論ではなく、〝従来の「離脱」定義をハームフルだと批判するHR〟に対し、上記三つの論点をもとに〝むしろHRにおける「離脱」定義こそがハームフルなのではないか〟という批判を差し向けるような、もう一つの「離脱」の規範的定義論でもあったといえよう。

「離脱」内容をめぐる覇権政治

HR批判の三つの論点からは、「離脱」定義の内容それ自体をめぐる政治、すなわち〝いかなる「離脱」定義が望ましい／望ましくないのか〟を争うような規範的定義論の存在が浮かび上がってくる。HR批判にいわせれば、HRにおける「離脱」定義（自律性やアントレプレナー性）には問題があり、そのような過剰なシティズンシップが義務づけられることのない生のあり方が希求されなければならない。HRに対して、なぜこうしたオルタナティヴな「離脱」定義が対置されなければならないのか、その理由は新自由主義的規律が薬物使用者にもたらすハームに求められる。HRには、過剰なシティズンシップの規範化ばかりではなく、「シティズン・アディクト」足りえず、「善きシティズンシップ」を体現できない／しようとしない薬物使用者を序列化（選別・排除）し、そうしたシティズンシップに向かう当事者自身の欲望をさらなる新自由主義的規律へと動員していくような危険性が存在している。HR批判を踏まえれば、（公衆衛生的ハームではなく、）むしろこうした新自由主義的規律のハームを除去することが新たなHRとして構想されるべきなのかもしれない。[6]

HR批判に見るように、規範的定義論が可視化されるのみならず、ある規範的定義論が別の規範的定義論によって反省的に捉え返され続けるような「離脱」研究の議論アリーナにおいてはじめて、規範的定義論の不在が招く問題点——多数派の「離脱」定義が無批判に自明視され、それに基づく経験的原因論、過程論、統制論へと「離脱」研究が閉塞していくこと——を克服した学術活動が可能になるだろう。このような、より望ましい「離脱」定義のヘゲモニーをめぐるさまざまな議論（相互批判）が接続し続けていくような「離脱」研究の議論アリーナの特徴を、本章では「覇権政治」と呼ぶことにしたい。

ちなみに、「犯罪・非行」「離脱」概念それ自体への批判、すなわち〝なぜ「犯罪・非行」から「離脱」しなければならないのか？〟〝「犯罪・非行」からの「離脱」以外のカテゴリーを使用して事態を記述するべきではないか〟といった規範的問いかけも覇権政治の中に含まれうるという点に注意を促しておきたい。薬物使用に限定していえば、仮に薬物使用が「犯罪・非行」カテゴリーから除外されれば、薬物使用者のその後の人生を「離脱」というカテゴリーで記述する必然性は失われるかもしれない。あるいはそれでもなお、薬物使用者が生きる社会を改革・改善していく必要は残り、その作業を（個人の、ではなく）「社会の『離脱』」として記述していくことができるかもしれない。いや、そうではなく……――といった議論もすべて、覇権政治の中で不可視化されることなく机上に上げられ（続け）ていくのである。

批判的なものをめぐる境界政治

ただし、HR批判の三つの論点が示唆するのはそればかりではない。そこには、批判的なものの領分をめぐる政治、すなわち〝いかなる「離脱」定義が批判的である／でないと言えるのか〟を争うような規範的定義論も存在している。

このことは、HRとHR批判がいずれも、みずからを「現状批判的」な「離脱」定義を言上げする営みだと位置づけていたことを想起すれば理解しやすい。HRは、みずからの実践を従来の「離脱」定義（たとえば「薬物使用の根絶・断薬」）の問題点を克服する「現状批判的」な定義（たとえば「リスクレスな薬物使用」）の構想と位置づけていたし、HRを支持する論者の多くは、HRが保守的かつ現代において優勢な厳罰モデルに対して「現状批判的」である点をもってHRを評価している。それに対してHR批判は、現代の新自由主義的社会の強化再生産につながりうる「現状肯定的」定義としてHRにおける「離脱」定義を批判し、みずからこそをHR的な「離脱」定義に抗する「現状批判的」研究と位置づけたといえよう。その意味で、HRとHR批判の間の争点は、批判的なものの位置づけをどちらが領有するのか――「現状肯定的」な「離脱」定義と「現状批判的」な「離脱」定義の境界線をどこに引くか――をめぐる対立としても把握可能なのである。

このような、批判的なものの領分をめぐって自身の規範的定義論（「現状批判的」研究）と敵対する規範的定義論（「現状肯定的」研究）との間の境界策定を行うような「離脱」研究の議論アリーナの特徴を、本章では「境界政治」と呼ぼう。もちろん、ある研究が「現状肯定的」研究かそれとも「現状批判的」研究なのかは客観的には判定不可能であり、「現状肯定的」とのラベルは、その意味でみずからを「現状批判的」と任ずる研究からそれに対立する研究へと付与される〝ネガティヴ・ラベル〟にすぎない。ゆえに、「離脱」研究の境界政治において可視化されるのは、他の研究に対する「現状肯定的」とのラベリングの正当性をめぐる闘争だと言い換えることもできよう。みずからとの間で敵対性を構築する研究がなぜ、いかなる意味で「現状肯定的」な「離脱」定義に依拠するものだといえるのか、そして、みずからの依拠する「離脱」定義がなぜ、いかなる意味でそうした「現状肯定的」定義を批判する新たな「離脱」定義として対置されなければならないのか――「離脱」研究の議論アリーナにおける境界政治では、そうした論点をめぐる闘争が不断に接続され続けることになる。

覇権政治の必要性と比較してやや見えにくい境界政治の必要性について、数点補足しておこう。境界政治が不可視化された「離脱」研究においては、批判的なものが特定の者たちによって占有されてしまうことで、「現状批判的」研究が「現状肯定的」研究に頽落《たいらく》するメカニズムが見えづらくなる。仮にHRとHR批判との間での境界政治が不在である場合、（従来の「離脱」定義に対して）「現状批判的」だったはずのHRが（自律性やアントレプレナー性のような新自由主義的「離脱」定義を奉じる点で）「現状肯定的」なものへ頽落するメカニズムが不可視化されてしまうだろう。このことは覇権政治を停滞させることで、結果的に規範的定義論の不在が招く問題点を増悪させる恐れがある。HR批判は、境界政治にコミットすることで、現代社会の薬物統制における真に重要な敵対性の境界が、「厳罰主義対HR」ではなく、「厳罰主義＋HR 対 HR批判」として理解されるべきであるということを提示しようとした。批判的なものが「厳罰主義への批判」のみを意味するように覇権政治の舞台が限定・固定化されてしまえば、HR批判はその声をかき消され、覇権政治そのものも縮小していくだろう。境界政治はその意味で、それまで明らかでなかった規範的定義論の論点を開き、覇権政治の舞台を移動させ続けることを通して、規範的定義論の不在をめぐる問題点の克服に貢献するのである。

6 おわりに――メタ「離脱」研究としてのHR批判

HR批判は、たんに個別の薬物統制戦略であるHRを批判する「離脱」の一統制論と見なされるべきではなく、あるべき「離脱」研究の未来像を示唆するようなメタ「離脱」研究として読み解くことができるのではないか――本章はそうした関心に基づいて、HR批判とメタ「離脱」研究を接合する試みであったといえるかもしれない。むろん、本章を含むメタ「離脱」研究も、「離脱」研究と同様の覇権政治と境界政治の中に投げ込まれることはいうまでもない。本章の提案に対して、より望ましい「離脱」研究の姿についての是非（覇権政治）や、本章の提案に基づく「離脱」研究の展開が有する問題点（現状肯定性）の指摘（境界政治）が寄せられ（続け）ることを強く期待したい。

本章の議論に一定の合理性を認める読者は、現状の「離脱」研究に対する覇権政治と境界政治にみずからコミットしてみるとよいだろう。覇権政治と境界政治は必ずしも「離脱」の規範的定義論においてのみ行われるものではなく、また、「離脱」の経験的研究とも密接な関係をもつ。本書には幸い多くの（「離脱」の原因論、過程論、統制論や経験的）「離脱」研究が収録されている。それらの研究に規範的定義論の不在（とそれがもたらす問題点）は見当たらないか、それらの研究で暗黙裡／明示的に依拠される「離脱」定義はいかなる理由で望ましい／望ましくない、「現状批判的」／「現状肯定的」

といえるか――こうした関心を携えて各章を読んでみるのも面白いのではないだろうか。

注

[1] ただし、ソーシャルハーム・アプローチとHRでは、理論的出自やその「ハーム」観が大きく異なる点に注意が必要である。「ハームとは何か」をめぐる定義論を重視するソーシャルハーム・アプローチに対して、(本章後半で取り上げるHR批判が示唆するように)公衆衛生的なハーム概念を採用するHRはみずからのハーム定義に対する反省的視点に乏しい(平井二〇一八)。

[2] https://www.hri.global/ より、筆者が訳した。

[3] https://www.hri.global/global-state-harm-reduction-2018 を参照。

[4] 「統治性」概念や、それを援用する統治性論に関しては、平井(二〇一五)を参照。

[5] http://www.drugpolicy.org/issues/supervised-consumption-services を参照。

[6] HR批判においては、HRの「離脱」定義に対する批判作業に比して、オルタナティヴな「離脱」概念を具体的に描き出す作業が相対的に手薄であることは否めない。公衆衛生的なHRとは異なるオルタナティヴなHRの構想に関しては、平井(二〇一八)で試論的な議論を展開した。

▼平井秀幸▲

第10章　犯罪定義の批判的検討

離脱すべき「犯罪」は自明か

1　はじめに

本稿の目的は、犯罪の定義に関する問題を通して離脱研究・犯罪研究のあり方について批判的な検討を加え、新たな視角を提示することである。

最初に一つのエピソードについて考えてみたい。ある米国人男性の自伝から紹介する「立ち直り」の物語である。

自伝は禁酒のエピソードから始まる。彼は酒癖の問題を抱えており、大学生のときには酔っぱらってフットボールのゴールポストを壊し、パトカーに乗せられたこともあった。ビジネスマンになってからも、コンサート会場で酔態をさらしたり、飲酒運転で逮捕されて罰金刑を科されもした。他にもアルコールをめぐるトラブルのエピソードには事欠かない。しかし、キリスト教のテレビ伝道師との出会いが転機となり、四〇歳にして完全にアルコールを断ったのである。

彼は酒癖の問題を抱えていただけでなく、罰金刑などの犯罪経歴もある。その語りには、犯罪からの離脱の語り――なかでもシャッド・マルナの提唱した「回復の脚本」の三つの要素が含まれている。第1章でも触れられているが、「回復の脚本」とは、離脱した元犯罪者の語りに見られる特徴であり、①「本人の『真の自己』を形作る中核的な信念の形成」(「本当の私」が最初からずっと真っ当な人間であったと捉える見方)、②「自己の運命に対する自己の支配という楽観的な認識」、③「生産的でありたい、そして社会、とりわけ次の世代にお返しをしたいという気持ち」という三つの要素から成り立っている(Maruna 2001 = 2013 : 123)。

先の自伝には、「四〇歳までの経験がなかったら、禁酒もまた不可能だったはずだ。私の個性や信念はその四〇年のあいだに形作られている」と記され、①「本人の『真の自己』を形作る中核的な信念の形成」を示している。そして「神の恵みに頼れば変わるとわかっていた」という自伝での認識や、「かつては迷っていたが、いまは道を見つけた。前は目が見えなかったが、いまは見える」という讃美歌の歌詞を胸に政治家への道を志す経緯に、②「自己の運命に対する自己の支配という楽観的な認識」および③「生産的でありたい、そして社会、とりわけ次の世代にお返しをしたいという気持ち」を見て取ることは容易だろう。自伝は「回復の脚本」の三つの要素を示しつつ、禁酒の決断がなければ当人は「元テキサス州知事・元アメリカ合衆国大統領として、こうした思いを書き綴ってはいないはずだ」という述懐を載せている。

そう。この男は、第四三代アメリカ合衆国大統領ジョージ・W・ブッシュである(Bush 2010 = 2011)。彼の自伝もまた、犯罪からの離脱の物語といえるのだ――。

ところで、このような「元犯罪者」の更生の語りに、読者のみなさんは納得するだろうか。マルナの研究における調査対象者は、強盗、暴行、薬物売買、窃盗などを繰り返す筋金入りの犯罪経歴をもつ。ブッシュ元大統領の比較的軽微にも見える犯罪経歴をそれと同列に並べることに、違和感を覚える人もいるかもしれない。

ではそれならば、ブッシュの物語に含まれたグロテスクな側面についてはどう考えればよいだろうか。続いて検討してみよう。

イラク戦争は、米軍最高司令官のブッシュが始めた戦争である。イラクの大量破壊兵器が開戦の口実だったのに、周知のように、その所有は最終的に確認されなかった。不当な言いがかりによって開始された戦争は、大量の民間人犠牲者を生み出した。いくつかの推計がなされているが、民間人犠牲者の数は一〇万人を下まわらない。元アルコール依存の大統領による「社会へのお返し」は、このように凄惨な結果を含んでいたのである。

それではイラク戦争は、犯罪学の観点からはどのように捉えられるだろうか。幾人かの犯罪学者は国家犯罪(state crime)としてイラク戦争を分析している(Green and Ward 2004; Kramer and Michalowski 2005など)。後で示すように、国家犯罪の研究者のスタンスは犯罪学者の多数派(=主流犯罪学)とは違っているのだが、その知見に従うならば、ブッシュは国家「犯罪」を主導し、その過程で無辜の民間人をも大量に虐殺した凶悪犯罪者だということになる。ブッシュの自伝における先の語りは、社会に甚大な損害を与えた犯罪者の成長譚を示したものに他ならない[1]。そのため、次のような感慨が生まれてもおかしくないだろう。――むしろこの男はアルコール依存から回復せず、社会貢献など考えずに暮らしていた方が、よほど世のためになったのではないか、と。

ある観点からは犯罪からの離脱に見える事柄が、別の観点からは犯罪者としての成長過程に見えるという逆説。この事態は、犯罪学の（あまりにも頻繁に無視されがちな）中心問題——犯罪とは何かという問題——と切り離しては考えられない。

ブッシュの語りが一見、犯罪からの離脱を語るものに見えるならその事態は、「犯罪とは刑法犯のことである」とする主流犯罪学における（また社会一般における）「常識」の働き抜きには考えられない。[2]もしも読者の方々が、ブッシュの犯罪経歴は軽微だと思っていたならば、それはこの「常識」に浸かっているからであるだろう。デヴィッド・O・フリードリクスは、犯罪の定義は決まりきったもので問い直す必要がないと見なすこうした見解を、「自明視」アプローチと呼んでいる（Friedrichs 2013 : 5）。自明視アプローチに依拠する限り、国家を代表する人間が、国内法に違反しない形で犯罪を行う可能性は想定されない。だから大統領在職時のブッシュは、犯罪者ではありえない。

このことを逆からいえば、国家犯罪の研究者は、自明視アプローチを用いていないということになる。彼らは犯罪を刑法犯とは同一視せず、国際法違反や人権侵害の観点から独自に国家犯罪を定義している。[3]こうした視点からすれば、ブッシュ大統領は国家犯罪の主導者に他ならない。

以上の対比が示すのは、犯罪の定義が異なれば、ある人が犯罪から離脱しているのか／していないのかはまったく違う様相を見せ、場合によっては反転すらしかねないということである。このように考えると、「犯罪とは何か」という定義問題は、離脱研究の拠って立つ基盤と直接に関係している。しかし大半の離脱研究は、犯罪とは何かという問いには向き合わず、暗黙裡に自明視アプローチに基づいて研究を遂行しているのである。[4]

本稿は、犯罪の定義に関して離脱研究・犯罪研究の抱える問題を検討し、困難を打破する道筋を展望する。まず第2節では、刑法犯に依拠した犯罪定義の問題性を検討する。そして第3節では、「ハーム」に注目するアプローチを紹介し、その優位性を論じる。第4節では、ハームの視点を取り入れることが離脱研究や犯罪研究をどのように変えうるかについて論じる。最後に結論をまとめ、犯罪学者や一般の人々に対する本稿の議論のインプリケーションを記す。

2 刑法犯を前提とすることの問題性

刑法犯による犯罪定義の困難

本節ではまず、犯罪とは刑法犯であるとする見方の問題点を列挙しよう。

第一に、技術的な難点がある。犯罪学者には、研究対象を独自に刑法犯として認定するための制度的・方法論的な基盤がない。犯罪を定義する公的資格は刑事司法制度に備わっているからである。つまり、法的には有罪判決によらずに刑法犯を認定できないのである。したがって刑法犯としての犯罪定義を採用する場合には、ポール・W・タッパンの推奨するように、法的な取り扱いを踏襲して有罪判決を受けた人を犯罪者と見なすことが理にかなっている（Tappan 1947）。けれどもこの路線をとる場合、研究対象が非常に限定的なものになり、（警察の認知件数や検挙人員をデータとして使ったり犯罪・非行の自己申告調査を行ったりするなど）幅広い対象を扱う既存の犯罪研究は成り立たなくなってしまう。これが技術的な難点である。

第二に、犯罪の性質をめぐる困難がある。犯罪は、社会に対して有害なものとして特徴づけられてきた。犯罪学のルーツは一八世紀の古典派犯罪学であるが、その中心人物であるチェーザレ・ベッカリーアやジェレミー・ベンサムは、社会に与える害＝ハームを犯罪の基盤と見なしていた[5]（Lanier and

Henry 2001：5)。ハームは犯罪の中核的な特徴である（Agnew 2011：31)。

しかし刑法や刑事司法制度は、ハームという観点から首尾一貫してはいない。まず、多くの軽微なハームが取り締まりの主要な対象となっている。たとえば、貧困状態の中で少額の窃盗を繰り返し、実刑判決を下される人がいる。浜井浩一は、被害金額にして二円の封筒の窃盗によって懲役五年を求刑された事例を紹介している（浜井 二〇〇九：一一二）。日本の刑務所が、このように微罪を繰り返す社会的弱者（貧困者、高齢者、障害者）の収容施設となっていることは、よく知られている。

他方で、刑法からは多くの重大なハームが除外されている。たとえば戦争、貧困、劣悪な労働環境、環境破壊、マイノリティへの差別などの問題は深刻で広範なハームを与えるが、刑法上の犯罪とは見なされにくい。要するに、刑法・刑事司法制度はハームに基盤をおいているにもかかわらず、ハームという観点からはちぐはぐに組み立てられているのである。

第三に、権力の問題がある。ジョン・マンシーは、「特定の有害な行動（harmful acts）を可視化して『犯罪』と定義する一方で、他の有害な行動を不可視化する」権力が、「犯罪という問題」の中心にあるという（Muncie 2001：21)。タッパンと論争を行ったエドウィン・H・サザランドの「ホワイトカラー犯罪」概念は、この問題に取り組んだ古典的な例である。ホワイトカラー犯罪とは「名望ある社会的地位の高い人物がその職業上犯す犯罪」（Sutherland 1949＝1955：8-9）であり、具体的には独占禁止法違反、知的財産権の侵害、虚偽表示、不当労働行為、詐欺などが挙げられている。サザランドがホワイトカラー犯罪に注目したのは、ホワイトカラー層が自分たちの不法な行いを刑法による犯罪化（犯罪として規定・処罰されること）から保護できるためだった。その後、批判的犯罪学という犯罪学内の学派によって、この着眼点がさらに拡大された。犯罪とは刑法犯のことであると考えるならば、権力主体（the powerful）のハームを見逃す一方で、社会から排除された非権力主体（the powerless）を虐げることに加担するという論点である[6]。

このように、刑法犯としての犯罪定義に関しては長きにわたる批判の歴史があり、到底自明には擁護できない。

離脱研究における問題点

続いては、刑法犯による犯罪定義が離脱研究にどのような影響を与えているかを検討しよう。

離脱研究は、有罪判決を受けた人たちのその後の経歴を研究対象にする場合には、一見タッパンの要請を満たすようにも見えるかもしれない。「犯罪者とは誰か」という点について、法的な取り扱いを踏襲しているからである。しかし「犯罪を行わなくなる＝離脱する」という現象に視点を移すならば、たちまち困難が浮き彫りになるだろう。

というのも、「再犯」もまた有罪判決によってのみ定義するならば、「何度も再犯している」と主張し、周囲もその行動を目撃して同じように認識していたにもかかわらず、死ぬまで警察には捕まらなかった対象者は「離脱していた」ことになる。「離脱していること」を「検挙を免れること」（もちろんこの場合には有罪判決に至らない）と同一視してしまうこのような見方は、離脱を研究する社会的な意義を失わせてしまうだろう[7]。

他方で、刑法に対する違反の有無という観点から、有罪判決と関わりなく研究者が独自に離脱を判断しようとしても、うまくいかない。そこには恣意性がつきまとうからである。そもそも、比較的軽微な罪を規定した条文を例にとるならば、（取り締まりの対象にはならないだけで）誰でもいつでも刑法に違反する可能性は否定できない。たとえば人の名誉を損なうことは名誉毀損罪になりうるが、そうした行為をまったく行ったことがないと断言できる人は、ほとんどいないだろう（山口二〇二〇：一七二）。

さらに自明視アプローチに依拠する離脱研究は、刑法犯の中でもいわゆる街頭犯罪（street crime）を再犯の指標とする傾向があるかもしれない（なお街頭犯罪とは、取り締まりの主要な標的となる強盗、窃盗、傷害・暴行、器物損壊などの犯罪を総称した用語である）[8]。当然ながらその場合には一部のハームのみを扱っているため、偏りが発生する。たとえば調査対象者が、労働法違反の働かせ方をするブラック企業を経営したり、家族に対してＤＶ（ドメスティック・バイオレンス）や虐待を行っていたりしたら、どうだろうか。それらの行為は街頭犯罪のように取り締まられないかもしれないし、ケースによってはその行為を犯罪と規定する法の条文がないかもしれない。しかしそれらはハームであり、大きな被害をもたらすこともありうる。このように、自明視アプローチによる離脱研究もまた、ハームという観点から首尾一貫していないという欠点を免れない。

さらにつけ加えるならば、離脱を扱う際にも自明視アプローチは、権力主体のハームを見逃しつつ、非権力主体のハームばかりを標的にすることになる。というのも、街頭犯罪の多くは、下層・貧困層など力関係の上で優位な位置にない非権力主体によって行われるものだからである。

本節は、犯罪研究・離脱研究において、自明視アプローチが抱える方法論的な困難を指摘した。それではどうしたらよいだろうか。自明視アプローチに依拠しつつ、この困難に対処する一つのやり方がある。方法論的一貫性の欠如や正当化の必要性をたんに忘却すること。そして、刑事司法は政治的に中立的だとする論証されていない「暗黙のイデオロギー」（Reiman and Leighton 2009 = 2011：235）に身をゆだね、弱い立場の者に不利に働く権力の問題を忘れることである。しかしながら、このやり方ではアカデミズムの責任を十分果たしているとは思えないので、私たちは別の方向へ向かわなければならない。

続いては、自明視アプローチよりも一貫性があると思われる一つの方向性を試験的に探究し、そこから見えてくる風景がどのようなものかを示そう。それを導きの糸とすることで、犯罪研究と関連して今後どのような作業が必要となるかを明らかにできると考えるからである。

それは、「有害な行動」への注目をさらに展開する方向性である。

3　犯罪とハーム

すでに述べたように、犯罪概念は「有害な行動」をその構成要素としている。しかし、繰り返すならば刑法犯としての犯罪には、多くの有害な行動が含まれていない。たとえば、戦争、ホワイトカラー犯罪、職場・学校・家庭での暴力やハラスメント、性暴力、環境破壊等、必ずしも刑法の適用対象にならない害＝ハームは数多い。そしてその点に注目して、包括的なハームの観点から研究を行う人々が存在する。

ハームへの注目のルーツとしては、サザランドによる社会的損害（social injury）に関連づけた犯罪定義や、ハーマン・シュウェンディンガーらの人権違反に依拠した定義がある[9]（Schwendinger and Schwendinger 1970）。これらを受けて、犯罪の包括的定義を構想する近年の研究者は、ハームを中心に位置づけた犯罪定義を提案している（Henry and Lanier 2001, Agnew 2011, Lynch et al. 2015）。さらに、「ソーシャルハーム・アプローチ」の旗印の下に犯罪学と別個の学問領域を形成している人々もいて、彼らは古代ギリシア語の zemia（ハームに近い意味をもつ単語）に由来するゼミオロジー（zemiology）という名称を名乗ってもいる[10]（Hillyard and Tombs 2004, Pemberton 2016, Boukli and Kotzé eds. 2018）。どの立場も発想としては、発生する広範なハームに注目して、刑法犯はその一部を構成するにすぎないと見なす考え方である。

ハームに注目するアプローチは、自明視アプローチに対して次のような優位性がある。刑法犯による犯罪定義の問題点と対照させる形でまとめよう。

第一に、刑法犯による定義の技術的な難点を引き受けずにすむ。研究上の定義は、刑事司法制度の行いにつき従うわけではないからである。

第二に、犯罪の実質的な内容をハームとして明示したうえで、その観点からさまざまな事象を網羅的に取り扱うことができる。

第三に、権力への敏感さが伴っている。権力主体のハームが射程に入り、それを主要な研究対象として位置づけるからである。

このようにハームへの注目には、自明視アプローチの欠点を乗り越えるポテンシャルがある[11]。

さらにいえば、ハーム概念にはもう一つの意義がある。この概念を使用する大半の論者は、犯罪の定義が規範的であることを明確に認めている[12]。そもそも何かをハームや犯罪であると指摘することは、マルコム・スペクターとジョン・I・キツセのいうクレイム申し立ての一種である[13]。そしてクレイムとは「規範的な現象」（Spector and Kitsuse 1977 = 1990：134）である。つまり何かをハームや犯罪と名指す研究者は、みずから規範的に振る舞い、クレイムを申し立てている。この規範的なコミットメントを無視してなかったことにするのは、欺瞞に他ならないだろう。この点からも、刑事司法制度の政治的中立性を前提として刑法犯による犯罪定義を採用する研究は、問題がある。価値中立的な装いをとりつつも、弱い立場の者に不利に働く権力の担い手となるからである。

以上を踏まえれば、研究者はみずからの規範的なコミットメントを隠蔽せずに明示する必要がある。そこで以下では、刑法犯への焦点化をやめてハームに注目することが、研究に何をもたらすかを論じよう。犯罪学における問題の捉え方とアプローチがどのように変わりうるか、そしてどのような規範的方向性が指示されるかを検討する。

4　ハームへの注目がもたらす変化

ハーム概念を導入することによって、ものの見方がどのように変わるのだろうか。以下に列挙しよう。

まず第一に、犯罪現象の描き方が変わることになる。諸々のハームの布置を描き、その中心的なカテゴリーとして「権力主体の犯罪」をおく。それがより重大なハームをもたらすものだからである。権力主体の犯罪に比べると刑法犯は、研究対象の周縁に位置づけられることになる。[14]

第二に、「犯罪者／非犯罪者」という二分法を用いることをやめ、ハームを産出する複雑な関係性に注目することになる。というのも、ハーム概念から見るならば、誰もが何かしらの加害に関わっているからである。第一節で述べたブッシュの物語は、私たちと無関係な特異な事例ではない。「離脱した」人たちもその他の人たちも、総じて私たちは何らかのハームの産出に常にすでに携わっており、グロテスクな物語をささやかに反復しているミニチュア版ブッシュである――。犯罪定義への問いは、こうした問題提起につながる。

第三に、「良いとされる資源の獲得による犯罪からの離脱」という図式を捨て、「良いとされる資源がハームの産出に組み込まれている」という見方に切り替えることになる。ここでもブッシュの物語を例に考えてみたい。それは、困難な時期を切り抜けて社会にお返しをしたいという願いを自己の主軸に据え、生成性（＝良いとされる資源）を獲得した男のナラティヴ（語り）が、未曽有の犯罪へと接続したことを示している。[15] 離脱研究にとってそれが意味するのは、生成的なアイデンティティが「犯罪からの離脱」一般を容易にするものとはいえないばかりか、より重大なハームをもたらす犯罪を動機づけることがあるというインプリケーションである。

そして、必ずしもこの事例が特殊だというわけではない。より一般的にも、良いとされる資源がハームの産出に組み込まれている。権力主体の犯罪であるホワイトカラー犯罪を例に検討してみよう。ベン・ハンターは先行研究をレビューして、ホワイトカラー犯罪からの離脱に関しては、雇用や結婚は重要でないと指摘する（Hunter 2015：25）。ホワイトカラー犯罪は、雇用されている者が結婚生活を続けながらも行うものだからである。この指摘を踏まえれば、離脱のためには安定した雇用と結婚が重要だと唱えるライフコース犯罪学の知見（Sampson and Laub 1993）は妥当でない。ハームに注目することで、従来考えられてきた離脱の要因は失効するのである。

第四に、研究は、医療モデル以来の「個人の変化」を目指す刑事司法制度のアプローチではなく、「社会の変化」を目指す社会モデルの発想を採用することになる。[16]「社会モデル」は障害者運動の中で提起された考えで、たとえば肢体不自由者は、リハビリテーションによって健常者の社会に適応するのでなく、そのままで暮らせるように（バリアフリーなどのように）環境（＝社会）の側を変えるべきという主張を含んでいた（Oliver 1990 ＝ 2006、星加二〇〇七）。それはラディカルに展開する場合、個人の変化を不要とする考えとなる。

具体的に考えてみよう。たとえばアメリカの国家犯罪において、大統領の個人的資質が関わる部分は大きくない。歴代大統領は世界各地で民間人の殺戮を継続している。その背景には、第二次世界大戦以来、民間人殺戮を正当化してきた歴史がある（Kramer 2010）。また別の例を挙げるなら、ブラック企業で変えることが求められるのはたんなる一個人でなく、組織であることは明白だろう。

このように、ハームを中心に物事を見ていくならば、ハームを減らすために変えなければならないものは関係性、組織、制度やそれらを支えるナラティヴであり、総じて「社会」の水準に求めざるをえない。具体的な処方箋としては、軽微な刑法犯を非犯罪化して福祉の対象とすることが挙げられるし、また社会全体での構造的な変化——たとえば貧困を減らす手厚い再分配なども重要だろう。

ところで犯罪研究の領域においても近年、社会モデルが主張されている（荻上・浜井二〇一五、平井二〇一六）。だから、その点では本稿の主張自体はとくに目新しいものではない。しかしながら本稿はむしろ、犯罪研究において十全な社会モデルを展開しにくい事情を指摘しておきたい。そもそも障害の社会モデルは、障害者の参加を拒む社会的障壁の問題を論じ、障害者個人には何の問題もないと捉えるものである（たとえばリハビリテーションによって克服すべきような欠陥をもった存在とは見なさない）。これは、上記の犯罪領域における社会モデルが、「犯罪」（＝問題あるもの・矯正すべきもの）というラベル自体を前提にして議論を進めていることとはまったく違ったプログラムである。犯罪領域における「社会モデル」は、当事者を「問題あるもの」とラベリングする社会を根本的には批判せず、ただマジョリティの同情に訴えて迫害を減らそうとするような、「社会モデルの立場をとらない社会運動」に近い位置にある。要するに、「個人は悪くない・社会が悪い」とする視座の徹底的な展開を、犯罪領域におけるこれまでの「社会モデル」の主張は伴っていないのである。

以上を踏まえるならば、ハーム概念への注目には、さらなる利点がある。ハーム概念を導入することは、本来の社会モデルにさらに近づく試みとなるからである。もちろんこの場合でも、ハームをもたらす刑法犯に対して「問題あるもの」とする価値判断は避けがたい。そこに一定の限界があることは認めるべきだろう。しかし権力主体のハームの大きさをより重視し、非権力主体のハームを過度に大きなものと見ないようなハイアラーキーの逆転は、不当かつ恣意的な負のラベリングを批判するマイノリティの社会運動の主張と、よりシンクロナイズするものとなる。要するに、犯罪定義の見直しとハーム概念への注目による価値軸の転換は、社会モデルへの接近を図るうえでは不可欠である。

5 おわりに

最後に、犯罪学の分野に対する本稿の意義を記そう。本稿の議論からは、犯罪学の位置取りもまた変わるべきだという結論になる。つまり研究者は犯罪者の離脱をその外部から高みに立って観察する位置にいるのではなく、当人自身、ハーム産出からの離脱が必要な位置にいる。というのも、研究は（たとえば刑法犯の自明視アプローチに依拠するなどの内容によって）ハーム産出の過程に組み込まれており、ハーム産出の仕組みの外側からハームを観察することはできないからである。

第2節で見たように犯罪学は、刑法犯としての犯罪定義を正当化する方法論的基盤が確保できていないにもかかわらず、刑事司法制度に寄り添って街頭犯罪などの限定的なハームを標的にしてきた。そうした立ち位置は、少なからぬケースで軽微なハームにしか直接関わっていない非権力主体をスケープゴートにして、多大なハームの産出に関わっている権力主体を免責することにつながっている。本稿はそうした情況に対抗し、ハーム産出からの離脱を目指す試みの一つである。そしてこの課題を追求するためには、何が犯罪学の内部においてハーム産出からの離脱を妨げているのかを把握する必要がある。

アボリショニスト（刑事司法制度の廃止論者）のルーク・フルスマンは、分業や専門化が進み、特定の解釈枠組みが前提となって物事が進行するような高度にフォーマルな文脈においては、「何が起きているのか」という状況の定義についての解釈が硬直し、当事者の意見を無視した定義が温存されると指摘している（Hulsman 1986 : 77）。その最も顕著な例は、刑事司法制度だという。法の論理に従った刑事裁判が、被害者にも加害者にも受け入れがたい不満を残して進行する例を考えれば、そのことはわかりやすいだろう。他方でフルスマンは、「何が起きているのか」という意味づけを柔軟にしておくことで、問題状況の意味を交渉し、共有する可能性が増すと主張している。

この議論は、犯罪学においてハーム産出からの離脱を何が妨げているのかをも明らかにしてくれる。犯罪学においても、刑法犯を犯罪とする解釈が前提となり、分業の細分化や専門化が進んでいる。こうした情勢が自明視アプローチを温存させ、方法論的な不徹底と規範的な無責任を生んでいる（と筆者が考える）ことはすでに述べた通りである。したがって必要なことは、問題状況の意味を交渉する言論空間の確保である。それは犯罪定義をめぐって争い合う領域を活性化させることで可能になると考えられる。

以上のように、本稿はこれまで、犯罪定義にまつわる問題を無視せずにハーム概念に注目したときに、どのように新たな視点が導かれ、何をしなければならないかを論じてきた。

次に、本稿の立論に対する反論の可能性についても触れておきたい。たとえば、刑法犯を前提とした研究を擁護する方向も当然ながらありうるし、さらなる犯罪化や犯罪者の施設収容が必要であることを論証する反批判があってもよい。というよりも、むしろそうした批判がなければ健全な言論空間たりえないと筆者は考える[17]。

重要なことは、それらの反論がどれも、研究者のコミットする規範をめぐるやりとりを生み出すということである。それは、自明視アプローチに依拠して経験的な知見を積み重ねていく方向とは異なったアカデミズムの営みを活性化することにつながる。本稿自体もそうした営みの一つだが、本稿のような主張を批判する作業とあわせて、「何が望ましいのか」を論じる規範的な議論のアリーナを形作ることになる。このようなやりとりの中に研究を位置づけることに、研究の立ち直りの方向性が望みうるのである。

それではここまでの議論をまとめておこう。犯罪研究は、規範的なコミットメントを明示・検討すべきである。そしてハーム概念への注目は、刑法犯による犯罪定義より一貫しており、規範的なコミットメントに関しても明確な立場をとる。犯罪者／非犯罪者の二分法に抗い、ともにハームに対処する協働者として言論空間を形成し、ハームの削減を働きかけることに、研究の重要な意義があると考えるのである。

以上は学術研究に対する本稿のインプリケーションであるが、専門家以外の一般の人々にも関係がある。本稿の議論は、次のような変化を呼びかけるものとなる。

第一に、私たちは、「権力主体の犯罪」が中心的な犯罪だと知っているので、非権力主体の犯罪にのみ注目を促すような働きかけやキャンペーンに違和感を抱き、批判的になるかもしれない。そして権力主体の犯罪の隠蔽こそを警戒するようになるかもしれない。

第二に、私たちは「犯罪者／非犯罪者」という二分法を疑い、誰もが何かしらの加害に関わっていることを知っている。これは絶望よりも希望をもたらす認識である。というのも、ハーム産出の関係性を協働して変えることを、誰もが日常生活の現場で構想できるし、構想すべきであるといえるからだ。つまり私たちは、ハーム削減への協働者・当事者なのであり、離脱の当事者とそれに対する支援者というような役割分業は意味をなさない[18]。これは、「社会の変化」を目指す社会モデルの営みに、私たちが参加するということでもある。

第三に、私たちは「良いとされる資源がハームの産出に組み込まれている」ことを知っている。このことは、非権力主体の犯罪を二度非難することの問題性を自覚させるだろう。一度目の非難とは、より重大なハームを見逃しながら非権力主体の犯罪をやり玉に挙げる恣意的な営みのことである。二度目の非難とは、非権力主体の犯罪を何らかの望ましくない要因――失業、不安定就業、機能不全家族、低自己コントロール等――によるものと考え、そうした要因を備えた非権力主体を劣ったものと見なす営みである。二度目の非難が不当なのは、重大なハームはむしろ「望ましいとされる要因」を備えていながら引き起こされるのだから、右のような見方は問題とすべき要因を捉えそこなっているためである。

もちろんここでも、本稿の呼びかけは批判に開かれている。人々は、前述のような変化の呼びかけに対して、理由を明示して抗うことが可能である。賛同するにせよ反発するにせよ、それらの営みが、犯罪定義を見つめ直し規範的な提案を提示し合う言論空間を形成するだろう。「離脱」を考えるうえで、現在とりわけ必要なことは、そのような空間の確保である。[19]

注

［1］　イラク戦争の民間人犠牲者数には、直接米軍の手によるものではない死亡者も含まれている。しかしいずれも、アメリカが戦争を開始しなければ生じないですんだはずの犠牲である。米軍の攻撃に伴って膨大な数の民間人が直接に殺害されていることもまた、否定すべくもない。

［2］　本稿でいう「刑法」は、犯罪と刑罰を規定するすべての法を指す広義の用法による（つまり刑法典には限定されていない）。

［3］　国家犯罪をめぐる犯罪学の議論は、必ずこの概念の難しさに言及する。犯罪を定義する権限をもつ国家が行う犯罪を、どのように概念化するかは、一筋縄ではいかない問題である。国家はみずからの行いを犯罪でないと定義できるし、通常はそうするからである。それに対抗して国際法や人権侵害に注目した国家犯罪の定義が試みられているが、それは「犯罪学者がさまざまなソーシャルハームを国家犯罪として分析する理論的好機をつくり出した」（Kramer and Michalowski 2005：448）。国家犯罪という概念は、後述するソーシャルハーム概念に包含されうる。

［4］　筆者自身がかつて行った研究もその例外ではない（山口二〇一二）。本稿は、筆者も含めた研究者のあり方に対する反省を踏まえた論考である（東京大学非行研究会編二〇一四も参照）。

［5］　なお危害原理の「危害」は英語の〝harm〟に該当する。後述する批判的犯罪学における〝social harm〟概念の定訳がないため、本章では〝harm〟の訳語をカタカナ書きの「ハーム」として表記する。

［6］　ここでいう権力主体は、国家、資本家階級、大企業、マジョリティに属する人々の集団などを指している。しかしながら、それらと対置される〝the powerless〟（非権力主体）が、権力と無関係であるとはいえない。私たちは、「権力をもっている人・もっていない人」というように人がもつ力として権力を把握しがちであるが、ミ

シェル・フーコーはそれとは異なり、いたるところに張りめぐらされた力関係の網の目として権力を捉えている（Foucault 1976 ＝ 1986）。こうした見方からすれば、たとえば人々が刑法犯による犯罪定義を自明視して支持することは、一部の有害な行動のみを問題視して働きかける権力の作用を支える営みとなる。つまり、非権力主体と訳した〝the powerless〟であっても、権力作用に関わってはいるのである。ここでは権力概念をめぐる論争に立ち入る余地はないが、本章で用いる権力主体／非権力主体の区分は力関係の不均衡を表すためのものであり、あくまでも相対的な用法であることを強調しておきたい。

［7］ 刑法犯による犯罪定義の困難は、離脱研究の困難に直結せざるをえない。離脱研究を幅広くレビューした平井秀幸によれば、離脱をどう定義するかにまつわる難点は、以前から認識されていた（平井二〇一六）。研究者はその問題に対応して、離脱の「状態」から「プロセス」へと注目をシフトさせたり、アイデンティティ変容や認知的変容に焦点を移し替えたりすることで、対応を図ってきた。しかしどの場合でも、「離脱している状態・していない状態」という区別は想定され、密輸されているという。つまり、この問題は解決されることなく、たんに隠蔽されてきたのである（平井二〇一六：七一－七四）。

［8］ 多義的な使い方をされる言葉だが、その行為が公共空間で行われる点が強調される傾向にある。

［9］ もちろんルーツをさらにさかのぼることは可能であり、サイモン・ペンバートンはフリードリヒ・エンゲルスを始源の一人においている（Pemberton 2016：1）。

［10］ ソーシャルハーム概念を紹介した邦語文献としては、平井（二〇一六）を参照。

［11］ もちろんこれに対する批判もありうる。すぐに思い浮かぶのは、ハームは厳密に定義できるのか、測定できるのか、といった批判だ。ソーシャルハーム・アプローチを主導するパディ・ヒルヤードとスティーヴ・トゥームスは、ハーム概念も刑法犯概念と同様に、存在論的なリアリティを欠いており定義しがたいという批判がありうることを認めている。彼らは操作的定義の必要性と、それが可能であることを「クオリティ・オブ・ライフ」概念を例に挙げて主張している（Hillyard and Tombs 2004：20, Hillyard et al. 2005 も参照）。

［12］ ハームや犯罪、離脱はいずれも価値的な用語である。つまり、何らかの望ましさを指示する規範と相関的にしか用語の意味を定められない。そうした事情は、定義をめぐる争いの源となる。たとえばマンシーは犯罪定義

の系譜を整理して、刑法犯、道徳的規則の違反、社会的構築、イデオロギー的非難、歴史的発明、ソーシャルハームという六つの流派の並立状況を見て取っている（Muncie 2001）。

[13]　クレイム申し立てとは社会問題の社会学の領域で提唱された概念であり、「問題のある状態」を定義して、注目や対応を聞き手（オーディエンス）に要請する働きかけのことをいう。

[14]　たとえばジェフリー・ライマンとポール・レイトン共著の邦訳書が、そのような見取り図を提示している（Reiman and Leighton 2009 ＝ 2011）。

[15]　生成性（generativity）とは心理学者エリク・エリクソンのライフ・サイクル理論に由来する用語であり、マルナにおいては回復の脚本の三つ目の要素として、社会や次世代への貢献を志すことを意味している。

[16]　医療モデルとは、犯罪者を病気にかかった患者に見立てて治療するという考え方である（第1章も参照）。

[17]　このような立場の一例として、犯罪化の規範的基盤を探究する「犯罪化プロジェクト」が挙げられる（Zedner 2011）。

[18]　この見方は、吉間慎一郎の議論とある部分を共有しているように思える（吉間二〇一七）。

[19]　仮にこうした観点を受け入れるならば、その観点から本書に収められた諸論稿をどう捉えるかは、さらなる検討に開かれている。いくつかの論稿は、犯罪定義や離脱定義を明示的に問い直す規範的言論の領野に踏み込んでいるかもしれない。他の論稿は、そこまで行かなくとも離脱に寄与するとされる「望ましい」要因の望ましさを疑っているかもしれない。他方で、そうした方向性にはコミットせず、自明視アプローチに居直っている論稿があるかどうかも、さらなる吟味に開かれているだろう。もちろん本稿のような観点が妥当であるかの検討も、あわせて行うべきであることはいうまでもない（第9章の「境界政治」概念を参照のこと）。なお、この論稿は平井秀幸氏との長年の議論に多くを拠っている。もとより文章の責任は筆者に帰属するが、記して感謝したい。

▼山口　毅▲

あとがき

まず、当初の予定から二年半も遅れての刊行となったことについて、ちとせプレスの櫻井堂雄氏、それに多くの分担執筆者に対して深くお詫び申し上げる次第である。櫻井氏には刊行まで大変お世話になった。記して感謝申し上げたい。

本書刊行の発端は、櫻井氏からの二〇一五年八月のメールである。氏の「犯罪・非行について学問的知見を手がかりに多くの市民が親しみ、考えることができるような刊行物を」との考えに賛同し、創設したばかりの研究グループ「『立ち直り』に関する研究会」（略称「立ち研」）の二〇一五年春時点のメンバーで、本書執筆者でもある平井氏、山口氏、藤間氏に声をかけて、同年一一月に櫻井氏とこの四名で最初の打ち合わせを行った。その際決まったのは「非行からの離脱を中心テーマに」「専門的な内容を扱いつつも、一般の読者や大学生を意識してかみ砕いた解説を」、ただし「社会学の特徴は出したい」という方向性だった。ただ、立ち研の方向性がその時点ではやや不明瞭だったため、出版計画の具体化は先延ばしとなった。

立ち研が本格的にスタートしたのは、二〇一五年夏である。年度当初は上記四名で開始したが、「立ち直り」に関して理論的研究・経験的研究を同時に進めるためには、メンバーの増員が急務であった。そこで同六月平井氏から相良氏、都島氏、岡村氏（以上本書執筆者）などにメールが送信され、参加が呼びかけられた。その際、緩やかに次の二点の共有が図られた。すなわち①「同一人物に長期にわたって縦断的にはりつき、その変化や生活プロセスをみる調査セッティング」を重視すること、②「オルタナティヴな『立ち直り』」を明らかにするような志向性をもつことである。②は、特定の規範的「立ち直り」像に従った「立ち直り」のあり方（たとえば「社会の役に立つ人間になる」など）とは異なる「立ち直り」のあり方を言語化して提示するといった志向のことであり、立ち研の重要なコンセプトであった。「はしがき」でも述べた通り、本書に緩やかに通底するコンセプトの一つが、この志向性である。

なお、立ち研は以後、新たなメンバーを加えつつ（たとえば二〇一七年春から本書執筆者の志田氏が参加）、二〇一八年度以降は、理論班、質的調査班、言説分析班の三班体制で進められた。二〇一九年度からは新たに科研費の助成を受ける機会に恵まれ、二〇二一年一一月現在も研究活動を続けている。本書に盛り込めなかった研究成果については、別の機会にぜひとも世に問いたいと考えている。

本書は、ＪＳＰＳ科研費（15K01757、19H01558）の助成による研究成果の一部である。これらとは別に、第６～８章は各章の注に記載された助成を受けている。

二〇二一年一一月

岡邊　健

文献

第1章

相澤育郎、二〇一九、「グッドライフモデルと犯罪・非行からの立ち直り」『犯罪社会学研究』四四：一一－二九.

Bonta, J. and D. A. Andrews, 2017, *The Psychology of Criminal Conduct*, 6th ed., Routledge.（原田隆之訳、二〇一八、『犯罪行動の心理学〔原著第6版〕』北大路書房.）

Carlton, B. and E. Baldry, 2013, "Therapeutic Correctional Spaces, Transcarceral Interventions: Post-Release Support Structures and Realities Experienced by Women in Victoria, Australia," B. Carlton and M. Segrave eds., *Women Exiting Prison: Critical Essays on Gender, Post-Release Support and Survival*, Routledge, 56-76.

Cid, J. and J. Martí, 2016, "Structural Context and Pathways to Desistance: Research in Spain," J. Shapland, S. Farrall and A. Bottoms eds., *Global Perspectives on Desistance*, Routledge, 66-82.

Graham, H. and F. McNeill, 2017, "Desistance: Envisioning Futures," P. Carlen and L. A. França eds., *Alternative Criminologies*, Routledge, 433-451.

浜井浩一、二〇一七、「日本の刑罰は誰を何のために罰しているのか――持続可能な刑罰とは」浜井浩一編『シリーズ刑事司法を考える第6巻　犯罪をどう防ぐか』岩波書店、六八－八八.

平井秀幸、二〇一九、「ナラティヴ犯罪学における近年の展開――規範的コミットメント・ナラティヴ的介入・ナラティヴ的闘争」『四天王寺大学紀要』六八：一七五－一九八.

市川岳仁、二〇一九、「アディクトの人生に寄り添う――治療でも更生でもなく」『犯罪社会学研究』四四：六三－七九.

掛川直之、二〇二〇、『犯罪からの社会復帰を問いなおす――地域共生社会におけるソーシャルワークのかたち』旬報社.

Kazemian, L., 2007, "Desistance from Crime: Theoretical, Empirical, Methodological and Policy Considerations," *Journal of Contemporary Criminal Justice*, 23(1): 5-27.

Laub, J. H. and R. J. Sampson, 2001, "Understanding Desistance from Crime," *Crime and Justice: A Review of Research*, 28: 1-69.

————, 2003, *Shared Beginnings, Divergent Lives: Delinquent Boys to Age 70*, Harvard University Press.

Laws, D. R. and T. Ward, 2011, *Desistance from Sex Offending: Alternatives to Throwing away the Keys*, Guilford Press.（津富宏・山本麻奈監訳、二〇一四、『性犯罪からの離脱――「良き人生モデル」がひらく可能性』日本評論社.）

Maruna, S. 2001, *Making Good: How Ex-Convicts Reform and Rebuild Their Lives*, American Psychological Association.（津富宏・河野荘子監訳、二〇一三、『犯罪からの離脱と「人生のやり直し」――元犯罪者のナラティヴから学ぶ』明石書店.）

Maruna, S. and S. Farrall, 2004, "Desistance from Crime: A Theoretical Reformulation," *Kölner Zeitschrift für Soziologie und Sozialpsychologie*, 43: 171-194.

Moffitt, T. E., 1993, "Adolescence-Limited and Life-Course-Persistent Antisocial Behavior: A Developmental Taxonomy," *Psychological Review*, 100(4): 674-701.

仁平典宏、二〇一九、「社会保障――ネオリベラル化と普遍主義化のはざまで」小熊英二編『平成史 完全版』河出書房新社、二八七－三八七.

岡邊健、二〇一五、「計量分析からみるわが国の少年非行――再非行の状況を中心に」『刑政』一二六（六）：四六－五九.

Piquero, N. L. and M. L. Benson, 2004, "White Collar Crime and Criminal Careers: Specifying a Trajectory of Punctuated Situational Offending," *Journal of Contemporary Criminal Justice*, 20(2): 148-165.

Sampson, R. J. and J. H. Laub, 1993, *Crime in the Making: Pathways and Turning Points through Life*, Harvard University Press.

津富宏、二〇一一a、「はしがき――本書の趣旨と構成」日本犯罪社会学会編、津富宏責任編集『犯罪者の立ち直りと犯罪者処遇のパラダイムシフト』現代人文社、三－七.

————、二〇一一b、「犯罪者処遇のパラダイムシフト――長所基盤モデルに向けて」日本犯罪社会学会編、津富宏責任編集『犯罪者の立ち直りと犯罪者処遇のパラダイムシフト』現代人文社、六二－七七.

津富宏・相澤育郎、二〇一九、「はしがき――犯罪・非行からの立ち直りの理論と支援の理論」『犯罪社会学研究』四四：

四－一〇.
Weaver, B., 2019, "Understanding Desistance: A Critical Review of Theories of Desistance," *Psychology, Crime & Law*, 25(6): 641-658.
Willis, G. and T. Ward, 2013, "The Good Lives Model: Evidence That It Works," L. Craig, L. Dixon, and T. A. Gannon eds., *What Works in Offender Rehabilitation: An Evidence Based Approach to Assessment and Treatment*, John Wiley & Sons, 305-318.

第2章

樋口耕一、二〇一八、「KH Coder 3 リファレンス・マニュアル」.
平井秀幸、二〇二〇、「犯罪・非行からの『立ち直り』?――社会構想への接続」岡邊健編『犯罪・非行の社会学――常識をとらえなおす視座〔補訂版〕』有斐閣、二四九－二七二.
法務省法務総合研究所編、二〇一二、『平成24年版犯罪白書――刑務所出所者等の社会復帰支援』日経印刷.
望月嵩、一九八九、「犯罪者とその家族へのアプローチ」『犯罪社会学研究』一四：五七－六九.
村松励、二〇〇〇、「非行臨床における家族療法」『刑政』一一一（八）：三八－四六.
島田幸男、一九八九、「非行後の家族」『犯罪社会学研究』一四：四二－五六.
生島浩、一九九八、「非行臨床における家族療法の展開」『犯罪と非行』一一五：四九－六九.
――――、二〇〇八、「非行臨床における家族支援」『更生保護』五九（二）：六－一一.
藤間公太、二〇一一、「『非行と家族』研究の展開と課題――背後仮説の検討を通じて」『人間と社会の探求　慶應義塾大学大学院社会学研究科紀要』七二：七一－八七.
――――、二〇一七、『代替養育の社会学――施設養護から〈脱家族化〉を問う』晃洋書房.
――――、二〇一八、「ケアの多元化と脱家族化」『大原社会問題研究所雑誌』七二一：五八－六九.

第3章

藍野宜慶、一九七五、「地域住民の連帯による青少年の非行防止――第25回〝社会を明るくする運動〟月間に当たって」『更生保護』二六（七）：二一－二三.

芥川龍之介、［一九二二］一九七七、「将軍」芥川龍之介『芥川龍之介全集　第5巻』岩波書店、一四三－一七二．

青山彩子、二〇〇八、「保護司等との連携による非行少年の立ち直り支援」『警察政策研究』一二：七七－八〇．

浜井浩一、二〇一三、「高齢者・障がい者の犯罪をめぐる議論の変遷と課題――厳罰から再犯防止、そして立ち直りへ」『法律のひろば』六七（一二）：四－一二．

平尾博志、一九八六、「第36回『社会を明るくする運動』に寄せて　犯罪予防活動について」『青少年問題』三三（七）：四－一二．

本多兵三郎、一九六四、「『社会を明るくする運動』月間にあたって　矯正施設と地域社会について」『刑政』七五（五）：四四－四七．

本位田昇、一九六六、「〝社会を明るくする運動〟に際して」『青少年問題』一三（七）：一二－一三．

堀川義一、一九七二、「住民の力で防ごう少年非行――第22回〝社会を明るくする運動〟によせて」『時の法令』七九〇：四〇－四三．

法務省矯正局教育課編、一九八〇、『立ち直りつつある少年たち　第1集――少年院で学ぶ若者たちの手記』矯正協会．

――――、一九八四、『立ち直りつつある少年たち　第2集――少年院で学ぶ若者たちの手記』矯正協会．

――――、一九九二、『立ち直りつつある少年たち　第3集――少年院で学ぶ若者たちの手記』矯正協会．

法務省保護局更生保護振興課、二〇一〇、「第60回〝社会を明るくする運動〟～犯罪や非行を防止し、立ち直りを支える地域のチカラ～に当たって」『更生保護』六一（六）：八－一一．

稲葉保、二〇一〇、「第60回〝社会を明るくする運動〟に寄せて――犯罪や非行を防止し、立ち直りを支える地域のチカラ」『法律のひろば』六三（七）：六一－六七．

神谷尚男、一九七四、「青少年の非行防止のための地域活動の推進――第24回〝社会を明るくする運動〟月間に当たって」『更生保護』二五（七）：二－三．

神谷信行・青島多津子・村尾泰弘・生島浩、二〇〇六、「座談会　非行からの立ち直りを支援する」『現代のエスプリ』四六二：五－三二．

古賀博秀、一九六五、「第15回　社会を明るくする運動――犯罪者の更生と犯罪予防のため地域の社会資源を再組織化」

『時の法令』五三八：三四－三八．

久保貴、二〇一四、「《第64回》〝社会を明るくする運動〟に寄せて――犯罪や非行を防止し、立ち直りを支える地域のチカラ」『自由と正義』六五（七）：七七－八〇．

松原吉治、二〇〇七、「東京都青少年問題協議会答申『少年院等を出た子どもたちの立ち直りを、地域で支援するための方策』が提言されました」『罪と罰』四四（二）：三二－三七．

夏目漱石、［一九〇五］一九六六、「薤露行」夏目漱石『漱石全集　第2巻　短篇小説集』岩波書店、一三九－一七五．

日本犯罪社会学会編、津富宏責任編集、二〇一一、『犯罪者の立ち直りと犯罪者処遇のパラダイムシフト』現代人文社．

岡本英生、二〇〇六、「非行からの立ち直りの要件」『現代のエスプリ』四六二：一七〇－一八〇．

櫻井美香、二〇一四、「非行防止・非行少年立ち直り支援に関する自治体の幅広い取組について」『社会安全・警察学』一：六七－七〇．

鈴木一光、二〇〇二、「社会復帰への支援――立ち直りのために」『刑政』一一三（一二）：三八－四五．

竹内寿平、一九六七、「青少年の非行防止――第17回〝社会を明るくする運動〟月間にあたって」『更生保護』一八（七）：二－三．

恒川京子、一九七四、「第24回『社会を明るくする運動』について――青少年の非行防止のための地域活動の推進」『刑政』八五（七）：六二－六五．

若山祐樹、二〇一三、「【東京都事業】非行少年立ち直り支援ワンストップセンター『ぴあすぽ』――少年支援に係る社会資源の紹介」『自由と正義』六四（七）：九三－一〇一．

第4章

朝日新聞、二〇一八a、「地域交流、更生の思い新た　『日本一開放的』な少年院、安曇野・有明高原寮／長野県」九月三日朝刊．

――、二〇一八b、「フロントランナー　NPO法人『食べて語ろう会』理事長・中本忠子さん　よう来た、えらかったのう」一一月二四日朝刊．

Carlton, B. and M. Segrave eds., 2013, *Women Exiting Prison: Critical Essays on Gender, Post-release Support and Survival*, Routledge.
Freire, P., 1970, *Pedagogy of the Oppressed: 50th Anniversary Edition*, Bloomsbury Publishing.（三砂ちづる訳、二〇一八、『被抑圧者の教育学――50周年記念版』亜紀書房.
服部達也・北川裕美子・長尾貴志、二〇一八、「虐待事犯により少年院送致となった少年・家族へのアプローチの事例に基づく家族関係再構築、包括支援の在り方」第45回日本犯罪社会学会（於：西南学院大学）当日報告原稿.
平井秀幸、二〇一九、「ナラティヴ犯罪学における近年の展開――規範的コミットメント・ナラティヴ的介入・ナラティヴ的闘争」『四天王寺大学紀要』六八：一七五－一九八.
法務総合研究所、二〇一四、『非行少年と保護者に関する研究――少年と保護者への継続的支援に関する調査結果』法務総合研究所研究部報告54.
伊集院要・中本忠子、二〇一七、『ばっちゃん――子どもたちの居場所。広島のマザー・テレサ』扶桑社.
稲葉浩一、二〇一二、「『更生』の構造――非行少年の語る『自己』と『社会』に着目して」広田照幸・古賀正義・伊藤茂樹編『現代日本の少年院教育――質的調査を通して』名古屋大学出版会、一三九－一六五.
伊藤茂樹、二〇一二、「少年院における矯正教育の構造」広田照幸・古賀正義・伊藤茂樹編『現代日本の少年院教育――質的調査を通して』名古屋大学出版会、六四－九九.
岩浪健、二〇一六、「少年院法施行後の一年を振り返る――少年院における取組と今後の展望」『刑政』一二七（九）：一六－二五.
古賀正義、二〇一二a、「男子少年院における矯正教育の構造」広田照幸・古賀正義・伊藤茂樹編『現代日本の少年院教育――質的調査を通して』名古屋大学出版会、一〇〇－一〇七.
――――、二〇一二b、「成績評価の役割と機能――教育的視点から」広田照幸・古賀正義・伊藤茂樹編『現代日本の少年院教育――質的調査を通して』名古屋大学出版会、二八六－三一九.
越川葉子、二〇一二、「『役割』行動の役割――『子ども』役割への抵抗と受け入れ過程に着目して」広田照幸・古賀正義・伊藤茂樹編『現代日本の少年院教育――質的調査を通して』名古屋大学出版会、一八八－二一三.
松田高明、二〇〇八、「置賜学院における就学支援としての復学調整について」『日本矯正教育学会大会発表論文集』四四：一一三－一一四．

南保輔、二〇一二、「成績評価における相互作用――『変わった』確認ワークの分析から」広田照幸・古賀正義・伊藤茂樹編『現代日本の少年院教育――質的調査を通して』名古屋大学出版会、三二〇－三四二．

文部科学省、二〇二〇、「令和2年度学校基本調査（確定値）の公表について」．https://www.mext.go.jp/content/20200825-mxt_chousa01-1419591_8.pdf
村口征司・立花明光・三木豪、二〇〇五、「保護環境調整指導の一環としての復学調整」『日本矯正教育学会大会発表論文集』四一：一四六－一四九．

内閣府、二〇一四、「平成26年度青少年問題調査研究会（第4回）議事録」．https://www8.cao.go.jp/youth/kenkyu/mondai/h26/k_4/pdf/kouenroku.pdf
仲野由佳理、二〇一二、「少年の『変容』と語り――語りの資源とプロットの変化に着目して」広田照幸・古賀正義・伊藤茂樹編『現代日本の少年院教育――質的調査を通して』名古屋大学出版会、一〇八－一三八．

――――、二〇一四、「少年院からの社会復帰における課題――矯正教育に関する研究から」『罪と罰』五一（四）：九三－一〇四．

――――、二〇一五、「『調停者』としての矯正教育――『ナラティヴ』の観点から」『刑政』一二六（四）：一四－二四．

――――、二〇一八、「物語装置としての更生保護施設――困難を契機とした〈変容の物語〉の再構成」『犯罪社会学研究』四三：七二－八六．

仲野由佳理・田中奈緒子・安藤藍、二〇一八、「少年院における社会復帰支援の取り組みと課題――X女子少年院におけるインタビュー調査から」二〇一七年度日本社会福祉学会関東部会（於：明治学院大学）当日報告原稿．

大川力・妙円薗章・渕上康幸・嶋谷宗泰・門本泉、一九九八、「少年院における成績評価に関する研究（その1）」『中央研究所紀要』八：四五－五二．

田中智志、二〇〇八、「自律と更生――何が自己肯定を生み出すのか？」臨床人間教育学会編『生きること』東信堂、四三－六七．

内山絢子、一九八六、「女子非行少年と家庭の役割」『更生保護』三七（三）：一八－二四．

山田高志・星野亮毅・畑和輝、二〇一一、「最近の中学校への復学調整事例から見た関係機関の連携の在り方について」『日本矯正教育学会大会発表論文集』四七：九四－九七.

Winsland, J. and G. Monk, 2000, *Narrative Mediation: A New Approach to Conflict Resolution*, John Wiley & Sons.（国重浩一・バーナード紫訳、二〇一〇、『ナラティヴ・メディエーション――調停・仲裁・対立解決への新しいアプローチ』北大路書房.）

▶第5章

Bonta, J., 2012, “The RNR Model of Offender Treatment: Is There Value for Community Corrections in Japan?” *Japanese Journal of Offenders Rehabilitation*, 1: 29-56.（染田惠訳、二〇一二、「日本の犯罪者の社会内処遇制度におけるＲＮＲモデルの有効性」『更生保護学研究』一：四三－五六.）

Farrall, S. et al., 2014, *Criminal Careers in Transition: The Social Context of Desistance from Crime*, Oxford University Press.

Fitzgibbon, D. W., 2008, “Deconstructing Probation: Risk and Developments in Practice,” *Journal of Social Work Practice*, 22(1): 85-101.

藤本哲也・生島浩・辰野文理編、二〇一六、『よくわかる更生保護』ミネルヴァ書房.

法務省法務総合研究所編、二〇一七、『平成29年版犯罪白書』. http://hakusyo1.moj.go.jp/jp/64/nfm/mokuji.html

法務省法務総合研究所編、二〇一八、『平成30年版犯罪白書』. http://hakusyo1.moj.go.jp/jp/65/nfm/mokuji.html

法務総合研究所、二〇一九、『再犯防止対策等に関する研究』法務総合研究所研究部報告59. http://www.moj.go.jp/housouken/housouken03_00103.html

今福章二・小長井賀與編、二〇一六、『保護観察とは何か――実務の視点からとらえる』法律文化社.

上岡陽江・ダルク女性ハウス、二〇一二、『生きのびるための犯罪《みち》』イースト・プレス.

勝田聡、二〇一六、「リスク・ニード・リスポンシビティモデルを踏まえた保護観察処遇についての考察」『千葉大学人文社会科学研究』三二：六三－七六.

Lipsky, M., 1980, *Street-Level Bureaucracy: Dilemmas of the Individual in Public Service*, Russell Sage Foundation.（田尾雅夫・北大路

信郷訳、一九八六、『行政サービスのディレンマ――ストリート・レベルの官僚制』木鐸社.）
Rex, S., 1999, "Desistance from Offending: Experiences of Probation," *The Howard Journal of Criminal Justice*, 38(4): 366-383.
吉田研一郎、二〇一四、「更生保護法施行前後における保護観察実務の動向と今後の展望――成人の保護観察を中心に」『犯罪社会学研究』三九：七－二二.

第6章

Bonta, J. and D. A. Andrews, 2017, *The Psychology of Criminal Conduct*, 6th ed., Routledge.（原田隆之訳、二〇一八、『犯罪行動の心理学〔原著第6版〕』北大路書房.）
知念渉、二〇一三、「非行系青少年支援における『男性性』の活用――文化実践に埋め込まれたリテラシーに着目して」『部落解放研究』一九九：四一－五二.
法務省法務総合研究所編、二〇一八、『平成30年版犯罪白書』. http://hakusyo1.moj.go.jp/jp/65/nfm/mokuji.html
今福章二、二〇〇二、『更生保護施設における処遇に関する研究』法務研究報告書第八九集第三号、法務総合研究所.
――――、二〇〇五、「政策形成におけるエビデンスの役割」『犯罪社会学研究』三〇：四八－五五.
一般社団法人よりそいネットおおさか、二〇一四、「更生保護施設および更生保護施設入所者・退所者の実態に関する調査報告書」厚生労働省平成25年度セーフティネット支援対策事業社会福祉推進事業.
金澤真理、二〇〇七、「更生保護施設に関する一考察」『山形大学法政論叢』三七・三八：一－二六.
小長井賀與、二〇〇九、「更生保護と元犯罪者の社会への再統合」日本犯罪社会学会編『犯罪からの社会復帰とソーシャル・インクルージョン』現代人文社、一〇〇－一一四.
松本俊彦、二〇一六、『よくわかるSMARPP――あなたにもできる薬物依存者支援』金剛出版.
松嶋秀明、二〇〇五、『関係性のなかの非行少年――更生保護施設のエスノグラフィーから』新曜社.
中村秀郷、二〇一八、「更生保護施設における刑務所出所者等の社会復帰支援で直面する困難性――修正版グランデッド・セオリー・アプローチ（M－GTA）による分析から」『社会福祉学』五八（四）：八九－一〇一.
仲野由佳理、二〇一七、「少年院から社会への移行における更生保護施設の役割――更生保護施設職員の語りにみる『矯正教育における変容』のその後」『教育學雑誌』五三：三三－四八．

――、二〇一八、「物語装置としての更生保護施設――困難を契機とした〈変容の物語〉の再構成」『犯罪社会学研究』四三：七二－八六．

岡本泰弘、二〇一六、『更生保護施設における薬物事犯者に関する研究』法務研究報告書第一〇三集第一号、法務総合研究所．

朴珠熙、二〇一七a、「起訴猶予者の再犯防止に向けた更生保護施設の在り方――入口支援の実施を踏まえて」『法学政治学論究――法律・政治・社会』一一二：二七三－三〇三．

――、二〇一七b、「社会的企業を活用した更生保護施設の就労支援――韓国における社会的企業の育成と更生保護施設との連携を契機として」『法学政治学論究――法律・政治・社会』一一三：二〇七－二三九．

相良翔、二〇一三a、「更生保護施設のエスノグラフィー――『問題』・『変容』・『処遇』を焦点に」二〇一二年度財団法人社会安全研究財団若手研究助成報告書．

――、二〇一三b、「更生保護施設における処遇の流れと今後の課題」伊藤冨士江編『司法福祉入門――非行と犯罪への対応と被害者支援〔第2版〕』上智大学出版、二三四－二三五．

――、二〇一七、「更生保護施設在所者の『更生』――『更生』における自己責任の内面化」『ソシオロジ』六二（一）：一一五－一三一．

相良翔・伊藤秀樹、二〇一六、「薬物依存からの『回復』と『仲間』――ダルクにおける生活を通した『欲求』の解消」『年報社会学論集』二九：九二－一〇三．

都島梨紗、二〇一七、「更生保護施設生活者のスティグマと『立ち直り』――スティグマ対処行動に関する語りに着目して」『犯罪社会学研究』四二：一五五－一七〇．

八木原律子、二〇一四、「更生保護施設におけるSST実践に関する調査研究――現状と課題」『明治学院大学社会学・社会福祉学研究』一四二：一四五－一七〇．

八木原律子・久保美紀、二〇一四、「更生保護施設におけるSST実践の現状と課題――更生保護施設での聞き取り調査をもとにして」『明治学院大学社会学部付属研究所年報』四四：四九－五六．

▼第7章

知念渉、二〇一四、「『貧困家族であること』のリアリティ――記述の実践に着目して」『家族社会学研究』二六（二）：一〇二－一一三.

Gubrium, J. F. and J. A. Holstein, 1990, *What Is Family?* Mountain View, Mayfield Publishing Company.（中河伸俊・湯川純幸・鮎川潤訳、一九九七、『家族とは何か――その言説と現実』新曜社.）

Hirschi, T., 1969, *Causes of Delinquency*, University of California Press.（森田洋司・清水新二監訳、一九九五、『非行の原因――家庭・学校・社会のつながりを求めて』文化書房博文社.）

法務省、二〇二一、「更生保護施設とは」. http://www.moj.go.jp/hogo1/kouseihogoshinkou/hogo_hogo10-01.html

松嶋秀明、二〇〇五、『関係性のなかの非行少年――更生保護施設のエスノグラフィーから』新曜社.

宮内洋・松宮朝・新藤慶・石岡丈昇・打越正行、二〇一四、「貧困調査のクリティーク（一）『豊かさの底辺に生きる』再考」『北海道大学大学院教育学研究院紀要』一二〇：一九九－二三〇.

望月嵩、一九八九、「犯罪者とその家族へのアプローチ」『犯罪社会学研究』一四：五七－六九.

大橋薫、一九八三、『家族病理の社会』垣内出版.

岡邊健、二〇一三、『現代日本の少年非行――その発生態様と関連要因に関する実証的研究』現代人文社.

志田未来、二〇一五、「子どもが語るひとり親家庭――『承認』をめぐる語りに注目して」『教育社会学研究』九六：三〇三－三二三.

Sutherland, E. H. and D. R. Cressey, 1963, *Principles of Criminology*, Lippincott.（平野龍一・所一彦訳、一九六四、『刑事学原論Ｉ　犯罪の原因』有信堂.）

生島浩、二〇一六、『非行臨床における家族支援』遠見書房.

田中奈緒子・仲野由佳理・山本宏樹、二〇一三、「質問紙調査からみた少年院」広田照幸・後藤弘子編『少年院教育はどのように行われているか――調査からみえてくるもの』公益財団法人矯正協会、四九－八四.

藤間公太、二〇一一、「『非行と家族』研究の展開と課題――背後仮説の検討を通じて」『人間と社会の探究　慶應義塾大学大学院社会学研究科紀要』七二：七一－八七.

――、二〇一七、『代替養育の社会学――施設養護から〈脱家族化〉を問う』晃洋書房．

都島梨紗、二〇一七、「更生保護施設生活者のスティグマと『立ち直り』――スティグマ対処行動に関する語りに着目して」『犯罪社会学研究』四二：一五五―一七〇．

▼第8章

Aさん・森一平、二〇一三、「『生き方』を変える」ダルク研究会編（南保輔・平井秀幸責任編集）『ダルクの日々――薬物依存者の生活と人生』知玄舎、三八―七七．

Assenheimer, R., 1991, "The Essentials of a Drug Rehab Institution."（吉岡隆訳、一九九一→一九九七、「リハビリ施設の四つの条件」ダルク編集委員会編『なぜ、わたしたちはダルクにいるのか』東京ダルク、一六―二四．）

ダルク研究会編（南保輔・平井秀幸責任編集）、二〇一三、『ダルクの日々――薬物依存者の生活と人生』知玄舎．

Halsey, M., R. Armstrong and S. Wright, 2017, "'F*CK IT!': Matza and The Mood of Fatalism in the Desistance Process," *British Journal of Criminology*, 57(5): 1041-1060.

伊藤秀樹、二〇一八、「薬物をやめ続けるための自己物語――再使用の危機に直面したダルクスタッフの語り」小林多寿子・浅野智彦編『自己語りの社会学――ライフストーリー・問題経験・当事者研究』新曜社、一五八―一七七．

平井秀幸、二〇一三、「『承認』と『保障』の共同体をめざして――草創期ダルクにおける『回復』と『支援』」『四天王寺大学紀要』五六：九五―一二〇．

――、二〇一五、『刑務所処遇の社会学――認知行動療法・新自由主義的規律・統治性』世織書房．

――、二〇一八、「ハームリダクションのダークサイドに関する社会学的考察・序説」熊谷晋一郎責任編集『当事者研究と専門知――生き延びるための知の再配置』臨床心理学増刊一〇：一一九―一三一．

上岡陽江・大嶋栄子、二〇一〇、『その後の不自由――「嵐」のあとを生きる人たち』医学書院．

近藤恒夫、一九九七、『薬物依存』大海社．

河野荘子、二〇一七、「犯罪者の長所や強みを生かす処遇理論――長所基盤モデルの成り立ちと今」『刑政』一二八（一二）：三六―四四．

Maruna, S. and T. P. LeBel, 2009, "Strengths-Based Approaches to Reentry: Extra Mileage toward Reintegration and Destigmatization," *Japanese Journal of Sociological Criminology*, 34: 59-81.（平井秀幸訳、二〇一一、「再参入に向けた長所基盤のアプローチ——再統合と脱スティグマ化への更なるマイル」日本犯罪社会学会編、津富宏責任編集『犯罪者の立ち直りと犯罪者処遇のパラダイムシフト』現代人文社、一〇二-一三〇.）

松本俊彦・古藤吾郎・上岡陽江編、二〇一七、『ハームリダクションとは何か——薬物問題に対する、あるひとつの社会的選択』中外医学社.

南保輔、二〇一二、「居場所づくりと携帯電話——薬物依存からの『回復』経験の諸相」『成城文藝』二二一：一三五-一五八.

南保輔・中村英代・相良翔編、二〇一八、『当事者が支援する——薬物依存からの回復　ダルクの日々パート2』春風社.

Nugent, B. and M. Schinkel, 2016, "The Pains of Desistance," *Criminology & Criminal Justice*, 16(5): 568-584.

相良翔、二〇一五、「薬物依存からの『回復』に向けた契機としての『スリップ』——ダルク在所者へのインタビュー調査から」『保健医療社会学論集』二五（二）：六三-七二.

——、二〇一七、「ダルクヴェテランスタッフの『回復』——ヴェテランスタッフへのインタヴューからの考察」『駒澤社会学研究』四九：一三七-一五八.

——、二〇一九、『薬物依存からの「回復」——ダルクにおけるフィールドワークを通じた社会学的研究』ちとせプレス.

相良翔・伊藤秀樹、二〇一六、「薬物依存からの『回復』と『仲間』——ダルクにおける生活を通した『欲求』の解消」『年報社会学論集』二九：九二-一〇三.

東京ダルク支援センター編、二〇一〇、『「JUST FOR TODAY」Ⅲ——薬物依存症からの回復』東京ダルク支援センター.

津富宏、二〇一一、「犯罪者処遇のパラダイムシフト——長所基盤モデルに向けて」日本犯罪社会学会編、津富宏責任編集『犯罪者の立ち直りと犯罪者処遇のパラダイムシフト』現代人文社、六二-七七.

——、二〇一七、「犯罪からの離脱——リスク管理モデルから対話モデルへ」浜井浩一編『シリーズ刑事司法を考える第6巻　犯罪をどう防ぐか』岩波書店、二五二-二七六.

Ward, T., 2012, "The Rehabilitation of Offenders: Risk Management and Seeking Good Lives," *Japanese Journal of Offenders Rehabilitation*, 1: 57-76.（小長井賀與監訳、二〇一二、「犯罪者の更生――再犯危険性の管理と善い人生の追求」『更生保護学研究』創刊号：七七－九五．）

第９章

Bunton, R., 1998, "Post-Betty Fordism and Neo-liberal Drug Policy," J. Carter ed., *Postmodernity and the Fragmentation of Welfare*, Routledge, 204-219.

Chen, J., 2011, "Beyond Human Rights and Public Health: Citizenship Issues in Harm Reduction," *International Journal of Drug Policy*, 22: 184-188.

Dechman, M. K., 2015, "Peer Helpers' Struggles to Care for "Others" Who Inject Drugs," *International Journal of Drug Policy*, 26: 492-500.

Fischer, B. et al., 2004, "Drug Use, Risk and Urban Order: Examining Supervised Injection Site (SISs) as 'Governmentality'," *International Journal of Drug Policy*, 15: 357-365.

平井秀幸、二〇一五、『刑務所処遇の社会学――認知行動療法・新自由主義的規律・統治性』世織書房．

――――、二〇一六a、「犯罪・非行からの『立ち直り』を再考する―『立ち直り』の社会モデルをめざして」『罪と罰』五三（三）：一一一－一四〇．

――――、二〇一六b、「ポスト・リスクモデルの犯罪者処遇へ？――新自由主義・レジリエンス・責任化」『犯罪社会学研究』四一：二六－四六．

――――、二〇一八、「ハームリダクションのダークサイドに関する社会学的考察・序説」熊谷晋一郎責任編集『当事者研究と専門知――生き延びるための知の再配置』臨床心理学増刊一〇：一一九－一三一．

――――、二〇一九、「ナラティヴ犯罪学における近年の展開――規範的コミットメント・ナラティヴ的介入・ナラティヴ的闘争」『四天王寺大学紀要』六八：一七五－一九八．

――――、二〇二〇、「犯罪・非行からの『立ち直り』？――社会構想への接続」岡邊健編『犯罪・非行の社会学――常識を捉えなおす視座〔補訂版〕』有斐閣、二四九 - 二七二.
宝月誠、二〇〇四、『逸脱とコントロールの社会学 —— 社会病理学を超えて』有斐閣.
Jozaghi, E., H. Lampkin and M. A. Andresen, 2016, "Peer-engagement and Its Role in Reducing the Risky Behavior among Crack and Methamphetamine Smokers of the Downtown Eastside Community of Vancouver, Canada," *Harm Reduction Journal*, 13(19): 1-9.
Maruna, S., 2001, *Making Good: How Ex-Convicts Reform and Rebuild Their Lives*, American Psychological Association.（津富宏・河野荘子監訳、二〇一三、『犯罪からの離脱と「人生のやり直し」—— 元犯罪者のナラティヴから学ぶ』明石書店.）
————, 2017, "Desistance as a Social Movement," *Irish Probation Journal*, 14: 5-20.
松本俊彦・古藤吾郎・上岡陽江編、二〇一七、『ハームリダクションとは何か —— 薬物問題に対する、あるひとつの社会的選択』中外医学社.
Matza, D., 1964, *Delinquency and Drift*, John Wiley & Sons.（非行理論研究会訳、一九八六、『漂流する少年 —— 現代の少年非行論』成文堂.）
McLean, K., 2011, "The Biopolitics of Needle Exchange in the United States," *Critical Public Health*, 21(1): 71-79.
Sampson, R. J. and J. H. Laub, 1993, *Crime in the Making: Pathways and Turning Points through Life*, Harvard University Press.
Smith, C. B. R., 2016, "Harm Reduction Hipsters: Socio-Spatial-Political Displacement and the Gentrification of Public Health," C. B. R. Smith and Z. Marshall eds., *Critical Approaches to Harm Reduction: Conflict, Institutionalization, (De-)Politicization, and Direct Action*, Nova Science Publishers, 209-229.
津富宏、二〇一一、「犯罪者処遇のパラダイムシフト —— 長期基盤モデルに向けて」日本犯罪社会学会編、津富宏責任編集『犯罪者の立ち直りと犯罪者処遇のパラダイムシフト』現代人文社、六二 - 七七.
————、二〇一七、「犯罪からの離脱 —— リスク管理モデルから対話モデルへ」浜井浩一編『シリーズ刑事司法を考える第6巻　犯罪をどう防ぐか』岩波書店、二五二 - 二七六.
Weeks, M. R. et al., 2006, "The Risk Avoidance Partnership: Training Active Drug Users as Peer Health Advocates," *Journal of Drug Issues*, 36(3): 541-570.
————, 2009a, "Changing Drug Users' Risk Environments: Peer Health Advocates as Multi-level Community Change Agents,"

American Journal of Community Psychology, 43(3-4): 330-344.

———, 2009b, "Outcomes of a Peer HIV Prevention Program with Injection Drug and Crack Users: The Risk Avoidance Partnership," *Substance Use Misuse*, 44(2): 253-281.

Zibbell, J. E., 2004, "Can the Lunatics Actually Take over the Asylum? Reconfiguring Subjectivity and Neo-liberal Governance in Contemporary British Drug Treatment Policy," *International Journal of Drug Policy*, 15(1): 56-65.

第10章

Agnew, R., 2011, *Toward a Unified Criminology: Integrating Assumptions about Crime, People, and Society*, New York University Press.

Boukli, A. and J. Kotzé eds., 2018, *Zemiology: Reconnecting Crime and Social Harm*, Palgrave Macmillan.

Bush, G. W., 2010, *Decision Points*, Crown Publishers.（伏見威蕃訳、二〇一一、『決断のとき（上）』日本経済新聞出版社．）

Foucault, M., 1976, *Histoire de la Sexualité I: La Volonté de Savoir*, Gallimard.（渡辺守章訳、一九八六、『性の歴史Ｉ——知への意志』新潮社．）

Friedrichs, D. O., 2013, "Transcending the Conventional Definition of Crime: Toward a Twenty-first Century Criminology," A Paper Presented at Presidential Panel *Reconsidering the Definition of Crime*, Annual Meeting of the American Society of Criminology.

Green, P. and T. Ward, 2004, *State Crime: Governments, Violence and Corruption*, Pluto Press.

浜井浩一、二〇〇九、『2円で刑務所、5億で執行猶予』光文社．

Henry, S. and M. M. Lanier, 2001, "The Prism of Crime: Toward an Integrated Definition of Crime," S. Henry and M. M. Lanier eds., *What is Crime? Controversies over the Nature of Crime and What to Do about It*, Rowman and Littlefield Publishers, 227-243.

Hillyard, P. and S. Tombs, 2004, "Beyond Criminology?" P. Hillyard, C. Pantazis, S. Tombs and D. Gordon eds., *Beyond Criminology: Taking Harm Seriously*, Pluto Press, 10-29.

Hillyard, P., C. Pantazis, S. Tombs and D. Gordon, 2005, "'Social Harm' and Its Limits?" P. Hillyard, C. Pantazis, S. Tombs, D. Gordon and D. Dorling eds., *Criminal Obsessions: Why Harm Matters more than Crime*, Crime and Society Foundation, 59-66.

平井秀幸、二〇一六、「犯罪・非行からの『立ち直り』を再考する——『立ち直り』の社会モデルをめざして」『罪と罰』

五三（三）：一一一－一四〇．
星加良司、二〇〇七、『障害とは何か――ディスアビリティの社会理論に向けて』生活書院．
Hulsman, L. H. C., 1986, "Critical Criminology and the Concept of Crime," *Contemporary Crisis*, 10(1): 63-80.
Hunter, B., 2015, *White-collar Offenders and Desistance from Crime: Future Selves and the Constancy of Change*, Routledge.
吉間慎一郎、二〇一七、『更生支援における「協働モデル」の実現に向けた試論――再犯防止をやめれば再犯は減る』ＬＡＢＯ．
Kramer, R. C., 2010, "From Guernica to Hiroshima to Baghdad: The Normalization of the Terror Bombing of Civilians," W. J. Chambliss, R. Michalowski and R. C. Kramer eds., *State Crime in the Global Age*, Willan Publishing, 118-133.
Kramer, R. C. and R. J. Michalowski, 2005, "War, Aggression and State Crime: A Criminological Analysis of the Invasion and Occupation of Iraq," *The British Journal of Criminology*, 45(4): 446-469.
Lanier, M. K. and S. Henry, 2001, "Crime in Context: The Scope of the Problem," S. Henry and M. M. Lanier eds., *What is Crime? Controversies over the Nature of Crime and What to Do about It*, Rowman & Littlefield Publishers, 1-15.
Lynch, M. J., P. B. Stretesky and M. A. Long, 2015, *Defining Crime: A Critique of the Concept and Its Implication*, Palgrave Macmillan.
Maruna, S., 2001, *Making Good: How Ex-Convicts Reform and Rebuild Their Lives*, American Psychological Association.（津富宏・河野荘子監訳、二〇一三、『犯罪からの離脱と「人生のやり直し」――元犯罪者のナラティヴから学ぶ』明石書店．）
Muncie, J., 2001, "The Construction and Deconstruction of Crime," J. Muncie and E. McLaughlin eds., *The Problem of Crime*, Sage Publications, 7-70.
荻上チキ・浜井浩一、二〇一五、『新・犯罪論――「犯罪減少社会」でこれからすべきこと』現代人文社．
Oliver, M., 1990, *The Politics of Disablement*, The Macmillan Press.（三島亜紀子・山岸倫子・山森亮・横須賀俊司訳、二〇〇六、『障害の政治――イギリス障害学の原点』明石書店．）
Pemberton, S., 2016, *Harmful Societies: Understanding Social Harm*, Polity Press.
Reiman, J. H. and P. Leighton, 2009, *The Rich Get Richer and the Poor Get Prison: Ideology, Class, and Criminal Justice*, 9th ed., Pearson Education.（宮尾茂訳、二〇一一、『金持ちはますます金持ちに 貧乏人は刑務所へ――アメリカ刑事司法制度失敗の実

態』花伝社。)

Sampson, R. J. and J. H. Laub, 1993, *Crime in the Making: Pathways and Turning Points through Life*, Harvard University Press.

Schwendinger, H. and J. Schwendinger, 1970, "Defenders of Order or Guardians of Human Rights?" *Issues in Criminology*, 5(2): 123-157. Reprinted in: S. Henry and M. M. Lanier eds., 2001, *What is Crime? Controversies over the Nature of Crime and What to Do about It*, Rowman and Littlefield Publishers, 65-98.

Spector, M. and J. I. Kitsuse, 1977, *Constructing Social Problems*, Aldine De Gruyter.(村上直之・中河伸俊・鮎川潤・森俊太訳、一九九〇、『社会問題の構築――ラベリング理論をこえて』マルジュ社。)

Sutherland, E. H., 1949, *White Collar Crime*, Dryden Press.(平野竜一・井口浩二訳、一九五五、『ホワイト・カラーの犯罪――独占資本と犯罪』岩波書店。)

Tappan, P. W., 1947, "Who is the Criminal?" *American Sociological Review*, 12(1): 96-102. Reprinted in: S. Henry and M. M. Lanier eds., 2001, *What is Crime? Controversies over the Nature of Crime and What to Do about It*, Rowman and Littlefield Publishers, 27-36.

東京大学非行研究会編、二〇一四、「報告と討論『研究する意味――非行研界隈で何となく語られてきたこと/こなかったこと』」『東京大学非行研究会報告』一:五-七一。

山口毅、二〇一二、「少年の演技と『自己』への信頼――〈演技〉はどのように把握され対処されるのか」広田照幸・古賀正義・伊藤茂樹編『現代日本の少年院教育――質的調査を通して』名古屋大学出版会、一六六-一八七。

――――、二〇二〇、「レッテル貼りが逸脱を生む逆説――ラベリング論」岡邊健編『犯罪・非行の社会学――常識をとらえなおす視座〔補訂版〕』有斐閣、一六七-一八六。

Zedner, L., 2011, "Putting Crime Back on the Criminological Agenda," M. Bosworth and C. Hoyle eds., *What is Criminology?* Oxford University Press, 271-285.

フーコー，ミシェル　234, 272
フリードリクス，デヴィッド・O.　258
フルスマン，ルーク　269
フレイレ，パウロ　89, 91
ベッカリーア，チェーザレ　259
ベンサム，ジェレミー　259
ペンバートン，サイモン　273
宝月誠　224
堀川義一　71
ホルスタイン，ジェームズ　178, 193
ボンタ，ジェームズ　116
本多兵三郎　68

ま行

マクリーン，キャサリン　242
松嶋秀明　143, 171
松原吉治　66
マルナ，シャッド　13, 14, 23, 24, 127, 129, 223, 226, 256, 274
マンシー，ジョン　260, 273
南保輔　85
宮内洋　165
モフィット，テリー　20, 21
モンク，ゲラルド　97

や行

八木原律子　142

ら行

ライマン，ジェフリー　274
ラウブ，ジョン　13, 22, 23, 226
リプスキー，マイケル　112, 113, 130
レイトン，ポール　274
レックス，シュー　114

わ行

若山祐樹　66

人名索引

あ行
相澤育郎　28
藍野宜慶　75
市川岳仁　28
今福章二　115, 117, 139, 141
ウィークス，マーガレット　240, 244
ウィーバー，ベス　13
ウィンズレイド，ジョン　97
エリクソン，エリク　274
エンゲルス，フリードリヒ　273
岡本英生　64
岡本泰弘　142

か行
掛川直之　8
カゼミアン，リラ　13-15
勝田聡　117
神谷尚男　75
吉間慎一郎　274
キツセ，ジョン・I.　264
グブリアム，ジェイバー　178, 193
久保貴　65
久保美紀　142
小長井賀與　115

さ行
相良翔　143, 144, 159
櫻井美香　67
サザランド，エドウィン・H.　260, 263
サンプソン，ロバート　13, 22, 23, 226
志田未来　169, 186
ジベル，ジョン　242, 245
シュウェンディンガー，ハーマン　263
生島浩　168
ジョザギ，エイサン　241
鈴木一光　63
スペクター，マルコム　264
スミス，クリストファー　245, 246

た行
竹内寿平　75
タッパン，ポール・W.　259-261
田中奈緒子　166
チェン，ジャ・シン　238
知念渉　144, 153, 169, 193
都島梨紗　144
津富宏　18, 26, 28, 200-202
恒川京子　69
デックマン，マーガレット・キャスリン　242
藤間公太　168, 172, 184, 192
トゥームス，スティーヴ　273

な行
仲野由佳理　90, 105, 143, 144
中本忠子　105
仁平典宏　5, 6

は行
浜井浩一　4, 75, 260
ハンター，ベン　266
バントン，ロビン　238
平井秀幸　26, 46, 216, 219, 220, 224, 227, 238, 239, 254, 273, 274
ヒルヤード，パディ　273
ファラル，ステファン　13, 127, 133
フィッシャー，ベネディクト　235-237, 239, 240, 243, 244
フィッツギボン，ダイアナ・F.　118

142, 146-150, 152-156, 158-160, 162, 199-220, 235
薬物処遇専門職員　135, 138, 142, 146, 158
薬物注射施設（SIS）　232, 235-239, 243
善きシティズンシップ　242-244, 250
良き人生モデル　18, 24, 25, 28

ら行

ライフイベント　22-24, 35, 46, 101, 193
ライフヒストリー　205, 206, 213
リヴァプール離脱研究　24
リカバリー　→回復
リスク　16, 17, 116, 117, 196, 198, 200, 201, 212, 230, 233, 235-238, 240, 241, 243, 244, 246, 248
リスク回避的ライフスタイル　236-239, 241, 243, 244, 246-248
リスク回避のための連携（RAP）　240, 241, 244
リスク管理・軽減パラダイム　16, 17, 19, 25
リスクテイカー　238, 239, 244-246
リスク・ニード・応答性モデル　→RNR モデル

90, 98, 106, 138-140, 142, 143, 162
ソーシャルハーム・アプローチ
230, 254, 263, 273

た行

多機関連携　92, 94
他者統治　233-235, 239, 240, 245-248
立ち直り　8-12, 26, 31-47, 49-75, 82, 101, 104, 127, 129, 172, 190, 194, 224, 255, 270
ダルク　12, 160, 199-220
地域社会　11, 32, 61-63, 65-69, 71-73, 75, 111, 144
地域生活定着支援センター　94
地域生活定着促進事業　5
中間支援　38, 39
注射器（針）交換プログラム（NSP）　232, 242
長所基盤パラダイム（長所基盤アプローチ，長所基盤モデル）　17, 19, 24-27, 199-205, 213, 215, 216, 218, 224
調　停　97, 98
通信制高校　88
転　機　23, 255
当事者参加にフォーカスするコミュニティ・ベースの連携的支援（CPPP）　240-247
特定生活指導　83, 85
特別遵守事項　114, 133
特別調整　94
特別予防　16

な行

ナラティヴ実践　91
ナラティヴ犯罪学　224, 230
二次的離脱　13, 129
認知行動療法　83, 116, 133, 142, 143, 145, 146, 158, 200, 201
ネオリベラリズム　→新自由主義
年齢で段階づけられたインフォーマルな社会統制理論　22
年齢犯罪曲線　19-21, 28

は行

覇権政治　223, 249-253
発達類型論　20, 21
ハーム　230, 232, 233, 237, 238, 244, 248-250, 254, 258-274
ハームリダクション（HR）　218, 230-254
ハームリダクション批判（HR 批判）　223, 231, 234, 235, 248-254
犯罪者予防更生法　7, 54, 115, 138
犯罪対策閣僚会議　4, 100, 224
犯罪の定義　13, 255-274
犯罪白書　3, 39, 50, 80, 95, 100, 101, 105, 160, 170
非難の脚本　24
批判的犯罪学　12, 260, 272
貧　困　5, 6, 22, 81, 96, 105, 131, 144, 165, 168, 169, 260, 262, 267
福祉的支援　37, 93, 94, 193
婦人補導院　109-111
普遍主義　47
分化接触理論　166
保護観察　7, 14, 39, 107-134, 136, 173
保護観察官　108-115, 118, 133, 187
保護司　11, 34, 71, 105, 108-116, 118-122, 125-131, 133
補導援護　113, 133
ホワイトカラー犯罪　28, 260, 263, 266

ま行

マインドフルネス　100
問題者発見レンズ　165, 166, 169

や行

薬物依存　9, 10, 12, 95, 100, 138, 139,

国立国会図書館デジタルコレクション　55-58, 60
個人別矯正教育計画　82, 83, 105
国家犯罪　257, 258, 267, 272

さ行

再犯者　3
再犯防止　2, 3, 8, 17, 25, 37, 62, 66, 67, 75, 92, 100, 118, 133, 138, 162, 224
再犯防止推進計画　2, 6, 224
再犯リスク　11, 17, 116-119, 126, 128-130, 134, 143
再犯率　39
支　援　11, 12, 18, 26, 31, 33-37, 39, 41, 45-47, 62-67, 75, 79, 80, 82, 85, 87, 92-94, 96, 99, 100, 103, 108, 111, 113-116, 118, 120, 122, 128-131, 133, 139, 142, 147, 168, 173, 174, 187, 188, 190, 194, 196, 198, 199, 201-204, 215, 218, 226, 229, 233, 238, 240-242, 246, 247, 271
ジェンダー　27, 82, 99
自己責任　28, 181, 187, 194, 204, 238, 239
自己統治　233-235, 239, 240, 245-248
自己物語　91
自助グループ　→セルフヘルプグループ
施設内処遇　37, 104, 107, 109, 117
施設内処遇完結主義　103, 104
シティズン・アディクト　238, 244-247, 250
自明視アプローチ　258, 262-264, 268-270, 274
社会的企業　162
社会的排除　5, 232
社会的ボンド　22, 23
社会統制　22
社会内処遇　37, 69, 104, 107, 108, 116, 117, 135, 138, 159
社会福祉士　5, 138, 141
社会復帰　2, 8-11, 38, 50, 57, 58, 63, 70, 79, 80, 82, 85, 92, 93, 99, 102, 106, 116, 121, 123, 139, 140, 171, 209, 213, 216
社会モデル　266-268, 271
社会問題　3-5, 46, 112, 165, 274
社会を明るくする運動　49, 52, 54, 55, 60-62, 65, 68-75
修学支援　93, 94
住居確保支援　37
就労規範　26, 45
就労支援　37, 61, 62, 67, 74, 86, 93, 101, 105, 139, 140, 145, 162
主流犯罪学　257, 258
遵守事項　14, 110, 112-114
生涯継続反社会性タイプ　21
「承認」と「保障」　215, 216, 218, 219
少年院　5, 10, 34, 38-41, 43, 60, 67, 79-107, 109-111, 114, 120, 143, 144, 166, 167, 170, 171, 175, 178-186, 190, 194, 198
贖罪の脚本　→回復の脚本
職親プロジェクト　38-40, 43, 93
新自由主義（ネオリベラリズム）　5, 6, 27, 237, 243, 249, 251, 252
新自由主義的規律　239, 241, 243, 245-247, 249, 250
新自由主義的合理性　26, 239
スティグマ　25, 38, 80, 104, 144, 145, 232, 233, 246
ストリート・レベルの官僚　112, 113, 130
成熟ギャップ　22
生成性　266, 274
青年期限定反社会性タイプ　21
セカンド・アディクション　209
セルフヘルプグループ（自助グループ）　147, 162, 201, 202
ソーシャルスキルトレーニング（SST）

事項索引

アルファベット

CPPP　→当事者参加にフォーカスするコミュニティ・ベースの連携的支援
HR　→ハームリダクション
HR批判　→ハームリダクション批判
NA　147, 149, 152, 155-157, 162, 202, 207, 212, 220
NSP　→注射器（針）交換プログラム
RAP　→リスク回避のための連携
RNRモデル（リスク・ニード・応答性モデル）　17, 116, 117, 141, 142
SIS　→薬物注射施設
SMARPP　142, 146, 148, 156-158, 162
SST　→ソーシャルスキルトレーニング

あ行

アイデンティティ　14, 24, 27, 127, 129, 130, 169, 228, 229, 266, 273
アサーション・トレーニング　100, 157, 163
威嚇・抑止パラダイム　16, 19
一次的離脱　13
一般遵守事項　114
一般予防　16
入口支援　162
医療モデル　16, 233, 266, 274
エンカウンターグループ　157, 163

か行

改善更生　7, 65, 79, 113, 115, 133, 140
街頭犯罪　262, 269
回復（リカバリー）　8-10, 12, 25, 50, 139, 142, 147, 149, 152-154, 158, 160, 162, 199-220, 257
——の脚本（贖罪の脚本）　24, 26, 28, 226, 256, 274
——の脚本理論　23, 26
回復的再使用　214
家族規範　26, 45, 168, 172, 175, 181, 195
家族主義　44, 46
記述の実践　193, 194
絆理論　166
規範的定義論　223, 227-231, 248-253
虐　待　41, 44, 81, 95, 105, 262
境界政治　223, 251-253, 274
矯　正　5, 7, 10, 16, 17, 23, 25, 38, 39, 50, 57, 58, 63, 68, 70, 71, 74, 79-106, 117, 139, 140, 152, 161, 171, 228, 229, 267
矯正教育課程　82, 83, 105
協力雇用主　93, 101, 140, 162, 173
銀行型教育　89, 91, 104
グループミーティング　142, 147, 149, 150, 152, 157-160
クレイム申し立て　225, 248, 264, 274
権力主体の犯罪　265, 266, 271
更　生　6-11, 31, 33, 34, 50, 57, 58, 65, 66, 68-70, 72, 82, 96, 104, 109, 114-117, 127-129, 131, 132, 168, 171, 178, 181, 182, 186, 194, 256
更生緊急保護　136
更生保護　9-11, 63, 65, 69-71, 74, 115, 116, 118, 130, 131, 138, 154, 160, 173
更生保護事業法　136, 138
更生保護施設　11, 41, 81, 93, 127, 135-163, 165, 166, 170-173, 177, 182-187, 189, 190, 192-196, 206, 207, 220
更生保護法　7, 108, 115, 138
高認コース　87, 88, 93

相良　翔（さがら しょう）　第6章，第8章（共著）
埼玉県立大学保健医療福祉学部助教
主要著作：『薬物依存からの「回復」── ダルクにおけるフィールドワークを通じた社会学的研究』（ちとせプレス，2019年），『自分を信じることから「立ち直る」── 向き不向きよりも前向きに』（セルバ出版，2018年），『当事者が支援する ── 薬物依存からの回復　ダルクの日々パート2』（共編，春秋社，2018年）

都島梨紗（つしま りさ）　第7章（共著）
岡山県立大学保健福祉学部専任講師
主要著作：『非行からの「立ち直り」とは何か ── 少年院教育と非行経験者の語りから』（晃洋書房，2021年），「更生保護施設におけるスティグマと『立ち直り』── スティグマ対処行動に関する語りに着目して」（『犯罪社会学研究』42: 155-170, 2017年），「少年院における非行少年の変容 ── 少年院教育と非行仲間との連続性に着目して」（『教育社会学研究』92: 175-195, 2013年）

志田未来（しだ みらい）　第7章（共著）
日本女子大学学術研究員
主要著作：『社会の周縁を生きる子どもたち ── 家族規範が生み出す生きづらさに関する研究』（明石書店，2021年），「中学生の逸脱をめぐるエスノグラフィ ── インタラクション・セットを手がかりとして」（『教育社会学研究』107: 5-26, 2020年），「『しんどい家庭』の子どもの学校経験 ── 中学3年間の友人関係から考える」（『教育学研究』87: 621-630, 2020年）

伊藤秀樹（いとう ひでき）　第8章（共著）
東京学芸大学教育学部准教授
主要著作：『自分語りの社会学 ── ライフストーリー・問題経験・当事者研究』（分担執筆，新曜社，2018年），『当事者が支援する ── 薬物依存からの回復　ダルクの日々パート2』（分担執筆，春秋社，2018年），『高等専修学校における適応と進路 ── 後期中等教育のセーフティネット』（東信堂，2017年）

平井秀幸（ひらい ひでゆき）　第9章
四天王寺大学人文社会学部准教授
主要著作：『刑務所処遇の社会学 ── 認知行動療法・新自由主義的規律・統治性』（世織書房，2015年），『刑事司法における薬物処遇の社会学 ──「犯罪者／アディクト」と薬物の統治』（翻訳，現代人文社，2015年）

山口　毅（やまぐち たかし）　第10章
帝京大学文学部准教授
主要著作：『犯罪・非行の社会学 ── 常識をとらえなおす視座〔補訂版〕』（分担執筆，有斐閣，2020年），「生存保障への教育社会学的アプローチの失敗 ── 逸脱の政治パースペクティヴによる規範的考察」（『教育社会学研究』106: 99-120, 2020年），『現代日本の少年院教育 ── 質的調査を通して』（分担執筆，名古屋大学出版会，2012年）

執筆者紹介

岡邊 健（おかべ たけし）　編者，第1章
京都大学大学院教育学研究科教授
主要著作：『犯罪・非行の社会学――常識をとらえなおす視座〔補訂版〕』（編著，有斐閣，2020年），『犯罪学リテラシー』（共著，法律文化社，2017年），『現代日本の少年非行――その発生態様と関連要因に関する実証的研究』（現代人文社，2013年）

藤間公太（とうま こうた）　第2章
国立社会保障・人口問題研究所室長
主要著作：「教育政策・福祉政策における家族主義」（『教育社会学研究』106: 35-54, 2020年），『児童相談所の役割と課題――ケース記録から読み解く支援・連携・協働』（共監修，東京大学出版会，2020年），『代替養育の社会学――施設養護から〈脱家族化〉を問う』（晃洋書房，2017年）

岡村逸郎（おかむら いつろう）　第3章
東京家政学院大学，筑波学園看護専門学校非常勤講師，筑波大学人文社会系研究員
主要著作：『犯罪被害者支援の歴史社会学――被害定義の管轄権をめぐる法学者と精神科医の対立と連携』（明石書店，2021年），「犯罪被害者支援に携わる法学者の専門性とそのジレンマ――Restorative Justiceをめぐる複数の専門職集団の依存関係に注目して」（『年報社会学論集』31: 12-23, 2018年），「犯罪被害者支援における『対等』な支援者－被害者関係の社会的構築――2次被害の概念を用いた被害者学者の活動に関する歴史的考察」（『犯罪社会学研究』40: 87-99, 2015年）

仲野由佳理（なかの ゆかり）　第4章
日本大学非常勤講師
主要著作：「少年院在院中の通信制高校への就学がもたらしたもの――高校通信制課程に関する歴史的検討」（『刑政』131(8): 10-21, 2020年），「物語装置としての更生保護施設――困難を契機とした〈変容の物語〉の再構成」（『犯罪社会学研究』43: 72-86, 2018年），「少年院における演劇を通した物語化――創作オペレッタにみる〈教育的行為としての物語化〉の技法」（『教育社会学研究』99: 27-46, 2016年）

加藤倫子（かとう みちこ）　第5章
立教大学社会情報教育研究センター特定課題研究員
主要著作：「『犯罪からの立ち直り』における『家族』をめぐる議論の動向――2010年以降の議論を中心として」（『家族研究年報』42: 47-54, 2018年），「保護司の処遇実践における『被害者心情』と対象者の『立ち直り』との関係性――保護司へのインタビュー調査から」（『社会学研究科年報』22: 19-30, 2015年），「戦前から戦後復興期における保護観察制度の導入と変遷」（『応用社会学研究』55: 219-233, 2013年）

犯罪・非行からの離脱《デジスタンス》

2021年12月31日　第1刷発行

編　者　岡邊　健
発行者　櫻井堂雄
発行所　株式会社ちとせプレス
〒157-0062
東京都世田谷区南烏山5-20-9-203
電話　03-4285-0214
http://chitosepress.com
装　幀　野田和浩
印刷・製本　中央精版印刷株式会社

ISBN 978-4-908736-23-0　C1036

既刊書

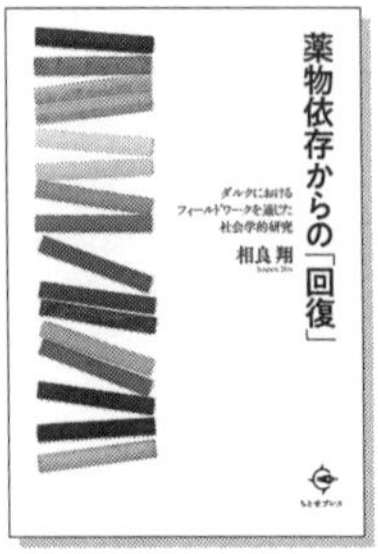

薬物依存からの「回復」

ダルクにおけるフィールドワークを通じた
社会学的研究

相良 翔 著

民間リハビリテーション施設「ダルク」におけるフィールドワークを通じて，薬物依存からの「回復」のプロセスとその意味内容を記述し，社会学的に考察。

仲直りの理《ことわり》

進化心理学から見た機能とメカニズム

大坪庸介 著

いがみ合うのもばからしい だけど仲直りも難しい——赦しと謝罪の2つの側面をもつ仲直りの機能とメカニズムを，進化心理学の視点から読み解く。